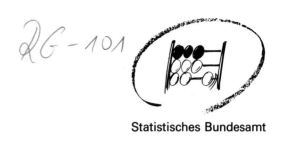

Statistisches Bundesamt

Im Blickpunkt:
Familien heute

METZLER
POESCHEL

Die Deutsche Bibliothek – CIP-Einheitsaufnahme

Im Blickpunkt: Familien heute / Statistisches Bundesamt. –
Stuttgart: Metzler-Poeschel, 1995

ISBN 3 – 8246 – 0382 – 9

NE: Deutschland / Statistisches Bundesamt; Familien heute

Herausgeber:
Statistisches Bundesamt, Wiesbaden, Gustav-Stresemann-Ring 11

Postanschrift:
Statistisches Bundesamt
65180 Wiesbaden

Verlag:
Metzler-Poeschel, Stuttgart

Verlagsauslieferung:
Hermann Leins GmbH & Co. KG
Postfach 11 52
72125 Kusterdingen
Telefon: 0 70 71/93 53 50
Telex: 7 26 28 91 mepo d
Telefax: 0 70 71/3 36 53

Erschienen im März 1995
Preis: DM 22,80
Bestellnummer: 1021201 - 95900
ISBN: 3-8246-0382-9

© Statistisches Bundesamt, Wiesbaden 1995

Alle Rechte vorbehalten. Es ist insbesondere nicht gestattet, ohne ausdrückliche Genehmigung des Statistischen Bundesamtes diese Veröffentlichung oder Teile daraus zu übersetzen, zu vervielfältigen, auf Mikrofilm/-fiche zu verfilmen oder in elektronische Systeme einzuspeichern.

Fotorechte:
Bildagentur Schuster GmbH, Oberursel und Bavaria Bildagentur, Gauting bei München
Einzelnachweis siehe S. 193

Zum Geleit

*Claudia Nolte, MdB,
Bundesministerin für Familie, Senioren, Frauen und Jugend*

Selten wurde über Familie so intensiv diskutiert wie im Internationalen Jahr der Familie. Doch so sehr Familie auch als Lebensform in die Diskussion geraten ist, so kommt ihr nicht nur nach wie vor eine hohe Wertschätzung zu, sie wird von der überwiegenden Mehrheit der Bevölkerung auch gelebt. „Familien heute" wird zum Abschluß des Internationalen Jahres der Familie vom Statistischen Bundesamt mit Unterstützung des Bundesministeriums für Familie, Senioren, Frauen und Jugend herausgegeben.

Die vorliegende Veröffentlichung will das familiäre Zusammenleben und seine Veränderungen in der Bundesrepublik Deutschland auf der Grundlage amtlicher Statistik beschreiben. Im Mittelpunkt steht dabei der Vergleich der Situation von Haushalten und Familien in Ost- und Westdeutschland. Ergänzt wird der nationale durch einen europäischen Vergleich der Familien.

Der überwiegende Teil der Bevölkerung lebt in der Bundesrepublik Deutschland in Gemeinschaft mit anderen. Das waren 1992 rund 85 % der Bevölkerung. In der Europäischen Union sind es im Durchschnitt 90 %. Familie, das heißt Eltern mit ihren Kindern, ist die häufigste Form des Zusammenlebens in der Europäischen Union. Während in Irland 79 % der Bevölkerung als Familie zusammenleben, sind es in Deutschland 58 % und in Dänemark rund 50 %. Mit durchschnittlich 2,2 bzw. 2,3 Personen leben in Dänemark und Deutschland die wenigsten Personen in einem Haushalt. In Irland sind es mit 3,3 Personen die meisten in der Europäischen Union.

Zusammenleben bedeutet dabei in der Regel ein Zusammenleben von miteinander Verheirateten. Im Alter von 30 bis 65 Jahren sind in Deutschland 77 % verheiratet. Diejenigen, die verheiratet sind, haben ganz überwiegend auch Kinder. Von allen Ehen in der Altersgruppe der 20- bis 45jährigen haben 82 % zumindest ein Kind, das mit seinen Eltern im gleichen Haushalt lebt. 87 % aller minderjährigen Kinder wachsen bei ihren Eltern auf. In den neuen Bundesländern ist der Anteil der Alleinerziehenden immer deutlich höher gewesen. Zwei Drittel aller Kinder wachsen mit Geschwistern auf. Erwachsene nichtverheiratete Kinder leben heute in den alten Bundesländern länger im Elternhaus als noch vor 20 Jahren, während junge Menschen in den neuen Bundesländern das Elternhaus früher verlassen.

Mit „Familien heute" wird zum zweiten Mal ein wichtiges Nachschlagewerk vorgelegt für alle, die in Politik und Gesellschaft mit Familie zu tun haben.

Vorwort

Trotz der steigenden Zahl von Single-Haushalten ist die Familie die von den meisten Menschen in Deutschland praktizierte Lebensform geblieben. Daneben aber weist die ebenfalls zunehmende Anzahl von nichtehelichen Lebensgemeinschaften auf eine in Deutschland wie in Europa vorhandene Tendenz zur Etablierung neuer Partnerschaftsformen hin. Selbst der typische Familienzyklus – Familiengründung, anschließende Elternschaft und die Phase des „leeren Nestes" nach dem Auszug der Kinder aus dem elterlichen Haushalt – läßt im Zeitverlauf Veränderungen erkennen. Hier sind vor allem die Tendenzen zu späterer Eheschließung, geringerer Kinderzahl sowie stärkerer Erwerbsbeteiligung von Ehefrauen und Müttern zu nennen, die europaweit in unterschiedlich starker Ausprägung zu beobachten sind.

Die Veröffentlichung „Im Blickpunkt: Familien heute", die das Statistische Bundesamt arbeitsteilig mit dem Bundesinstitut für Bevölkerungsforschung erstellt hat, zeichnet ein Bild der aktuellen Familienstrukturen in Deutschland und der Europäischen Union. Teil I informiert über die Situation in Deutschland. Hier werden nicht nur die demographischen Haushaltsstrukturen dokumentiert, hier wird auch speziell die Situation Alleinerziehender analysiert und – soweit es die Datenlage erlaubt – über die wachsende Zahl nichtehelicher Partnerschaften informiert. Zusätzliche Informationen gibt die durchgängige Gegenüberstellung der Situation im früheren Bundesgebiet und in den neuen Ländern und Berlin-Ost. Des weiteren werden im ersten Teil des Buches die typischen Phasen des Familienzyklus herausgestellt und die Strukturen deutscher und ausländischer Familien verglichen. Darüber hinaus finden sich hier Angaben über Kinderzahlen und die Phase des sich Lösens der Kinder vom Elternhaus. Die soziale Lage von Familien wird vor allem von den Einkommensstrukturen geprägt, die wiederum in enger Beziehung zur Zahl der Einkommensbezieher stehen. Auf diese hat nicht zuletzt das Alter der Kinder entscheidenden Einfluß. Heiratsalter und Kinderzahlen der heutigen mittleren Generation im Alter von 35 bis 55 Jahren dokumentiert das vom Bundesinstitut für Bevölkerungsforschung erstellte Kapitel dieses Abschnitts für die einzelnen Geburtsjahrgänge.

Teil II des vorliegenden Bandes informiert über Familien im europäischen Vergleich. Hier hat das Statistische Bundesamt die Haushalts- und Familienstrukturen in den Mitgliedstaaten der Europäischen Union verglichen, während das Bundesinstitut für Bevölkerungsforschung auf europaweite familiendemographische Trends hinweist sowie eine Bevölkerungsprognose für Europa auf der Grundlage von Vorausschätzungen der Vereinten Nationen wiedergibt.

Schlagworte vom „Bedeutungsverlust der Familie", von „Isolation" oder dem „Abschieben der Alten aufs Abstellgleis" werden auch in der Zukunft nichts von ihrer Brisanz verlieren. Bundespräsident Roman Herzog hat bei einer Abschlußveranstaltung zum Internationalen Jahr der Familie 1994 festgestellt: „Was sich ändern muß, ist nicht so sehr die Einstellung der Menschen zur Familie. Was sich ändern muß, ist die „strukturelle Rücksichtslosigkeit" unserer Gesellschaft gegenüber der Familie und den Kindern." Wer fundiert über diese Themen diskutieren möchte, dem sei die Lektüre des Bandes „Im Blickpunkt: Familien heute" empfohlen.

Der Präsident des Statistischen Bundesamtes

Hans Günther Merk

Inhalt

Verzeichnis der Anhangtabellen 4

Allgemeine Vorbemerkungen 5

Einführung 6

Teil I

1	Demographische Strukturen der Haushalte und Familien	8
1.1	Lebensformen der Bevölkerung	8
1.1.1	Bevölkerung in Haushalten	8
1.1.2	Lebensformen der Erwachsenen	10
1.2	Haushaltsstrukturen	12
1.2.1	Zusammensetzung der Haushalte	12
1.2.2	Mehrpersonenhaushalte und Kinderzahl	13
1.2.3	Alleinlebende	14
1.3	Paargemeinschaften und Alleinerziehende	19
1.3.1	Ehepaare, nichteheliche Lebensgemeinschaften und Alleinerziehende im Lebenszyklus	19
1.3.2	Exkurs: Nichteheliche Lebensgemeinschaften	23
1.3.3	Frauen mit und ohne Kinder im langfristigen Vergleich	28
1.4	Familien	30
1.4.1	Familien im Überblick	30
1.4.2	Familien im Lebenszyklus	32
1.4.3	Familien im langfristigen Vergleich	35
1.4.4	Ausländische Familien	37
1.5	Kinder in Familien	39
1.5.1	Kinder und ihre Eltern	39
1.5.2	Ablösung der Kinder vom Elternhaus	43
1.5.3	Kinder im langfristigen Vergleich	44
2	Soziale Lage der Familien	48
2.1	Beteiligung am Erwerbsleben	48
2.1.1	Ehe und Beruf	51

2.1.2	Alleinerziehende im Beruf	58
2.1.3	Erwerbslosigkeit im Haushalts- und Familienzusammenhang	59
2.2	Einkommen	61
2.2.1	Einkommensstrukturen in der Familie	61
2.2.1.1	Einkommensverhältnisse von Ehepaaren	62
2.2.1.2	Einkommensverhältnisse von Alleinerziehenden	77
2.2.2	Erwerbslosigkeit und Einkommen	81
2.3	Ausbildung	83
2.3.1	Ausbildungsabschlüsse der Eheleute und Alleinerziehenden	83
2.3.2	Der Einfluß der Ausbildung auf die Erwerbsbeteiligung von Frauen	84
2.4	Sozialstruktur der Familie und Bildungsweg der Kinder	87
2.4.1	Schulabschluß der Eltern bzw. des alleinerziehenden Elternteils und Schulbesuch der Kinder	87
2.4.2	Schulabschluß des Vaters bzw. des alleinerziehenden Elternteils und Kindergartenbesuch der Kinder	90
3	Familienbildungsprozesse	94
3.1	Eheschließungen	94
3.2	Familienerweiterung und -konsolidierung	100
3.3	Familienschrumpfung und -auflösung	106
4	Familienbezogene Verlaufsdaten	114
4.1	Erstheirat nach Geburtsjahrgängen von Männern und Frauen	114
4.2	Kinderzahl nach Geburtsjahrgängen von Frauen	116
4.3	Erwerbsverhalten von Männern und Frauen im früheren Bundesgebiet	122

Teil II

5	Haushalte und Familien in der Europäischen Union	128
5.1	Haushalte	128
5.1.1	Bevölkerung in Haushalten	128
5.1.2	Haushaltsstrukturen	130
5.1.3	Alleinlebende	132
5.2	Paargemeinschaften und Alleinerziehende	134

5.3	Familien	136
5.3.1	Familienstrukturen	136
5.3.2	Familien und Zahl der Kinder	137
6	Familiendemographische Trends in Europa	140
6.1	Bevölkerung nach dem Familienstand	140
6.2	Geburtenhäufigkeit	140
6.3	Heirats- und Scheidungsverhalten	141
7	Bevölkerungsvorausschätzungen für Europa	160
8	Anhang	164
	Quellenverzeichnis	193

Verzeichnis der Anhangtabellen

Tab. A 1.1:	Bevölkerung in Privathaushalten nach Haushaltstyp	164
Tab. A 1.2:	Bevölkerung im Alter über 18 Jahren 1992 nach Lebensformen	165
Tab. A 1.3:	Alleinlebende Frauen 1992 nach Alter und Familienstand	166
Tab. A 1.4:	Alleinlebende Männer 1992 nach Alter und Familienstand	167
Tab. A 1.5:	Paargemeinschaften 1992 nach dem Alter des Mannes	168
Tab. A 1.6:	Nichteheliche Lebensgemeinschaften 1992 nach Alter und Familienstand der Partner	169
Tab. A 1.7:	Ehepaare, Alleinerziehende und nichteheliche Lebensgemeinschaften 1992 nach Zahl der Kinder	171
Tab. A 1.8:	Ehepaare, Alleinerziehende und nichteheliche Lebensgemeinschaften 1992 nach dem Alter der Frau und Zahl der Kinder	172
Tab. A 1.9:	Durchschnittliche Kinderzahl von Ehepaaren, Alleinerziehenden und nichtehelichen Lebensgemeinschaften 1992 nach dem Alter der Frau	174
Tab. A 1.10	Minderjährige Kinder von Ehepaaren und Alleinerziehenden 1992 nach dem Familienstand der Bezugsperson	175
Tab. A 2.1:	Alleinerziehende 1992 nach Beteiligung am Erwerbsleben und wöchentlicher Arbeitszeit sowie Alter	176
Tab. A 2.2:	Erwerbslosigkeit von Ehepartnern 1992	177
Tab. A 2.3:	Ehepaare 1992 nach monatlichem Haushaltsnettoeinkommen und Zahl der Einkommensbezieher	178
Tab. A 2.4:	Ehepaare mit Kindern 1992 nach monatlichem Haushaltsnettoeinkommen und Alter des jüngsten Kindes	179
Tab. A 2.5:	Alleinerziehende Frauen 1992 nach monatlichem Haushaltsnettoeinkommen und Alter des jüngsten Kindes	180
Tab. A 2.6:	Erwerbslosigkeit bei Ehepaaren 1992 nach monatlichem Haushaltsnettoeinkommen	181
Tab. A 2.7:	Beruflicher Ausbildungsabschluß von Ehemännern im Alter von 35 bis unter 55 Jahren 1991	183
Tab. A 2.8:	Bei ihren Eltern bzw. bei einem Elternteil lebende Kinder 1991 im Alter von 18 bis unter 28 Jahren nach Schulbesuch sowie höchstem allgemeinbildenden Schulabschluß der Eltern	183
Tab. A 3.1:	Heiratsziffern der Ledigen	185
Tab. A 3.2:	Durchschnittliches Heiratsalter nach dem bisherigen Familienstand der Eheschließenden	189
Tab. A 3.3:	Ehescheidungen nach durchschnittlicher Ehedauer	190
Tab. A 3.4:	Ehescheidungen nach der Ehedauer	191
Tab. A 5.1:	Ehepaare ohne und mit Kindern sowie Alleinerziehende in der EU 1991	192

Allgemeine Vorbemerkungen

Quellen

Die in der vorliegenden Veröffentlichung verwendeten Zahlen stammen zum größten Teil aus Statistiken, die vom Statistischen Bundesamt (Mikrozensus, Statistik der natürlichen Bevölkerungsbewegung) sowie vom Statistischen Amt der Europäischen Gemeinschaften (Eurostat – Gemeinschaftliches Volkszählungsprogramm 1990/1991) erstellt bzw. bearbeitet wurden. Die vom Bundesinstitut für Bevölkerungsforschung (BIB) vorgelegten Zahlen beruhen teilweise auf eigenen Berechnungen. Statistiken anderer Stellen sind gekennzeichnet.

Gebietsstand

Deutschland:

Angaben für die Bundesrepublik Deutschland nach dem Gebietsstand seit dem 3.10.1990.

Früheres Bundesgebiet:

Angaben für die Bundesrepublik Deutschland nach dem Gebietsstand bis zum 3.10.1990; sie schließen Berlin-West ein.

Neue Länder und Berlin-Ost:

Angaben für die Länder Brandenburg, Mecklenburg-Vorpommern, Sachsen, Sachsen-Anhalt, Thüringen sowie Berlin-Ost.

Gebiet der ehemaligen DDR:

Angaben für die Zeit vor dem 3.10.1990 für das Gebiet der ehemaligen DDR; sie schließen Berlin (Ost) ein.

Zeichenerklärung

0	=	weniger als die Hälfte von 1 in der letzten Stelle, jedoch mehr als nichts
–	=	nichts vorhanden
/	=	keine Angabe, da Zahlenwert nicht sicher genug
.	=	Zahlenwert unbekannt oder geheimzuhalten
x	=	Tabellenfach gesperrt, weil Aussage nicht sinnvoll
( )	=	Aussagewert eingeschränkt, da der Zahlenwert statistisch relativ unsicher ist

Auf- und Abrundungen

Im allgemeinen ist ohne Rücksicht auf die Endsumme auf- bzw. abgerundet worden. Deshalb können sich bei der Summierung von Einzelangaben geringfügige Abweichungen in der Endsumme ergeben.

Einführung

Der Familie kommt in allen Gesellschaften grundlegende Bedeutung zu. Das Grundgesetz der Bundesrepublik Deutschland stellt Ehe und Familie unter den besonderen Schutz der staatlichen Ordnung. Die Vereinten Nationen sprechen von der Familie als der „Grundeinheit" der Gesellschaft.

Was aber unter „Familie" verstanden wird, ist keineswegs eindeutig, sondern wechselt je nach Kulturkreis oder Generation. Familie ist kein statisches Gebilde, sondern verändert sich im Zeitablauf, indem Kinder geboren werden und einzelne Familienmitglieder durch Scheidung, Tod oder Gründung einer eigenen neuen Familie wieder ausscheiden.

Unabhängig vom Familienzusammenhang gibt es den Privathaushalt. Unter einem Privathaushalt werden alle Menschen verstanden, die zusammen wohnen und wirtschaften, ohne Rücksicht auf ihre verwandtschaftlichen Beziehungen[1]. In unserer Gesellschaft sind Haushalt und Kernfamilie – das sind Eltern mit ihren Kindern – weitgehend identisch. In der amtlichen Statistik ist die Erhebungseinheit in der Regel der Haushalt, und es werden je nach dem Zweck der Erhebung unterschiedliche Informationen über den Haushalt und seine Mitglieder gesammelt.

Im vorliegenden Band sind die wesentlichen Informationen aus der amtlichen Statistik zusammengetragen, die geeignet sind, die Situation von Familien zu beschreiben. Dargestellt werden insbesondere die Formen des familialen Zusammenlebens, das Erwerbsverhalten, die schulische und berufliche Bildung sowie die wirtschaftliche Lage.

Die amtliche Statistik vermag immer nur eine Momentaufnahme der Familien im Zeitpunkt der Erhebung zu geben. So sind z.B. in der großen Gruppe der Haushalte, die von Ehepaaren ohne Kinder gebildet werden, sowohl Ehepaare vertreten, die noch keine Kinder haben, als auch Paare, die gewollt oder ungewollt kinderlos bleiben, sowie – das ist bei weitem die größte Gruppe – Ehepaare, deren Kinder den elterlichen Haushalt verlassen haben. Zu welcher Gruppe welche Ehepaare gehören, kann nur mehr oder weniger grob aus dem Alter der Ehefrau geschlossen werden. In der amtlichen Statistik wird bisher die Zahl der Kinder nicht erhoben, die eine Frau in ihrem Leben hatte. Im Mikrozensus werden lediglich die Kinder erfaßt, die im Haushalt leben.

Dennoch können Verlaufsformen der Familienentwicklung gewissermaßen im Querschnitt dargestellt werden. So wird neben einer Zustandsbeschreibung auch eine Abbildung von Prozeßverläufen möglich. Damit kann man aufzeigen, wie sich unterschiedliche Familiensituationen im Lebensverlauf von Menschen darstellen.

---

[1] Da eine Person allerdings auch mehr als einen Haushalt führen bzw. mehr als einem Haushalt angehören kann (gut 1,8 Mill. Einwohner hatten 1992 einen weiteren Wohnsitz), werden bei dieser Betrachtungsweise manche Personen mehr als einmal gezählt. Da es sich bei dem Zweitwohnsitz häufig um eine allein bewohnte Unterkunft am Arbeits- bzw. Studienort handelt, erhöht sich hierbei insbesondere die „statistische" Zahl der „Alleinlebenden". Erst der auf den „Familienwohnsitz" bezogene Nachweis von Familien sowie Alleinstehenden vermittelt ein zutreffendes Bild über die tatsächliche Bevölkerung, da hier auswärts mit Zweitwohnsitz lebende ledige Studierende bzw. auswärts wohnende und arbeitende Ehepartner nur bei der elterlichen Familie bzw. am Wohnsitz des Ehepartners berücksichtigt werden und nicht auch am Zweitwohnsitz.

1 Demographische Strukturen der Haushalte und Familien

- Verheiratet Zusammenleben ist die dominierende Lebensform

- In jeder zweiten Familie wächst derzeit ein Kind auf

- Neun von zehn minderjährigen Kindern leben bei einem Elternpaar

1 Demographische Strukturen der Haushalte und Familien

1.1 Lebensformen der Bevölkerung

Bei der Darstellung demographischer Haushalts- und Familienstrukturen werden die jeweiligen Lebensformen zunächst aus der Sicht des Einzelnen betrachtet. Anschließend werden die von den Personen gebildeten Gemeinschaften, das heißt Haushalte und Familien, in den Mittelpunkt der Untersuchung gestellt.

1.1.1 Bevölkerung in Haushalten

– Über die Hälfte der Bevölkerung lebt in Familienhaushalten –

Ein Blick auf die in Haushalten lebende Bevölkerung vermittelt ein erstes Bild der sozialen Lebensweisen der Menschen. Aus der Verteilung der Bevölkerung auf die Haushalte ergibt sich, daß heute (1992) rund 12 Millionen oder 15 % der Bundesbürger **allein einen Haushalt** führen (s. hierzu auch Abschnitt 1.2.3 „Alleinlebende"), aber der weitaus größte Teil der Bevölkerung (85 %) in Gemeinschaft mit anderen Personen lebt, das heißt einem **Mehrpersonenhaushalt** angehört. So lebt mehr als die Hälfte (58 %) der über 80 Millionen Einwohner Deutschlands in einem Haushalt, in dem Eltern bzw. Alleinerziehende mit ihren Kindern zusammenwohnen (**Familienhaushalt**). Ein weiteres Fünftel der Bevölkerung lebt nur mit dem Ehepartner ohne Kinder zusammen, sei es, daß die Kinder schon den elterlichen Haushalt verlassen haben oder aber (noch) keine Kinder vorhanden sind (vgl. Abb. 1.1).

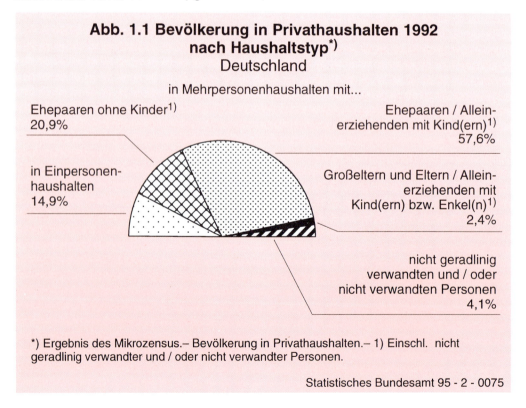

Abb. 1.1 Bevölkerung in Privathaushalten 1992 nach Haushaltstyp*)
Deutschland

in Mehrpersonenhaushalten mit...

Ehepaaren ohne Kinder[1]) 20,9 %

Ehepaaren / Alleinerziehenden mit Kind(ern)[1]) 57,6 %

in Einpersonenhaushalten 14,9 %

Großeltern und Eltern / Alleinerziehenden mit Kind(ern) bzw. Enkel(n)[1]) 2,4 %

nicht geradlinig verwandten und / oder nicht verwandten Personen 4,1 %

*) Ergebnis des Mikrozensus.– Bevölkerung in Privathaushalten.– 1) Einschl. nicht geradlinig verwandter und / oder nicht verwandter Personen.

Statistisches Bundesamt 95 - 2 - 0075

Vergleicht man die Haushaltsstrukturen der Bevölkerung in den alten und neuen Bundesländern, dann zeigt sich, daß im **Westen** etwa jeder sechste Bundesbürger (16 %) und im **Osten** etwa jeder achte (12 %) allein in einem Haushalt lebt. Andererseits gehören 61 % der Bevölkerung in den neuen Bundesländern einem **Familienhaushalt** an gegenüber rund 57 % in den alten. Rund ein Fünftel der Bundesbürger in West und Ost lebt als Ehepaar ohne Kinder im Haushalt zusammen (vgl. Tab. 1.1).

Tab. 1.1: Privathaushalte und Haushaltsmitglieder 1992 nach Haushaltstyp*)

Haushaltstyp	Haushalte		Haushaltsmitglieder	
	1 000	%[1]	1 000	%[2]
Früheres Bundesgebiet				
Einpersonenhaushalte	10 171	35,0	10 171	15,6
Mehrpersonenhaushalte	18 872	65,0	54 855	84,4
Zusammen	29 043	100	65 026	100
Mehrpersonenhaushalte mit				
Ehepaaren ohne Kinder[3]	6 750	23,2	13 573	20,9
Ehepaaren/Alleinerziehenden mit Kindern[3]	10 521	36,2	36 934	56,8
Großeltern und Eltern/Alleinerziehenden mit Kindern bzw. Enkeln[3]	331	1,1	1 629	2,5
nicht geradlinig Verwandten[4]	160	0,6	349	0,5
nicht verwandten Personen	1 110	3,8	2 371	3,6
Neue Länder und Berlin-Ost				
Einpersonenhaushalte	1 873	28,1	1 873	11,9
Mehrpersonenhaushalte	4 784	71,9	13 833	88,1
Zusammen	6 657	100	15 706	100
Mehrpersonenhaushalte mit				
Ehepaaren ohne Kinder[3]	1 662	25,0	3 334	21,2
Ehepaaren/Alleinerziehenden mit Kindern[3]	2 803	42,1	9 592	61,1
Großeltern und Eltern/Alleinerziehenden mit Kindern bzw. Enkeln[3]	71	1,1	313	2,0
nicht geradlinig Verwandten[4]	22	0,3	47	0,3
nicht verwandten Personen	226	3,4	546	3,5
Deutschland				
Einpersonenhaushalte	12 044	33,7	12 044	14,9
Mehrpersonenhaushalte	23 656	66,3	68 689	85,1
Insgesamt	35 700	100	80 732	100
Mehrpersonenhaushalte mit				
Ehepaaren ohne Kinder[3]	8 412	23,6	16 907	20,9
Ehepaaren/Alleinerziehenden mit Kindern[3]	13 324	37,3	46 526	57,6
Großeltern und Eltern/Alleinerziehenden mit Kindern bzw. Enkeln[3]	402	1,1	1 942	2,4
nicht geradlinig Verwandten[4]	182	0,5	396	0,5
nicht verwandten Personen	1 336	3,7	2 918	3,6

*) Ergebnis des Mikrozensus. – Bevölkerung in Privathaushalten. – 1) Anteil an allen Haushalten. – 2) Anteil an der Bevölkerung in Haushalten insgesamt. – 3) Einschl. Mehrpersonenhaushalte mit nicht geradlinig verwandten und/oder nicht verwandten Personen. – 4) Einschl. weiterer nicht verwandter Personen.

Im langfristigen Vergleich zeigt sich, daß die Zahl der in Haushalten lebenden Menschen im **früheren Bundesgebiet** deutlich angestiegen ist - von weniger als 61,2 Millionen (1972) auf über 65,0 Millionen (1992), dagegen in den **neuen Ländern und Berlin-Ost** von 16,9 Millionen (1971) auf 15,7 Millionen (1992) leicht gesunken ist. Besonders auffällig ist im Westen die Zunahme des Teils der Bevölkerung, der allein wohnt und wirtschaftet, der sich seit 1972 von knapp 10 % auf 16 % erhöht hat. In den neuen Ländern und Berlin-Ost ist der entsprechende Anteil der alleinlebenden Personen in den beiden vergangenen Jahrzehnten nur von 10 % auf 12 % gestiegen. Betrachtet man die einem Familienhaushalt angehörende Bevölkerung seit Anfang der 70er Jahre, dann zeigt sich, daß ihr Anteil an der Bevölkerung in Haushalten insgesamt im früheren Bundesgebiet von 65 % auf 57 % deutlich zurückgegangen und der Anteil der in Haushalten mit Großeltern, Eltern und Kindern lebenden Bevölkerung von 7 % auf 2,5 % gesunken ist (vgl. Tab. A 1.1 im Anhang). Für die ehemalige DDR liegen hierzu keine entsprechenden Vergleichsdaten vor.

1.1.2 Lebensformen der Erwachsenen

Die Zugehörigkeit der Bevölkerung zu einzelnen Haushaltstypen vermittelt einen ersten Einblick in die Formen des Zusammenlebens. Weitere Aufschlüsse ergeben sich aus einer Betrachtung der erwachsenen Bevölkerung nach unterschiedlichen Lebensformen[1].

Unter den hier aufgeführten Lebensformen der Personen im Alter über 18 Jahre befinden sich:

– Alleinlebende, die ohne Partner in einem Einpersonenhaushalt wohnen,
– Alleinerziehende, die mit einem oder mehreren Kindern, aber ohne Lebenspartner einen Haushalt führen,
– verheiratet zusammenlebende Personen, die mit ihrem Ehepartner ohne oder mit Kindern im Haushalt leben,
– Personen, die mit einem verschiedengeschlechtlichen Partner in einer nichtehelichen Lebensgemeinschaft ohne oder mit Kindern im Haushalt zusammenleben,
– ledige Kinder, die als über 18jährige im Haushalt ihrer Eltern bzw. bei ihrem Vater oder bei ihrer Mutter leben.

– *Verheiratet Zusammenleben – dominierende Lebensform –*

Wie aus Tabelle 1.2 ersichtlich ist, verändert sich der Schwerpunkt der Lebensformen im Verlauf des Lebensalters. Jeder Altersabschnitt wird durch typische Lebensformen, die auch bestimmten Phasen im Familienzyklus entsprechen, geprägt. Neben dem idealtypischen Familienzyklus, der durch Eheschließung, Geburt der Kinder, Auszug der Kinder und schließlich durch Witwerschaft gekennzeichnet wird, treten heute zunehmend andere Lebensverläufe. Viele junge Erwachsene leben nach ihrem Auszug aus dem Elternhaus zunächst allein im eigenen Haushalt oder in einer nichtehelichen Lebensgemeinschaft, geheiratet wird oft erst dann, wenn Kinder geboren werden sollen. Ein Teil der Ehen wird durch Scheidung gelöst, und die Geschiedenen gehen teilweise wieder neue Ehen ein, oder sie leben als Alleinerziehende oder in nichtehelichen Partnerschaften.

---

[1] Die Darstellung der Lebensformen beruht auf einer differenzierten Auswertung der verfügbaren Haushalts- und Familiendaten des Mikrozensus 1992, wobei Merkmale der Haushalts- und Familienstrukturen mit dem Familienstand und dem Alter der erwachsenen Haushaltsmitglieder kombiniert werden.

1992 lebten in **Deutschland** von den über 7,3 Millionen jungen Erwachsenen im Alter zwischen **18 und 25 Jahren** knapp 64 % noch bei ihren Eltern, dieser Anteil war bei den Männern mit knapp 73 % deutlich höher als bei den Frauen (54 %). Die übrigen jungen Erwachsenen haben ihr Elternhaus bereits verlassen und sich für eine eigene, selbständige Lebensform entschieden. Mehr als ein Fünftel der 18- bis unter 25jährigen lebt mit einem Partner im eigenen Haushalt zusammen, sei es als Ehepaar (13 %) oder in einer nichtehelichen Lebensgemeinschaft (8 %), fast jeder Achte der jüngeren Generation lebt als „Single" in einem Einpersonenhaushalt. Es fällt auf, daß die 18- bis unter 25jährigen Frauen - bedingt durch den Altersunterschied der Partner - bereits häufiger verheiratet sind (18 %) oder unverheiratet mit einem männlichen Partner zusammenleben (11 %) als die gleichaltrigen Männer (knapp 8 % bzw. 6 %) (vgl. Tab. 1.2).

Tab. 1.2: Bevölkerung im Alter über 18 Jahren 1992 nach Lebensformen*)

Deutschland

Alter von ... bis unter ... Jahren	Insgesamt	Davon					
		Alleinlebende	Alleinerziehende[1)]	mit einem Partner[2)]		ledige Kinder bei Eltern(teil)	sonstige Personen[4)]
				verheiratet zusammenlebend	in nichtehelicher Lebensgemeinschaft zusammenlebend[3)]		
	1 000	% von Spalte „Insgesamt"					
Männer							
18 - 25	3 743	11,7	0,2	7,6	6,0	72,6	1,9
25 - 35	6 498	19,5	0,4	49,3	9,5	19,4	1,9
35 - 55	11 186	11,7	1,4	78,7	4,1	2,9	1,3
55 und mehr	8 969	12,8	1,3	81,8	2,1	0,3	1,8
Zusammen	30 397	13,7	1,0	64,6	4,9	14,2	1,6
Frauen							
18 - 25	3 595	12,6	2,5	18,2	10,9	54,3	1,6
25 - 35	6 344	12,7	6,3	64,0	8,8	7,1	1,1
35 - 55	11 112	8,4	7,4	79,1	3,3	1,0	0,8
55 und mehr	12 643	40,4	4,2	48,4	1,4	0,2	5,4
Zusammen	33 693	21,7	5,5	58,3	4,4	7,5	2,7
Insgesamt							
18 - 25	7 338	12,1	1,3	12,8	8,4	63,6	1,8
25 - 35	12 842	16,1	3,3	56,6	9,2	13,3	1,5
35 - 55	22 298	10,0	4,4	78,9	3,7	1,9	1,1
55 und mehr	21 612	28,9	3,0	62,3	1,7	0,2	3,9
Insgesamt	64 090	17,9	3,4	61,3	4,6	10,7	2,2

*) Ergebnis des Mikrozensus. – Bevölkerung am Familienwohnsitz. – 1) Ohne Lebenspartner (Schätzung). – 2) Verschiedengeschlechtlicher Partner. – 3) Schätzung aus Ergebnissen des Mikrozensus. – 4) Dazu zählen Personen, die mit verwandten oder nicht verwandten Personen eine Haushaltsgemeinschaft bilden.

Mit zunehmendem Lebensalter steigt vor allem der Anteil der ehelichen Partnerschaften. So sind über die Hälfte (57 %) der **25- bis unter 35jährigen** Bevölkerung und fast vier Fünftel (79 %) der **35- bis unter 55jährigen** Bevölkerung verheiratet, 9 % bzw. 4 % von ihnen leben in einer nichtehelichen Lebensgemeinschaft, wobei letztere mit zunehmendem Lebensalter an Bedeutung verliert.

Bei den 25- bis unter 35jährigen Männern fällt auf, daß knapp ein Fünftel von ihnen allein und fast ein Zehntel in einer nichtehelichen Lebensgemeinschaft lebt. In einer Ehe lebt bereits knapp die Hälfte der Männer dieser Altersgruppe. Bei den höheren Altersgruppen (35- bis unter 55 Jahre und 55 und mehr Jahre) spielt dann die eheliche Partnerschaft eine noch dominierendere Rolle (79 % bzw. 82 % der Männer dieser Altersgruppen sind verheiratet).

Aufgrund der höheren Lebenserwartung trifft insbesondere die **über 55jährigen Frauen** das Schicksal des Alleinlebens, über 40 % von ihnen leben in einem Einpersonenhaushalt, demgegenüber leben knapp 80 % der Frauen in der Altersgruppe der 35- bis unter 55jährigen mit ihrem Ehepartner zusammen. In dieser Altersgruppe ist auch, verglichen mit den anderen Altersgruppen, der Anteil der alleinerziehenden Frauen mit über 7 % am größten.

Die Verbreitung der Lebensformen in den **alten** und **neuen Bundesländern** weist einige bemerkenswerte Unterschiede auf, was insbesondere die jüngere Generation betrifft. So lebt im Osten ein größerer Anteil junger Erwachsener in einer Paarbeziehung als im Westen. Gut ein Viertel (28 %) der jungen Erwachsenen (18- bis unter 25jährige) ist in den neuen Ländern und Berlin-Ost bereits verheiratet oder Partner in einer nichtehelichen Lebensgemeinschaft – gegenüber einem Fünftel im früheren Bundesgebiet. Bei den jungen Frauen ist dieser Anteil im Osten mit 38 % bedeutend höher als im Westen mit 27 %. Ferner ist auch der höhere Anteil alleinerziehender Frauen in den neuen Bundesländern bemerkenswert, mehr als jede zehnte Frau im Alter von 25 bis unter 35 Jahren ist hier eine alleinerziehende Mutter (vgl. Tab. A 1.2 im Anhang).

Weiterhin belegt die Querschnittsbetrachtung, daß im früheren Bundesgebiet die Lebensform „Alleinleben" stärker verbreitet ist als in den neuen Ländern; so ist der Anteil der Alleinlebenden unter den jungen Erwachsenen von 18 bis unter 25 Jahren in den alten Bundesländern mit knapp 13 % größer als in den neuen (10 %), und von den 25- bis unter 35jährigen leben im Westen 18 % allein in einem Haushalt gegenüber 9 % im Osten.

Aufgrund der Datenlage ist es leider nicht möglich, die in diesem Abschnitt vorgestellte differenzierte Querschnittsbetrachtung der Lebensformen der Erwachsenen auch für frühere Berichtsjahre und somit im langfristigen Vergleich durchzuführen. Die Entwicklung in den beiden vergangenen Jahrzehnten ist vielmehr nur aus der Perspektive der Gemeinschaften selbst für das frühere Bundesgebiet möglich, das heißt die Veränderungen in der Anzahl der Ehepaare, Alleinerziehenden und nichtehelichen Lebensgemeinschaften (siehe Abschnitt 1.3.1 „Ehepaare, nichteheliche Lebensgemeinschaften und Alleinerziehende im Lebenszyklus").

1.2 Haushaltsstrukturen

1.2.1 Zusammensetzung der Haushalte

– Familienhaushalte nach wie vor die häufigste Form des Zusammenlebens –

Ein Blick auf die Struktur der Haushalte bestätigt zwar den hohen Anteil der Mehrpersonenhaushalte. Dieser fällt mit 66 % jedoch nicht so sehr ins Gewicht wie der entsprechende Anteil der in diesen Haushalten lebenden Bevölkerung (85 %), da nunmehr die zu einem Haushalt als Wohn- und Wirtschaftsgemeinschaft gehörenden

Personen jeweils zusammengefaßt werden und nur die Gemeinschaft als Ganzes, nicht aber jede einzelne Person „zählt".

Ausgehend von den Formen des Zusammenlebens lassen sich mehrere „Haushaltstypen" unterscheiden, die nach dem Grad der verwandtschaftlichen Beziehungen der Haushaltsmitglieder zueinander gebildet werden.

In den meisten Haushalten leben nach wie vor Ehepaare oder Alleinerziehende mit ihren Kindern zusammen (Familienhaushalt). Heutzutage (1992) hat diese Haushaltsform, in der zwei Generationen zusammenleben, in Deutschland einen Anteil von 37 % aller Haushalte. Mit knapp 34 % der Haushalte stellen die Einpersonenhaushalte die nächst größere Haushaltsgruppe. Fast ein Viertel (24 %) der Haushalte wird von Ehepaaren ohne im Haushalt lebende Kinder gebildet. Nur in 1 % der Haushalte wohnen drei und mehr Generationen zusammen, das heißt Großeltern, Eltern und Kinder bzw. Enkel. Diesen Mehrpersonenhaushalten mit geradlinig Verwandten können noch weitere nicht geradlinig verwandte und/oder familienfremde Personen angehören. Unter den sonstigen Mehrpersonenhaushalten fallen besonders die Haushalte ins Gewicht, in denen nicht verwandte Personen zusammen wohnen und gemeinsam wirtschaften; sie erreichen einen Anteil von knapp 4 % aller Haushalte. Bei diesen Personengemeinschaften handelt es sich vor allem um nichteheliche Lebensgemeinschaften oder Wohngemeinschaften (vgl. Tab. 1.1).

Der Querschnittsvergleich der Haushaltsstrukturen in den beiden Teilen Deutschlands macht einige Unterschiede deutlich. Der Anteil der Einpersonenhaushalte beträgt im **früheren Bundesgebiet** 35 %, und 65 % der Haushalte sind Mehrpersonenhaushalte. In den **neuen Ländern und Berlin-Ost** zählen dagegen 72 % der Haushalte zu den Mehrpersonenhaushalten, und lediglich 28 % sind Einpersonenhaushalte. Der Anteil der Familienhaushalte ist im Osten mit 42 % größer als im Westen mit 36 % (vgl. Tab. 1.1).

1.2.2 Mehrpersonenhaushalte und Kinderzahl

– In 60 % der Mehrpersonenhaushalte in den neuen Bundesländern leben Kinder –

Die Gliederung der Mehrpersonenhaushalte nach Haushaltsgröße und Zahl der Kinder im Haushalt erlaubt weitere Aussagen über das Zusammenleben mit Kindern. Heutzutage leben in **Deutschland** in rund 58 % der Mehrpersonenhaushalte Kinder (ohne Altersbegrenzung). In den **neuen Bundesländern** liegt dieser Anteil mit 60 % über dem in den **alten** (57 %) (vgl. Tab. 1.3 und Abb. 1.2).

In der Hälfte (51 %) der 13,6 Millionen Haushalte mit Kindern lebt in Deutschland nur ein Kind, über ein Drittel (37 %) dieser Haushalte hat zwei, und knapp 12 % haben drei und mehr Kinder. Im Vergleich zum früheren Bundesgebiet ist der Anteil der Haushalte mit einem Kind bzw. zwei Kindern in den neuen Ländern und Berlin-Ost höher (52 % bzw. 40 % gegenüber 51 % bzw. 36 %), aber es gibt hier mit 8 % gegenüber 13 % im früheren Bundesgebiet deutlich weniger Haushalte mit drei und mehr Kindern (vgl. Tab. 1.3).

Tab. 1.3: Mehrpersonenhaushalte 1992 nach Haushaltsgröße und Zahl der Kinder im Haushalt*)

Haushalte mit ... Personen	Insgesamt	Davon				
		ohne Kinder	mit ... Kind(ern)[1]			
			zusammen	1	2	3 und mehr
	1 000			% von Spalte „zusammen"		
Früheres Bundesgebiet						
2	8 995	7 900	1 095	100	X	X
3	4 715	212	4 504	92,3	7,7	X
4	3 664	28	3 636	4,3	93,7	2,0
5 und mehr	1 498	/	1 494	2,4	10,3	87,3
Zusammen	18 872	8 145	10 728	50,7	36,4	12,8
Neue Länder und Berlin-Ost						
2	2 161	1 855	307	100	X	X
3	1 303	46	1 257	91,4	8,6	X
4	1 066	/	1 062	3,6	94,8	1,6
5 und mehr	2 54	/	254	/	9,7	88,7
Zusammen	4 784	1 905	2 879	52,0	39,6	8,4
Deutschland						
2	11 156	9 755	1 401	100	X	X
3	6 018	258	5 760	92,1	7,9	X
4	4 730	32	4 697	4,1	94,0	1,9
5 und mehr	1 752	/	1 748	2,2	10,2	87,5
Insgesamt	23 656	10 050	13 606	51,0	37,1	11,9

*) Ergebnis des Mikrozensus. – Bevölkerung in Privathaushalten. – 1) Ohne Altersbegrenzung.

1.2.3 Alleinlebende

– *Die meisten Alleinlebenden sind im früheren Bundesgebiet ledig, in den neuen Bundesländern und Berlin-Ost verwitwet* –

Weitere Angaben über die soziale Situation der in einem Haushalt alleinlebenden Personen (Einpersonenhaushalte) lassen sich aus der Aufgliederung dieser Personengruppe nach Familienstand und Alter gewinnen. In einem Einpersonenhaushalt zu leben, bedeutet aber nicht, daß diese Person in jedem Fall auf sich allein gestellt ist. Wie bereits erwähnt, kann eine als „Einpersonenhaushalt" statistisch erfaßte Person auch einem zweiten Haushalt angehören; andererseits kann die Haushaltsstatistik auf der Grundlage der Mikrozensus-Erhebung keine Angaben über die (außerhäuslichen) partnerschaftlichen Beziehungen der allein wohnenden Personen machen. Untersuchungsergebnisse der empirischen Sozialforschung haben ergeben, daß die Partnerschaft zweier nicht zusammen wohnender Personen mit getrennter Haushaltsführung („living apart together") durchaus verbreitet ist[2]. Trotz dieser Einschränkungen lassen

---

2) Vgl. Bertram, H. (Hrsg.): Die Familie in Westdeutschland (DJI: Familien-Survey 1), Opladen 1991, S. 13. Danach hat rund ein Viertel (26 %) der 18- bis 55jährigen Befragten, die in einem Einpersonenhaushalt leben, einen Lebenspartner.

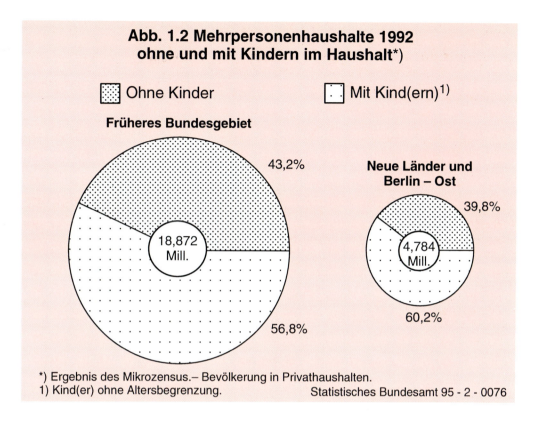

sich von den Mikrozensus-Daten Strukturangaben und auch Trendaussagen über die Lebens- und Wohnform „Einpersonenhaushalt" ableiten.

Fast die Hälfte der knapp 1,9 Millionen Alleinlebenden (48 %) in den neuen Bundesländern ist verwitwet, rund 30 % von ihnen sind ledig, und ein Fünftel ist geschieden. In den alten Bundesländern bilden dagegen die Ledigen die größte Gruppe, sie erreichen einen Anteil von gut 44 % der rund 10,2 Millionen allein in einem Haushalt wohnenden Personen. Mehr als ein Drittel der Alleinlebenden (38 %) ist hier verwitwet, und knapp 13 % von ihnen sind geschieden. Jeder zwanzigste Alleinlebende im früheren Bundesgebiet ist verheiratet, lebt aber getrennt vom Partner (vgl. Tab. 1.4 und Abb. 1.3).

Gliedert man die Alleinlebenden nach **Geschlecht** und **Familienstand**, dann werden weitere Unterschiede zwischen den alten und den neuen Bundesländern sichtbar. Es zeigt sich, daß der Anteil der Verwitweten oder Geschiedenen an allen Alleinlebenden im Osten generell höher ist als im Westen. So liegt der Anteil der Witwen an allen alleinlebenden Frauen im Osten bei 61 % gegenüber 52 % im Westen. Der entsprechende Anteil bei den alleinlebenden Männern beträgt 22 % gegenüber 14 %. Umgekehrt fällt der Anteil Lediger im Westen mehr ins Gewicht als im Osten. So ist ein Drittel aller alleinlebenden Frauen (34 %) im Westen ledig gegenüber einem Fünftel (21 %) im Osten. Bei den alleinlebenden Männern machen die Ledigen den größten Anteil aus, im Westen beträgt ihr Anteil 62 % gegenüber 48 % im Osten (vgl. Tab. A 1.3 und A 1.4 im Anhang).

Die im Osten höhere Scheidungshäufigkeit hat andererseits zur Folge, daß in den neuen Bundesländern mehr als jede sechste, in den alten Bundesländern dagegen „nur" jede neunte alleinlebende Frau geschieden ist. Von den alleinlebenden Männern ist im Osten jeder vierte, im Westen fast jeder sechste geschieden.

Die Altersgliederung der Alleinlebenden belegt ebenfalls die unterschiedliche Struktur dieser Personengruppe im Vergleich von alten und neuen Bundesländern. Es fällt auf, daß im früheren Bundesgebiet rund 30 % der Alleinlebenden der Altersgruppe der bis unter 35jährigen angehören, in den neuen Ländern und Berlin-Ost sind es nur etwa 19 %. Andererseits sind über 63 % der alleinlebenden Personen in den neuen Bundesländern 55 Jahre und älter, in den alten Bundesländern gehört die Hälfte der Alleinlebenden (51 %) zu dieser Altersgruppe. Der im früheren Bundesgebiet festzustellende höhere Anteil an Alleinlebenden bei den jüngeren Altersjahrgängen ist auch darauf zurückzuführen, daß sich hier die jungen Erwachsenen verstärkt schon als Ledige vom Elternhaus lösen, um im eigenen Haushalt zu leben. Dagegen hatten und haben es die noch bei den Eltern lebenden Heranwachsenden in den neuen Ländern und Berlin-Ost schwerer, einen eigenen Haushalt zu gründen, was auch mit der in den neuen Bundesländern noch angespannten Wohnungssituation zu erklären ist (vgl. Tab. 1.4).

Tab. 1.4: Alleinlebende 1992 nach Alter und Familienstand*)

Alter von ... bis unter ... Jahren	Alleinlebende				Davon			
	insgesamt		dar. Frauen		ledig	verheiratet getrenntlebend	geschieden	verwitwet
	1 000	%	1 000	%	% von Spalte „insgesamt"			
Früheres Bundesgebiet								
unter 25	978	9,6	504	8,0	97,7	1,5	0,7	/
25 - 35	2 040	20,1	819	13,0	88,4	5,2	6,0	0,3
35 - 55	2 017	19,8	827	13,1	49,1	12,3	31,8	6,8
55 - 75	2 922	28,7	2 251	35,8	19,4	4,8	15,2	60,6
75 und mehr	2 215	21,8	1 894	30,1	8,4	1,0	4,0	86,6
Zusammen	10 171	100	6 296	100	44,3	5,2	12,8	37,7
Neue Länder und Berlin-Ost								
unter 25	136	7,2	58	4,6	97,0	/	/	/
25 - 35	223	11,9	57	4,6	79,6	3,9	16,3	/
35 - 55	329	17,6	142	11,2	34,9	4,5	50,6	10,0
55 - 75	694	37,0	585	46,4	15,5	1,1	20,4	63,1
75 und mehr	492	26,3	419	33,2	5,5	/	6,2	87,4
Zusammen	1 873	100	1 260	100	29,8	1,9	20,2	48,1
Deutschland								
unter 25	1 113	9,2	562	7,4	97,6	1,5	0,7	/
25 - 35	2 263	18,8	877	11,6	87,5	5,1	7,1	0,3
35 - 55	2 346	19,5	969	12,8	47,1	11,2	34,4	7,3
55 - 75	3 615	30,0	2 836	37,5	18,7	4,0	16,2	61,1
75 und mehr	2 707	22,5	2 313	30,6	7,8	0,9	4,5	86,7
Insgesamt	12 044	100	7 557	100	42,0	4,7	14,0	39,3

*) Ergebnis des Mikrozensus. – Bevölkerung in Privathaushalten.

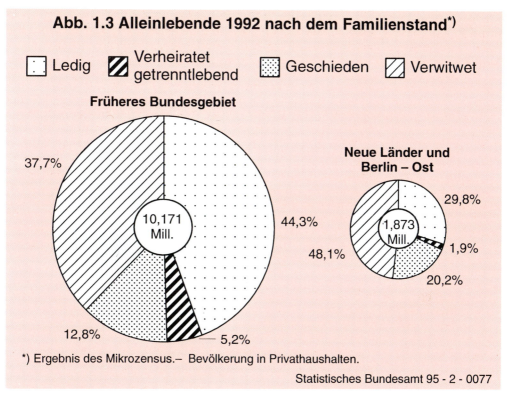

*) Ergebnis des Mikrozensus.– Bevölkerung in Privathaushalten.

Statistisches Bundesamt 95 - 2 - 0077

– *Alleinlebende - ein Großstadtphänomen* –

Die regionale Verteilung der Alleinlebenden macht auf ein deutliches Stadt-Land-Gefälle aufmerksam. Es läßt sich zeigen, daß diese Lebensform in enger Beziehung zum Verstädterungsgrad steht; so gibt es unter der Bevölkerung der Gemeinden von 5 000 bis unter 20 000 Einwohnern rund 12 % Alleinlebende, während in Großstädten über 500 000 Einwohner mehr als jeder fünfte Einwohner (23 %) allein in einem Haushalt lebt. (Im Bundesdurchschnitt sind es rund 15 %.) Gliedert man die Alleinlebenden noch nach ihrem Familienstand, dann bestätigt sich die These vom ledigen „Single"(-Haushalt) als einer typisch urbanen Lebensform: Alleinlebende in Gemeinden bis unter 20 000 Einwohnern sind überwiegend verwitwet (54 % in Gemeinden mit unter 5 000 bzw. 46 % in Gemeinden mit 5 000 bis unter 20 000 Einwohnern), in Großstädten mit 100 000 und mehr Einwohnern ist fast die Hälfte der in einem Haushalt allein lebenden Personen ledig (vgl. Tab. 1.5).

– *Immer mehr jüngere und ältere Alleinlebende im früheren Bundesgebiet* –

Mit der starken Zunahme der Einpersonenhaushalte im **früheren Bundesgebiet** in den beiden vergangenen Jahrzehnten – von rund 6 Millionen (1972) auf knapp 10,2 Millionen (1992) – hat sich auch der Anteil der Alleinlebenden an der Gesamtbevölkerung erhöht, er ist von knapp 10 % im Jahr 1972 auf knapp 16 % im Jahr 1992 gestiegen. Der langfristige Zeitvergleich belegt, daß diese Entwicklung vor allem von Angehörigen der jüngeren und älteren Altersjahrgänge getragen wird, die verstärkt allein einen Haushalt bilden. So hat sich die Zahl der 25- bis unter 35jährigen Alleinlebenden seit 1972 mehr als verdreifacht; bezogen auf die gleichaltrige Bevölkerung ist ihr Anteil in

Im Blickpunkt: Familien heute

diesem Zeitraum von 7,5 % auf rund 19 % angewachsen. Ebenfalls stark zugenommen hat in den vergangenen zwei Jahrzehnten die Zahl der alleinlebenden Senioren über 75 Jahre, die sich in diesem Zeitraum mehr als verdoppelt hat. Heute (1992) leben über 2,2 Millionen der über 75jährigen in einem Einpersonenhaushalt, das sind über 53 % dieser Altersgruppe; 1972 betrug dieser Anteil noch rund 39 % (vgl. Tab. 1.6).

Tab. 1.5: Alleinlebende 1992 nach Gemeindegrößenklassen und Familienstand*)
Deutschland

Gemeinden mit ... bis unter ... Einwohnern	Insgesamt	Davon				Anteil an der Bevölkerung
		ledig	verheiratet getrenntlebend	geschieden	verwitwet	
	1 000	% von Spalte „Insgesamt"				%[1]
unter 5 000	1 373	31,3	3,3	11,1	54,3	9,3
5 000 - 20 000	2 230	36,5	4,6	12,4	46,4	11,5
20 000 - 100 000	2 962	39,5	4,8	14,1	41,6	14,4
100 000 - 500 000	2 581	47,9	4,4	13,9	33,8	19,2
500 000 und mehr	2 897	48,6	5,7	16,4	29,3	23,0

*) Ergebnis des Mikrozensus. – Bevölkerung in Privathaushalten. – 1) Anteil der Alleinlebenden an der Bevölkerung in Privathaushalten.

Tab. 1.6: Alleinlebende nach dem Alter*)

Alter von ... bis unter ... Jahren	1972		1982		1992	
	1 000	%[1]	1 000	%[1]	1 000	%[1]
Früheres Bundesgebiet						
unter 25	518	2,3	839	4,1	978	5,3
25 - 35	651	7,5	1 058	13,0	2 040	19,1
35 - 55	954	6,3	1 305	7,7	2 017	11,1
55 - 75	2 922	23,4	3 037	24,8	2 922	21,4
75 und mehr	969	39,1	1 688	47,4	2 215	53,3
Insgesamt	6 014	9,8	7 926	12,9	10 171	15,6
Neue Länder und Berlin-Ost[2]						
unter 25	.	.	89	1,5	136	2,8
25 - 35	.	.	117	4,9	223	9,2
35 - 55	.	.	229	5,3	329	7,5
55 - 75	.	.	792	26,8	694	22,0
75 und mehr	.	.	502	47,6	492	56,4
Insgesamt	.	.	1 729	10,3	1 873	11,9

*) Ergebnis des Mikrozensus. – Bevölkerung in Privathaushalten. – 1) Anteil an der gleichaltrigen Bevölkerung in Privathaushalten. – 2) Für 1982 Ergebnis der Volkszählung am 31.12.1981 in der ehem. DDR.

Der im **früheren Bundesgebiet** ausgeprägte Trend zur Bildung von Single-Haushalten bei den jüngeren Bevölkerungsgruppen hängt auch mit den sich ändernden Lebensstilen und Wohnformen zusammen, die das Streben nach mehr Eigenständigkeit und erhöhter

Mobilität betonen und traditionelle Lebensformen in Frage stellen. Diese Einstellung führt – unter anderem – zu späteren Eheschließungen bzw. dem Verzicht auf eine Heirat.

Der starke Anstieg der Zahl der Alleinlebenden in der Altersgruppe der 75jährigen und Älteren ist eine Folge der gestiegenen Lebenserwartung der Bevölkerung. Ferner spielt die zunehmende Rüstigkeit im Alter und damit verbunden der Wunsch der älteren Menschen, so lange wie möglich in der gewohnten Umgebung zu leben, eine große Rolle; deshalb verbleiben viele Senioren auch nach dem Tod des Ehepartners allein in der zuvor gemeinsamen Wohnung.

In den **neuen Bundesländern** ist – wie bereits erwähnt – die Lebensform „Alleinleben" nicht so weit verbreitet wie in den alten, was nicht zuletzt durch die dort schwierigeren wirtschaftlichen Verhältnisse und den mangelnden Wohnraum bedingt ist. Die Zunahme der Zahl der Alleinlebenden war seit 1982 – vergleichbare Daten für 1972 liegen für die ehemalige DDR nicht vor – im Osten ungleich geringer als im Westen. Dennoch ist in den höheren Altersgruppen (55- bis unter 75jährige und 75jährige und Ältere) der Anteil der alleinlebenden Bevölkerung in den beiden Teilen Deutschlands nahezu gleich.

1.3 Paargemeinschaften und Alleinerziehende

Im Abschnitt 1.1.2 „Lebensformen der Erwachsenen" wurde insbesondere untersucht, in welchen Gemeinschaften Erwachsene leben. Nachstehend wird auf diese Gemeinschaften selbst, das heißt auf Paargemeinschaften mit und ohne Kinder sowie auf Alleinerziehende mit ihren Kindern, eingegangen.

1.3.1 Ehepaare, nichteheliche Lebensgemeinschaften und Alleinerziehende im Lebenszyklus

Die Formen des Zusammenlebens mit und ohne Kinder können sich im Lebensverlauf unterschiedlich gestalten und sich auch von traditionellen Lebensmustern lösen, wobei der Familienstand einer Person eine zunehmend geringere Rolle spielt.

Im folgenden wird das Zusammenleben mit und ohne Kinder aus der Sicht von Ehepaaren, nichtehelichen Lebensgemeinschaften und Alleinerziehenden beschrieben. Ausgehend vom Alter der Bezugsperson wird in Tab. 1.7 abgebildet, wie sich das Gewicht der einzelnen Gemeinschaftsformen im Lebensverlauf ändert.

– *Mit zunehmendem Lebensalter sind eheliche Paargemeinschaften vorherrschend* –

1992 gab es in **Deutschland** knapp 23,2 Millionen Gemeinschaften von zusammenlebenden Paaren sowie Alleinerziehenden mit ihren Kindern, davon waren fast 85 % zusammenlebende Ehepaare ohne oder mit Kindern, knapp 9 % Alleinerziehende (ohne Lebenspartner lebend) und gut 6 % nichteheliche Lebensgemeinschaften ohne oder mit Kindern.

In der Altersgruppe der **unter 25jährigen Bezugspersonen** befinden sich die höchsten Anteile an **Alleinerziehenden** (13 %) und **nichtehelichen Lebensgemeinschaften** (39 %) im Vergleich zu den höheren Altersgruppen, aber fast die Hälfte (48 %) der Gemeinschaften zählt schon in der jungen Generation zu den **Ehepaaren**. In den sich anschließenden Altersgruppen dominieren die ehelichen Gemeinschaften noch stärker: Drei Viertel der über 4,2 Millionen Gemeinschaften der **25- bis unter 35jährigen** sind **Ehepaare**, etwa jede siebte Gemeinschaft (15 %) besteht aus **nichtehelich Zusammenlebenden,** und in jedem zehnten Fall handelt es sich um **Alleinerziehende**. Im mittleren Lebensalter (**35 bis unter 55 Jahre**) beträgt der Anteil der **Ehepaare** an den knapp 10,3 Millionen Gemeinschaften dieser Altersgruppe fast 86 %, der Anteil der **Alleinerziehenden** ist mit knapp 10 % etwa so groß wie in der vorhergehenden Altersgruppe, dagegen liegt der Anteil der **nichtehelichen Lebensgemeinschaften** nur noch bei 4 %. Mit höherem Lebensalter nimmt die Zahl der Ehepaare naturgemäß wieder ab, doch ihr Anteil an allen Gemeinschaften von **55jährigen und älteren** Bezugspersonen erreicht 91 % (vgl. Tab. 1.7).

Tab. 1.7: Alleinerziehende, Ehepaare und nichteheliche Lebensgemeinschaften 1992 nach dem Alter der Bezugsperson *)

Alter der Bezugsperson von ... bis unter ... Jahren	Haushalte insgesamt	Davon		
		Alleinerziehende[1]	Ehepaare[2]	Nichteheliche Lebensgemeinschaften[3]
	1 000	% von Spalte „insgesamt"		
Früheres Bundesgebiet				
unter 25	414	11,1	50,6	38,2
25 - 35	3 254	8,8	76,2	15,0
35 - 55	8 181	9,6	86,0	4,3
55 und mehr	6 626	7,4	90,4	2,2
Zusammen	18 475	8,7	85,1	6,2
Neue Länder und Berlin-Ost				
unter 25	155	16,6	41,5	41,9
25 - 35	978	13,1	73,7	13,2
35 - 55	2 099	9,9	85,2	4,9
55 und mehr	1 479	6,4	90,8	2,8
Zusammen	4 711	9,7	83,1	7,2
Deutschland				
unter 25	569	12,6	48,1	39,2
25 - 35	4 232	9,8	75,7	14,6
35 - 55	10 280	9,7	85,9	4,4
55 und mehr	8 105	7,2	90,5	2,3
Insgesamt	23 186	8,9	84,7	6,4

*) Ergebnis des Mikrozensus. – Bevölkerung in Privathaushalten. – 1) Ohne Lebenspartner lebend (Schätzung). – 2) Alter des Ehemannes. – 3) Schätzung aus Ergebnissen des Mikrozensus, Alter des Mannes.

Vergleicht man die Verteilung der Gemeinschaften in den **alten** und **neuen Bundesländern** miteinander, dann fallen die höheren Anteile der Alleinerziehenden bei den jüngeren Altersgruppen (bis unter 35jährige) und der nichtehelichen Lebensgemeinschaften (bis unter 25jährige) in den neuen Ländern auf. In den nächst höheren Altersgruppen ist die Verbreitung der einzelnen Gemeinschaften in West und Ost nahezu gleich.

– Paargemeinschaften mit Kindern in den neuen Bundesländern häufiger als in den alten –

Beschränkt man die Betrachtung der Formen des Zusammenlebens auf **Paargemeinschaften mit und ohne Kinder**, dann wird deutlich, daß die Ehe nach wie vor die vorherrschende Form der Partnerschaft ist. Von den rund 21,1 Millionen zusammenwohnenden Paaren waren 1992 in **Deutschland** rund 19,6 Millionen Ehepaare (93 %), etwa 1,5 Millionen Paare (7 %) bildeten eine nichteheliche Lebensgemeinschaft. Anders ausgedrückt: Auf mehr als 13 Ehepaare kommt heutzutage eine nichteheliche Lebensgemeinschaft. In den **neuen Bundesländern** sind die nichtehelichen Lebensgemeinschaften mit einem Anteil von 8 % aller Paare etwas stärker verbreitet als in den **alten** (7 %) (vgl. Tab. 1.8).

Aus der Betrachtung der Paargemeinschaften nach im Haushalt lebenden Kindern geht hervor, daß von den Ehepaaren in den alten und neuen Bundesländern jeweils etwa 56 % mit Kindern zusammenleben, aber bezüglich der Kinder in nichtehelichen Lebensgemeinschaften gibt es in West und Ost erhebliche Unterschiede. Nur bei knapp einem Fünftel (19 %) der nichtehelichen Lebensgemeinschaften im früheren Bundesgebiet sind Kinder anzutreffen, während dies bei mehr als der Hälfte (55 %) dieser Gemeinschaften in den neuen Ländern und Berlin-Ost der Fall ist. In den neuen Bundesländern haben nichteheliche Lebensgemeinschaften somit etwa genauso häufig Kinder wie Ehepaare (vgl. Tab. 1.8).

Tab. 1.8: Paargemeinschaften 1992 nach dem Alter des Mannes*)

Alter des Mannes von... bis unter ... Jahren	Paargemeinschaften insgesamt	Davon					
		Ehepaare			Nichteheliche Lebensgemeinschaften[1)]		
		zusammen	ohne Kinder	mit Kind(ern)[2)]	zusammen	ohne Kinder	mit Kind(ern)[2)]
	1 000		%[3)]		1 000	%[4)]	
Früheres Bundesgebiet							
unter 25	368	210	46,8	53,2	158	92,6	7,5
25 - 35	2 968	2 481	26,6	73,4	487	84,2	15,8
35 - 55	7 392	7 039	24,2	75,8	353	67,1	32,8
55 und mehr	6 138	5 990	74,2	25,8	148	88,7	11,4
Zusammen	16 867	15 720	44,0	56,0	1 147	80,7	19,3
Neue Länder und Berlin-Ost							
unter 25	128	64	29,5	70,5	65	59,4	40,6
25 - 35	850	721	8,1	91,9	129	31,6	68,4
35 - 55	1 892	1 788	27,0	73,0	103	34,5	65,4
55 und mehr	1 385	1 343	85,0	15,0	41	87,1	12,9
Zusammen	4 256	3 917	43,4	56,6	338	44,6	55,4
Deutschland							
unter 25	498	274	42,7	57,3	223	82,9	17,1
25 - 35	3 818	3 202	22,5	77,5	616	73,2	26,8
35 - 55	9 284	8 828	24,8	75,2	456	59,8	40,2
55 und mehr	7 523	7 333	76,2	23,8	190	88,2	11,8
Insgesamt	21 122	19 637	43,9	56,1	1 485	72,4	27,6

*) Ergebnis des Mikrozensus. – Bevölkerung in Privathaushalten. – 1) Schätzung aus Ergebnissen des Mikrozensus. – 2) Kind(er) ohne Altersbegrenzung. – 3) Anteil an Ehepaaren zusammen. – 4) Anteil an nichtehelichen Lebensgemeinschaften zusammen.

Der jeweilige Anteil der Paargemeinschaften mit oder ohne Kinder in den einzelnen Lebensabschnitten zeigt den Prozeß der Familienerweiterung und der Familienschrumpfung auf. Die bereits erwähnten Unterschiede in der Familienbildung im Westen und im Osten Deutschlands werden anhand dieser Betrachtungsweise bestätigt: Von den jüngeren Paargemeinschaften (bezogen auf **unter 25jährige Männer**) sind in den **alten Bundesländern** 47 % der Ehepaare und 93 % der nichtehelichen Lebensgemeinschaften noch kinderlos, in den **neuen Bundesländern** sind es dagegen knapp 30 % der Ehepaare und 59 % der nichtehelichen Lebensgemeinschaften. In der mittleren Generation (**25- bis unter 35jährige bzw. 35- bis unter 55jährige Männer**) haben im **früheren Bundesgebiet** nur noch rund ein Viertel der Ehepaare und über 84 % bzw. 67 % der nichtehelichen Lebensgemeinschaften keine Kinder im Haushalt, in den **neuen Ländern und Berlin-Ost** sind nur rund 8 % bzw. 27 % der Ehepaare und knapp 32 % bzw. 35 % der nichtehelichen Lebensgemeinschaften der entsprechenden Altersgruppen kinderlos. Mit steigendem Lebensalter nimmt der Anteil der Paargemeinschaften ohne Kinder im Haushalt in dem Maße wieder zu, wie die Kinder den elterlichen Haushalt verlassen. Durch die Erhöhung der Lebenserwartung verlängert sich zusätzlich diese nachelterliche Lebensphase (ohne Kinder). Diese Phase wird auch als die des „leeren Nestes" bezeichnet, weil die Kinder überwiegend das Elternhaus verlassen haben und die Ehepartner als kinderloses Paar zurückbleiben. Bei den älteren Ehepaaren (hier: 55jährige und ältere Ehemänner) fällt auf, daß bei einem Viertel dieser Ehepaare in den **alten Bundesländern** noch mindestens ein Kind im Haushalt lebt gegenüber lediglich 15 % der älteren Ehepaare in den **neuen Ländern** (vgl. Abb. 1.4 und Tab. A 1.5 im Anhang).

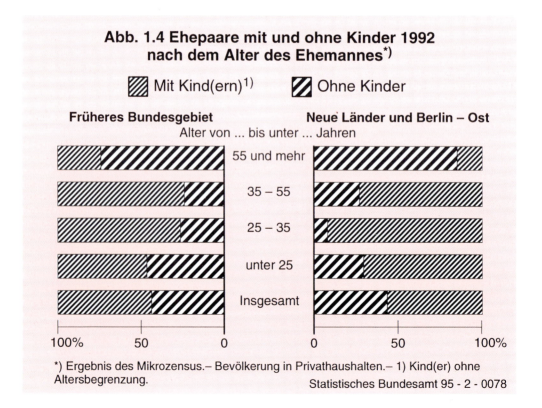

Abb. 1.4 Ehepaare mit und ohne Kinder 1992 nach dem Alter des Ehemannes*)

Mit Kind(ern)[1]   Ohne Kinder

*) Ergebnis des Mikrozensus.– Bevölkerung in Privathaushalten.– 1) Kind(er) ohne Altersbegrenzung.

Statistisches Bundesamt 95 - 2 - 0078

Bei einem Rückblick auf die beiden vergangenen Jahrzehnte, der allerdings nur für das frühere Bundesgebiet möglich ist, zeigt sich, daß insbesondere die Zahl der nichtehelichen Lebensgemeinschaften extrem zugenommen hat. Die Gemeinschaften mit Kindern haben sich unterschiedlich entwickelt, so ist die Zahl der Alleinerziehenden (hier: Alleinerziehende ohne und mit Lebenspartner) von knapp 1,5 auf 1,9 Millionen (+ 30 %) gestiegen, während die Zahl der Ehepaare mit im gemeinsamen Haushalt lebenden Kindern aller Altersstufen von rund 9,6 Millionen im Jahr 1972 auf gut 8,8 Millionen im Jahr 1992 zurückgegangen ist. Demgegenüber hat aber die Zahl der Ehepaare ohne im Haushalt lebende Kinder von knapp 5,7 auf knapp 6,9 Millionen (+ 21 %) zugenommen (vgl. Tab. 1.9).

Tab. 1.9: Alleinerziehende, Ehepaare und nichteheliche Lebensgemeinschaften im früheren Bundesgebiet*)

Gegenstand der Nachweisung	1972	1982	1992	Veränderung 1992 gegenüber 1972
	1 000			%
Alleinerziehende[1]	1 462	1 658	1 904	+ 30,3
Ehepaare ohne Kinder[2]	5 674	5 924	6 890	+ 21,4
Ehepaare mit Kind(ern)[3]	9 634	9 193	8 822	- 8,4
Nichteheliche Lebensgemeinschaften[4]	137	516	1 147	+ 740,1
Nachrichtlich:				
Alleinlebende[5]	6 014	7 926	10 171	+ 69,1

*) Ergebnis des Mikrozensus. – 1) Einschl. der Alleinerziehenden, die Lebenspartner in einer nichtehelichen Lebensgemeinschaft sind. – 2) Ohne im Haushalt lebende Kinder. – 3) Im Haushalt lebende ledige Kinder ohne Altersbegrenzung. – 4) Schätzung aus Ergebnissen des Mikrozensus. – 5) Einpersonenhaushalte.

1.3.2 Exkurs: Nichteheliche Lebensgemeinschaften

Seit einigen Jahren hat sich das Zusammenleben von Mann und Frau in Form einer nichtehelichen Lebensgemeinschaft zunehmend verbreitet; gleichzeitig wächst deren gesellschaftliche Akzeptanz[3]. Bei dieser Art von Zweierbeziehung lassen sich verschiedene Zwischenformen unterscheiden, wie die voreheliche Form, die meist von jungen ledigen Erwachsenen als „Ehe auf Probe" verstanden wird, oder die nacheheliche Form, die von bereits verheirateten Personen eingegangen wird; auch die Paargemeinschaften zählen dazu, deren Partner sich bei getrennten Wohnungen und Haushalten als zusammengehörig betrachten („living apart together").

Unter einer nichtehelichen Lebensgemeinschaft wird hier eine Haushaltsgemeinschaft von zwei zusammenlebenden, aber nicht miteinander verwandten oder verheirateten Personen verschiedenen Geschlechts mit einem Mindestalter von 18 Jahren verstanden[4]. In diesen Haushalten können noch ledige gemeinsame Kinder oder ledige Kinder des einen oder anderen Partners vorhanden sein.

---

3) Siehe dazu und zu den folgenden Ausführungen auch Niemeyer, F.: Nichteheliche Lebensgemeinschaften und Ehepaare – Formen der Partnerschaft gestern und heute, in: Wirtschaft und Statistik, 7/1994, S. 504 ff.
4) Da das derzeitige Mikrozensusgesetz in Deutschland eine direkte Frage nach dem Lebenspartner eines Haushaltsmitgliedes nicht zuläßt, ist die Größenordnung der nichtehelichen Lebensgemeinschaften nur auf indirekte Weise anhand des vorhandenen haushaltsstatistischen Datenmaterials zu bestimmen. (Nur in der durch EG-Verordnung angeordneten (kleineren) Arbeitskräftestichprobe ist diese Frage auf freiwilliger Basis vorgesehen.) Mit Hilfe eines differenzierten Aufbereitungsverfahrens werden Mikrozensusdaten von Haushaltsmitgliedern zusammengeführt und dann solche Haushalte abgegrenzt, die aus einem Mann und einer Frau bestehen, die weder miteinander verwandt noch verheiratet sind. Der so ermittelte Schätzwert über Zahl und Struktur der nichtehelichen Lebensgemeinschaften dürfte vermutlich zu niedrig liegen, da u.a. Paargemeinschaften, deren Partner angaben, trotz gemeinsamer Wohnung jeweils einen eigenen Haushalt zu führen, nicht in die Schätzung einbezogen werden konnten, ebenso Gemeinschaften mit Partnern, die jeweils eine eigene Wohnung haben.

Im Blickpunkt: Familien heute

– *Starke Zunahme der nichtehelichen Lebensgemeinschaften im früheren Bundesgebiet* –

Seit 1972, als erstmals eine (noch unvollständige) Schätzung der nichtehelichen Lebensgemeinschaften vorgenommen wurde, ist ihre Zahl im früheren Bundesgebiet um mehr als das Siebenfache gestiegen. Sie hat im Jahr 1992 über 1,1 Millionen erreicht; von 1982, als rund 516 000 solcher Gemeinschaften ermittelt wurden, bis 1992 hat sie sich mehr als verdoppelt. Für die neuen Bundesländer liegen keine entsprechenden Vergleichsdaten vor (vgl. Tab. 1.10).

Mit der Zahl der nichtehelichen Lebensgemeinschaften hat auch der Anteil der Bevölkerung, der in diesen Gemeinschaften lebt, zugenommen. So ist seit 1982 im früheren Bundesgebiet der Anteil der Männer, die mit einer Frau in einer nichtehelichen Lebensgemeinschaft zusammenwohnen, an allen Männern von 2,3 % auf 4,5 % gestiegen, der entsprechende Anteil für Frauen hat im gleichen Zeitraum von 2 % auf 4,1 % zugenommen. Betrachtet man einzelne Altersgruppen, dann hat sich während der letzten zehn Jahre der Anteil der jüngeren Generation (hier: 18- bis unter 35jährige), der in einer nichtehelichen Lebensgemeinschaft lebt, bei den Männern und Frauen nahezu verdoppelt, die entsprechenden Anteile der nächst höheren Altersgruppe (35- bis unter 55jährige) haben sich fast verdreifacht (vgl. Tab. 1.10).

Tab. 1.10: In nichtehelichen Lebensgemeinschaften lebende Partner nach dem Alter*)

Früheres Bundesgebiet

Alter von ... bis unter ... Jahren	1972		1982		1992	
	1 000	%[1]	1 000	%[1]	1 000	%[1]
Männer						
18 - 35	41	0,5	324	4,2	646	7,4
35 - 55	31	0,4	115	1,3	353	3,9
55 und mehr	65	1,1	76	1,2	148	2,0
Insgesamt	137	0,7	516	2,3	1 147	4,5
Frauen						
18 - 35	41	0,6	349	4,7	730	8,8
35 - 55	42	0,5	91	1,1	281	3,1
55 und mehr	53	0,6	75	0,8	136	1,3
Insgesamt	137	0,6	516	2,0	1 147	4,1

*) Schätzung aus Ergebnissen des Mikrozensus. – Für 1972 und 1982 bezogen auf 18 bis unter 36 Jahre, 36 bis unter 56 Jahre sowie 56jährige und Ältere. – 1) Anteil an der gleichaltrigen Bevölkerung in Privathaushalten.

– *Frauen in nichtehelichen Lebensgemeinschaften in den neuen Bundesländern jünger als in den alten* –

Heute (1992) gibt es in Deutschland schätzungsweise rund 1,5 Millionen Haushalte mit nichtehelichen Lebensgemeinschaften, rund 1,1 Millionen Gemeinschaften (72 %) haben keine Kinder, und in 409 000 Gemeinschaften (28 %) kommen Kinder (ohne Altersbegrenzung) vor. Wie bereits erwähnt, ist im früheren Bundesgebiet nur in jeder fünften der über 1,1 Millionen nichtehelichen Paargemeinschaften mindestens ein Kind vorhanden, dagegen hat über die Hälfte dieser rund 338 000 Gemeinschaften in den neuen Ländern und Berlin-Ost Kinder (vgl. Abb. 1.5 und Tab. 1.11).

Tab. 1.11: Nichteheliche Lebensgemeinschaften 1992 nach dem Alter der Frau*)

Alter von ... bis unter ... Jahren	Insgesamt		Ohne Kinder		Mit Kind(ern)[1]	
	1 000	%	1 000	%	1 000	%
Früheres Bundesgebiet						
unter 25	285	24,8	265	28,6	20	8,9
25 - 35	445	38,8	355	38,4	90	40,7
35 - 55	281	24,5	179	19,4	101	45,6
55 und mehr	136	11,9	126	13,6	11	4,7
Zusammen	1 147	100	925	100	222	100
Neue Länder und Berlin-Ost						
unter 25	106	31,4	60	39,6	46	24,7
25 - 35	115	34,1	24	16,2	91	48,5
35 - 55	82	24,2	34	22,5	48	25,7
55 und mehr	35	10,3	33	21,7	/	/
Zusammen	338	100	151	100	188	100
Deutschland						
unter 25	391	26,3	325	30,2	66	16,1
25 - 35	561	37,8	380	35,3	181	44,3
35 - 55	363	24,4	213	19,8	149	36,4
55 und mehr	171	11,5	159	14,8	13	3,2
Insgesamt	1 485	100	1 076	100	409	100

*) Schätzung aus Ergebnissen des Mikrozensus. – [1] Kind(er) ohne Altersbegrenzung.

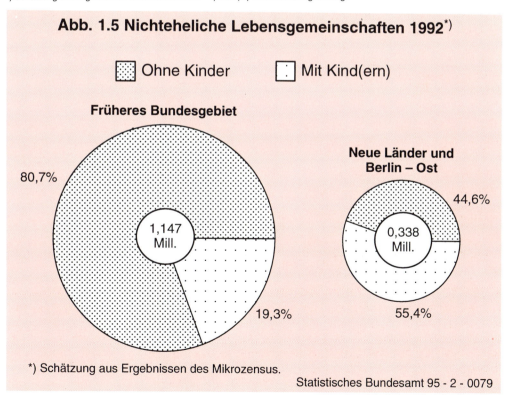

Abb. 1.5 Nichteheliche Lebensgemeinschaften 1992*)

Ohne Kinder   Mit Kind(ern)

Früheres Bundesgebiet: 1,147 Mill. — 80,7% / 19,3%

Neue Länder und Berlin – Ost: 0,338 Mill. — 44,6% / 55,4%

*) Schätzung aus Ergebnissen des Mikrozensus.

Statistisches Bundesamt 95 - 2 - 0079

Im Blickpunkt: Familien heute

Betrachtet man die nichtehelichen Lebensgemeinschaften nach dem Alter der Partnerin, dann zeigt sich, daß in **Deutschland** bei gut einem Viertel (26 %) der nichtehelichen Lebensgemeinschaften insgesamt die Frauen unter 25 Jahre alt und bei 38 % der Gemeinschaften zwischen 25 und 35 Jahre alt sind, dies bedeutet, daß sie in fast zwei Dritteln (64 %) der Gemeinschaften noch nicht das 35. Lebensjahr vollendet haben. Die Verteilung der nichtehelichen Lebensgemeinschaften nach dem Alter der Partnerin weist in den alten und neuen Bundesländern große Ähnlichkeiten auf. Bemerkenswert ist aber der unterschiedliche Altersschwerpunkt der Frauen in Gemeinschaften mit oder ohne Kinder: Während in den **neuen Ländern und Berlin-Ost** in knapp 40 % der nichtehelichen Gemeinschaften ohne Kinder die Frau unter 25 Jahre alt ist, sind die meisten dieser Lebensgemeinschaften ohne Kinder im früheren Bundesgebiet in der Altersgruppe der 25- bis unter 35jährigen Frauen zu finden (38 %). Auch bei den nichtehelichen Gemeinschaften mit Kindern sind die Frauen in den **neuen Bundesländern** im Durchschnitt jünger als in den **alten**. In fast der Hälfte (48,5 %) dieser Gemeinschaften im Osten ist die Partnerin im Alter von 25 bis unter 35 Jahren, im Westen bilden die 35- bis unter 55jährigen Frauen mit knapp 46 % der nichtehelichen Lebensgemeinschaften mit Kind(ern) die größte Altersgruppe (vgl. Tab. 1.11).

Die genannten Unterschiede korrespondieren mit den bei den Ehepaaren feststellbaren Abweichungen zwischen den alten und neuen Bundesländern. Das im Westen und Osten unterschiedliche Heiratsverhalten wie auch der Altersunterschied bei der Geburt des ersten Kindes spiegelt sich bei den nichtehelichen Lebensgemeinschaften wider.

In rund 28 % der nichtehelichen Lebensgemeinschaften in Deutschland sind Kinder vorhanden.

– Nichteheliche Lebensgemeinschaften mit ledigen Partnern in den alten Bundesländern häufiger als in den neuen –

Nichteheliche Lebensgemeinschaften mit zwei **ledigen** Partnern sind im früheren **Bundesgebiet** mit 60 % aller Gemeinschaften häufiger anzutreffen als in den **neuen Ländern** und Berlin-Ost, wo sie lediglich knapp die Hälfte (49 %) der nichtehelichen Lebensgemeinschaften ausmachen. Dagegen sind insbesondere „nacheheliche" Lebensgemeinschaften, deren Partner bereits in einer Ehe gelebt haben, im Osten mit über 30 % der nichtehelichen Lebensgemeinschaften weiter verbreitet als im Westen (22 %). In jeder fünften nichtehelichen Lebensgemeinschaft in den neuen Ländern und Berlin-Ost ist sowohl der Mann als auch die Frau geschieden bzw. lebt getrennt vom früheren Ehepartner (vgl. Tab. 1.12).

Tab. 1.12: Nichteheliche Lebensgemeinschaften 1992 nach dem Familienstand der Partner*)

Familienstand der Partner	Insgesamt		Ohne Kinder		Mit Kind(ern)[1]	
	1 000	%	1 000	%[2]	1 000	%[2]
Früheres Bundesgebiet						
Beide Partner ledig	686	59,8	614	89,5	72	10,5
Ein Partner ledig/ein Partner nicht ledig	207	18,1	135	65,3	72	34,7
Mann ledig/Frau nicht ledig	117	10,2	69	58,8	48	41,2
Mann nicht ledig/Frau ledig	90	7,9	66	73,6	24	26,5
Beide Partner nicht ledig	253	22,1	175	69,3	78	30,7
darunter:						
beide Partner verheiratet getrenntlebend bzw. geschieden	145	12,6	87	60,3	58	39,7
beide Partner verwitwet	44	3,8	40	90,4	/	/
Nichteheliche Lebensgemeinschaften insgesamt	1 147	100	925	80,7	222	19,3
Neue Länder und Berlin-Ost						
Beide Partner ledig	167	49,3	78	47,0	88	53,0
Ein Partner ledig/ein Partner nicht ledig	69	20,4	21	30,0	48	70,1
Mann ledig/Frau nicht ledig	36	10,7	10	27,3	27	73,0
Mann nicht ledig/Frau ledig	33	9,6	11	33,1	22	66,9
Beide Partner nicht ledig	103	30,4	52	50,4	51	49,6
darunter:						
beide Partner verheiratet getrenntlebend bzw. geschieden	69	20,3	25	36,0	44	64,1
beide Partner verwitwet	13	3,8	12	95,4	/	/
Nichteheliche Lebensgemeinschaften insgesamt	338	100	151	44,6	188	55,4

*) Schätzung aus Ergebnissen des Mikrozensus. – 1) Kind(er) ohne Altersbegrenzung. – 2) Anteil an Spalte „Insgesamt".

Im früheren Bundesgebiet gibt es in fast neun von zehn nichtehelichen Lebensgemeinschaften mit zwei ledigen Partnern keine Kinder. Hierbei handelt es sich um eine „voreheliche" Lebensgemeinschaft, die – wie bereits erwähnt – vor allem im Westen verbreitet ist. Dagegen ist das Erscheinungsbild einer nichtehelichen Lebensgemeinschaft lediger Partner in den neuen Ländern und Berlin-Ost umgekehrt davon geprägt, daß bereits Kinder vorhanden sind, so leben in 53 % dieser Gemeinschaften Kinder (vgl. Tab. 1.12).

Am häufigsten sind Kinder in nichtehelichen Lebensgemeinschaften anzutreffen, in denen der **Mann noch ledig** ist, die **Frau** aber bereits **verheiratet** war. In den neuen Ländern und Berlin-Ost ist dies in 73 % solcher Gemeinschaften der Fall, im früheren Bundesgebiet in 41 %. Demgegenüber sind in nichtehelichen Lebensgemeinschaften auch häufig keine Kinder vorhanden, wenn beide Partner nicht mehr ledig sind; im Westen sind dies 69 % und im Osten 50 % dieser Gemeinschaften, was auf den hohen Anteil „nachehelicher" Lebensgemeinschaften zurückzuführen ist. In diesen Gemeinschaften leben viele geschiedene oder verwitwete Männer und Frauen zusammen, deren Kinder den elterlichen Haushalt bereits verlassen haben (vgl. Tab. 1.12 und Tab. A 1.6 im Anhang).

Der große Anteil von nichtehelichen Lebensgemeinschaften mit Kindern in den neuen Ländern und Berlin-Ost hat neben demographischen auch sozialpolitische Ursachen. Ein Grund ist einmal darin zu suchen, daß der Anteil der Eheschließungen, bei denen die Partner gemeinsame voreheliche Kinder haben, in der ehemaligen DDR fast drei Zehntel aller Eheschließungen betrug (Anteil im früheren Bundesgebiet: rund 5 % der Eheschließungen). Außerdem spielt auch eine Rolle, daß es zu Zeiten der ehemaligen DDR für Paare mit Kindern leichter war, eine Wohnung zu bekommen, als dies für kinderlose Paare oder Alleinstehende der Fall war.

1.3.3 Frauen mit und ohne Kinder im langfristigen Vergleich

– Anteil der 30- bis unter 45jährigen Frauen mit Kindern im Haushalt leicht zurückgegangen –

Weitere Aussagen über das Zusammenleben mit und ohne Kinder werden möglich, wenn man das Augenmerk auf einen charakteristischen Lebensabschnitt richtet, in dem üblicherweise Kinder im Haushalt ihrer Eltern leben. Hierbei bietet es sich an, die Frauen im Alter zwischen 30 und 45 Jahren auszuwählen und mit Hilfe der vorhandenen Mikrozensusdaten nach im Haushalt lebenden Kindern zu gliedern. Die Angaben über diese Altersgruppe sind deshalb aussagekräftig, weil die Realisierung der Familienplanung mit 30 Jahren einerseits schon zu einem großen Teil abgeschlossen ist, andererseits aber die Kinder – auch bei einer frühen Geburt von einer knapp 20jährigen Frau – den mütterlichen Haushalt in dieser Zeitspanne in der Regel noch nicht verlassen haben.

Aus Tabelle 1.13 geht hervor, daß 1985 im früheren Bundesgebiet fast zwei Drittel (62 %) der 30- bis unter 45jährigen Frauen als Ehefrauen mit Ehemann und ihren minderjährigen Kindern im gemeinsamen Haushalt zusammenlebten, bis 1992 war dieser Anteil auf 59 % zurückgegangen. Der Anteil der alleinerziehenden Mütter an den Frauen dieser Altersgruppe hat sich im genannten Zeitraum kaum verändert, er nahm von 7 % (1985) auf 8 % (1992) zu. Demgegenüber leben in den neuen Ländern und Berlin-Ost relativ mehr Frauen dieser Altersgruppe mit minderjährigen Kindern zusammen: 1992 waren zwei Drittel der Frauen im Alter von 30 bis unter 45 Jahren Ehefrauen mit Kindern, und 13 % von ihnen waren Alleinerziehende (vgl. Tab. 1.13).

Tab. 1.13: Frauen im Alter von 30 bis unter 45 Jahren nach dem Zusammenleben mit und ohne Kinder*)

Frauen	Früheres Bundesgebiet 1985		Früheres Bundesgebiet 1992		Neue Länder und Berlin-Ost 1992	
	1 000	%	1 000	%	1 000	%
Verheiratet zusammenlebende Frauen ohne im Haushalt lebende minderjährige Kinder	1 072	17,9	1 193	17,2	226	13,0
Verheiratet zusammenlebende Frauen mit im Haushalt lebenden minderjährigen Kindern	3 732	62,2	4 076	58,9	1 157	66,7
Alleinerziehende Frauen mit minderjährigen Kindern	419	7,0	537	7,8	228	13,1
Alleinstehende Frauen[1)] ohne im Haushalt lebende minderjährige Kinder	774	12,9	1 111	16,1	124	7,1
Insgesamt......	5 996	100	6 917	100	1 735	100

*) Ergebnis des Mikrozensus. – Bevölkerung am Familienwohnsitz. – 1) Ledige, geschiedene, verheiratet getrenntlebende oder verwitwete Frauen.

– *Geringfügige Zunahme der Kinderlosigkeit im früheren Bundesgebiet* –

Von besonderem Interesse ist die Entwicklung der Lebensformen von Frauen, die ohne Kinder im Haushalt leben. In einem Land mit einem sehr niedrigen Geburtenniveau wie der Bundesrepublik Deutschland findet das Phänomen „Kinderlosigkeit" immer größere Beachtung in der Öffentlichkeit, da seine sozialen, demographischen und gesellschaftspolitischen Auswirkungen ausführlich diskutiert werden.

Vom demographischen Standpunkt aus betrachtet, ist mit Kinderlosigkeit von Frauen oder Männern gemeint, daß es im Lebensverlauf zu keiner Mutter- oder Vaterschaft gekommen ist. Gegenwärtig liegen keine genauen Angaben über das Ausmaß von Kinderlosigkeit, im Sinne von niemals Mutter bzw. Vater geworden zu sein, vor. Anhand der Mikrozensusdaten kann man sich dem Phänomen „Kinderlosigkeit" nur auf indirektem Weg annähern, indem man für einen bestimmten, aussagekräftigen Lebensabschnitt das Fehlen von Kindern (leibliche Kinder oder Adoptiv-, Stief- bzw. Pflegekinder im Haushalt) feststellt. Dabei liefern die Mikrozensusdaten nur Momentaufnahmen des Zusammenlebens mit bzw. des Fehlens von Kindern im Haushalt zum Zeitpunkt der Erhebung, ohne aber den späteren Lebensverlauf der Befragten zu berücksichtigen.

Trotz der genannten Einschränkungen ergeben sich aus den Mikrozensusdaten gute Näherungswerte für Trendaussagen über die Entwicklung der Kinderlosigkeit. Nach Tabelle 1.13 stieg die Zahl der verheiratet zusammenlebenden Ehefrauen im Alter zwischen 30 und 45 Jahren ohne im Haushalt lebende minderjährige Kinder im früheren Bundesgebiet von rund 1,1 Millionen (1985) auf knapp 1,2 Millionen (1992). Ihr Anteil an allen Frauen dieser Altersgruppe ist im gleichen Zeitraum nahezu unverändert geblieben und betrug 17 % im Jahr 1992 gegenüber 18 % im Jahr 1985.

Neben den verheiratet zusammenlebenden Ehefrauen sind bei dieser Betrachtungsweise die alleinstehenden Frauen ohne Kinder zu berücksichtigen. Zu den Alleinstehenden ohne Kinder zählen einmal geschiedene, verwitwete und verheiratet getrenntlebende Personen ohne im Haushalt lebende Kinder; zum anderen sind es ledige

Personen, die nicht mehr im elterlichen Haushalt wohnen und keine eigenen Kinder haben. Bei den Alleinstehenden ohne Kinder können aber noch weitere Personen, wie Verwandte oder Freunde, im Haushalt wohnen.

Seit 1985 hat sich im früheren Bundesgebiet der Anteil alleinstehender Frauen an allen 30- bis unter 45jährigen Frauen leicht erhöht, er wuchs von 13 % (1985) auf 16 % (1992). Faßt man die verheiratet zusammenlebenden und die alleinstehenden Frauen ohne Kinder im Haushalt zusammen, dann zeigt sich eine geringfügige relative Zunahme dieser Frauen im Alter von 30 bis unter 45 Jahren: Ihr Anteil an allen Frauen der gleichen Altersgruppe stieg seit 1985 von rund 31 % auf über 33 % (vgl. Tab. 1.13).

1.4 Familien

1.4.1 Familien im Überblick

Die Gliederung der Familien (hier: Eltern-Kind-Gemeinschaften) nach der Zahl der Kinder ist ein wichtiges Strukturmerkmal für die Beschreibung dieser Gemeinschaften. Die Darstellung der Familien bezieht sich hier nur auf die im elterlichen Haushalt wohnenden ledigen Kinder, weil die bereits ausgezogenen Kinder aus methodischen Gründen nicht nachgewiesen werden können. Neben den leiblichen Kindern werden auch die ledigen Stief-, Adoptiv- und Pflegekinder als Kinder gezählt.

– In jeder zweiten Familie lebt nur ein Kind –

Faßt man alle Eltern-Kind-Gemeinschaften zusammen, dann ergibt sich heute (1992) in Deutschland folgendes Bild: Knapp 52 % dieser 13,6 Millionen Gemeinschaften leben mit einem Kind zusammen, 37 % haben zwei Kinder, und in 12 % dieser Gemeinschaften sind es drei und mehr Kinder (jeweils ohne Altersbegrenzung). Diese Verteilung nach der Kinderzahl ändert sich kaum, wenn man nur Kinder unter 18 Jahren berücksichtigt; dabei ist bemerkenswert, daß minderjährige Kinder in gut zwei Dritteln (69 %) der Gemeinschaften mit Kindern (ohne Altersbegrenzung) zu Hause sind (vgl. Abb. 1.6 und Tab. A 1.7 im Anhang).

Für die Kennzeichnung des Eltern-Kind-Verhältnisses spielt die Erziehung und Betreuung der heranwachsenden Kinder die entscheidende Rolle, deshalb soll im folgenden die Betrachtung der Familien **mit Kindern im Alter unter 18 Jahren** im Mittelpunkt stehen.

Die Aufgliederung dieser Eltern-Kind-Gemeinschaften mit minderjährigen Kindern ergibt, daß die überwiegende Mehrheit dieser Gemeinschaften in **Deutschland** aus Ehepaaren (84 %) besteht, 12 % von ihnen Alleinerziehende (ohne Lebenspartner lebend) und knapp 4 % nichteheliche Lebensgemeinschaften sind. Bemerkenswert ist, daß in den **neuen Bundesländern** der Anteil der Alleinerziehenden und nichtehelichen Lebensgemeinschaften höher ist als in den **alten** (14 % und 8 % gegenüber 12 % und 2,5 %), aber im Westen relativ mehr Ehepaare (86 %) unter den Eltern-Kind-Gemeinschaften zu finden sind als im Osten (78 %) (vgl. Tab. 1.14).

Die Darstellung der Eltern-Kind-Gemeinschaften nach der Zahl der **minderjährigen Kinder** belegt, daß über die Hälfte (51 %) der 9,4 Millionen Familien in Deutschland ein Kind hat, 38 % haben zwei und gut 11 % drei und mehr Kinder. Von den rund 7,9 Millionen **Ehepaaren** haben über 47 % ein, über 40 % zwei Kinder, und bei jedem achten Elternpaar leben drei und mehr Kinder unter 18 Jahren (vgl. Tab. 1.14).

Tab. 1.14: Ehepaare, Alleinerziehende und nichteheliche Lebensgemeinschaften 1992 nach Zahl der minderjährigen Kinder*)

Eltern-Kind-Gemeinschaft	Insgesamt		Davon mit ... Kind(ern)[1]		
			1	2	3 und mehr
	1 000	%	% von Spalte „Insgesamt"		
Früheres Bundesgebiet					
Ehepaare	6 192	85,9	47,4	39,2	13,3
Alleinerziehende[2]	836	11,6	71,3	22,9	5,8
Nichteheliche Lebensgemeinschaften[3]	180	2,5	67,3	23,6	9,2
Gemeinschaften zusammen	7 207	100	50,7	36,9	12,4
Neue Länder und Berlin-Ost					
Ehepaare	1 732	77,8	46,7	44,5	8,8
Alleinerziehende[2]	315	14,2	73,1	22,8	4,0
Nichteheliche Lebensgemeinschaften[3]	177	8,0	61,6	29,0	9,4
Gemeinschaften zusammen	2 225	100	51,6	40,1	8,2
Deutschland					
Ehepaare	7 924	84,0	47,3	40,4	12,4
Alleinerziehende[2]	1 151	12,2	71,8	22,9	5,3
Nichteheliche Lebensgemeinschaften[3]	357	3,8	64,5	26,2	9,3
Gemeinschaften insgesamt	9 432	100	50,9	37,7	11,4

*) Ergebnis des Mikrozensus. – Bevölkerung am Familienwohnsitz. – 1) Im Haushalt der Eltern(teile) lebende ledige Kinder unter 18 Jahren. – 2) Ohne Lebenspartner (Schätzung). – 3) Schätzung aus Ergebnissen des Mikrozensus.

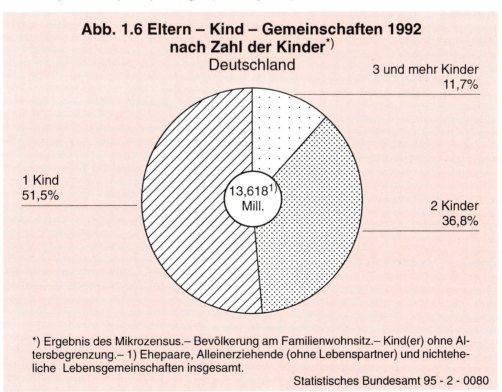

Abb. 1.6 Eltern – Kind – Gemeinschaften 1992 nach Zahl der Kinder*)
Deutschland

*) Ergebnis des Mikrozensus. – Bevölkerung am Familienwohnsitz. – Kind(er) ohne Altersbegrenzung. – 1) Ehepaare, Alleinerziehende (ohne Lebenspartner) und nichteheliche Lebensgemeinschaften insgesamt.

Statistisches Bundesamt 95 - 2 - 0080

Eine Betrachtung von **Alleinerziehenden** (ohne Lebenspartner lebend) und nichtehelichen Lebensgemeinschaften mit Kindern unter 18 Jahren zeigt die hier bestehende Dominanz der Gemeinschaften mit nur einem Kind auf. So lebt in Deutschland in knapp zwei Dritteln (65 %) solcher nichtehelicher Lebensgemeinschaften und bei 72 % der betreffenden Alleinerziehenden jeweils nur ein Kind. Die nahezu gleichen Strukturen der Kinderzahl von alleinstehenden Elternteilen und nichtehelichen Lebensgemeinschaften lassen vermuten, daß die nichteheliche Lebensgemeinschaft mit Kind oft aus dem Zusammengehen von Alleinerziehenden mit einem Lebenspartner entsteht (vgl. Tab. 1.14).

Beim Vergleich der Ehepaare mit minderjährigen Kindern in den **alten und neuen Bundesländern** fällt auf, daß es im Osten anteilsmäßig mehr Ehepaare mit zwei Kindern gibt als im Westen (45 % gegenüber 39 % dieser Ehepaare insgesamt), dafür ist aber der Anteil von Elternpaaren mit drei und mehr Kindern im früheren Bundesgebiet mit 13 % größer als in den neuen Ländern und Berlin-Ost (9 %). Während die Aufgliederung der Alleinerziehenden mit minderjährigen Kindern nach der Kinderzahl in den alten und neuen Bundesländern sehr ähnlich ist, unterscheiden sich die entsprechenden Strukturen bei den nichtehelichen Lebensgemeinschaften mit Kindern unter 18 Jahren etwas stärker. Im Westen haben über zwei Drittel (67 %) dieser Gemeinschaften ein Kind und 24 % von ihnen zwei Kinder; demgegenüber betragen im Osten die entsprechenden Anteile 62 % bzw. 29 %.

1.4.2 Familien im Lebenszyklus

– Kinder hauptsächlich bei Ehepaaren mit 35- bis unter 55jähriger Ehefrau –

Der Prozeß der Familienbildung wird wesentlich vom Alter der Partner bestimmt, wobei auch gesellschaftliche Einflüsse eine wichtige Rolle spielen. Zur Untersuchung der Altersstrukturen von Eltern-Kind-Gemeinschaften wird hier das Alter der Frau herangezogen. Auf diese Weise ist eine phasenorientierte Beobachtung der Familienbildung und der Elternschaft möglich.

Betrachtet man die jüngeren **Paargemeinschaften mit Kindern** (ohne Altersbegrenzung) in **Deutschland**, dann zeigt sich, daß bei 16 % der **nichtehelichen Lebensgemeinschaften** die Partnerin erst **unter 25 Jahre** alt ist gegenüber einem entsprechenden Prozentsatz von knapp 4 % bei den **Ehepaaren**. Der Schwerpunkt der Kinderbetreuung in nichtehelichen Lebensgemeinschaften liegt bei der Altersgruppe der **25- bis unter 35jährigen** Frauen, in über 44 % der nichtehelichen Lebensgemeinschaften mit Kindern gehört die Partnerin dieser Altersgruppe an. Bei den Ehepaaren sind Kinder am häufigsten in der nächst höheren Altersgruppe der **35- bis unter 55jährigen** Ehefrauen vorhanden, ihr Anteil an allen verheiratet zusammenlebenden Ehefrauen mit Kindern liegt bei 56 % (vgl. Tab. 1.15).

Die meisten **alleinerziehenden Frauen** (hier einschließlich Frauen, die Partnerin in einer nichtehelichen Lebensgemeinschaft sind), sind 35 bis unter 55 Jahre alt, ihr Anteil an allen alleinerziehenden Frauen beträgt 43 %. Erstaunlich ist aber, daß ein Viertel der alleinerziehenden Frauen über 55 Jahre alt ist. Die meisten der mit ihnen zusammenlebenden Kinder dürften erwachsen sein (vgl. Tab. 1.15).

– In den neuen Bundesländern sind die Eltern jünger als in den alten –

Die Altersgliederung der **Ehepaare** mit Kindern weist aus, daß in den **neuen Ländern und Berlin-Ost** ein größerer Teil der Ehefrauen unter 35 Jahre alt ist (bei über 41 %

der Ehepaare) als im **früheren Bundesgebiet** (bei 32 % der Ehepaare). In den neuen Bundesländern beginnt auch die nachelterliche Familienphase im Durchschnitt in einem früheren Lebensabschnitt. Im früheren Bundesgebiet leben bei über 11 % der Ehepaare noch Kinder, wenn die Ehefrau bereits über 55 Jahre alt ist gegenüber 6 % in den neuen Ländern (vgl. Tab. 1.15 und Tab. A 1.5 im Anhang).

Tab. 1.15: Ehepaare, Alleinerziehende und nichteheliche Lebensgemeinschaften mit Kindern 1992 nach dem Alter der Frau*)

Eltern-Kind-Gemeinschaft	Insgesamt	Alter der Frau von .. bis unter ... Jahren			
		unter 25	25 - 35	35 - 55	55 und mehr
	1 000	% von Spalte „Insgesamt"			
Früheres Bundesgebiet					
Ehepaare	8 822	3,4	28,1	57,2	11,3
Alleinerziehende Frauen[1]	1 598	4,4	21,8	45,5	28,3
Nichteheliche Lebensgemeinschaften[2]	222	8,9	40,7	45,6	4,7
Neue Länder und Berlin-Ost					
Ehepaare	2 210	4,4	36,9	52,5	6,2
Alleinerziehende Frauen[1]	593	12,2	34,6	37,3	15,8
Nichteheliche Lebensgemeinschaften[2]	188	24,7	48,5	25,7	/
Deutschland					
Ehepaare	11 032	3,6	29,9	56,2	10,3
Alleinerziehende Frauen[1]	2 191	6,5	25,3	43,3	24,9
Nichteheliche Lebensgemeinschaften[2]	409	16,2	44,3	36,5	3,1

*) Ergebnis des Mikrozensus. – Bevölkerung am Familienwohnsitz. – Im Haushalt der Eltern(teile) lebende ledige Kinder ohne Altersbegrenzung. – 1) Einschl. alleinerziehender Frauen, die Lebenspartner in einer nichtehelichen Lebensgemeinschaft sind. – 2) Schätzung aus Ergebnissen des Mikrozensus.

Wie bereits erwähnt, haben in den **neuen Bundesländern nichteheliche Lebensgemeinschaften** häufig schon in jungen Jahren Kinder. Von diesen Gemeinschaften mit Kindern hat bereits ein Viertel in einer sehr frühen Lebensphase (Partnerin im Alter unter 25 Jahren) Kinder, bei knapp der Hälfte von ihnen (49 %) ist die Partnerin 25 bis unter 35 Jahre alt. In den **alten Bundesländern** ist dagegen nur bei 9 % der Gemeinschaften mit Kindern die Partnerin unter 25 Jahre alt. Von den nichtehelichen Lebensgemeinschaften mit Kindern ist hier die Partnerin am häufigsten 35 bis unter 55 Jahre alt (46 % aller nichtehelichen Lebensgemeinschaften mit Kindern).

Aus der Altersgliederung der **alleinerziehenden Frauen** ergibt sich ebenfalls, daß diese in den **neuen Bundesländern** überwiegend den jüngeren Altersjahrgängen angehören; so sind hier 47 % von ihnen nicht älter als 35 Jahre, dagegen zählen nur 26 % von ihnen in den **alten Bundesländern** zu dieser Altersgruppe. Rund 46 % aller alleinerziehenden Frauen sind im Westen zwischen 35 und 55 Jahre alt gegenüber gut 37 % im Osten.

Diese in West und Ost verschiedenen Familienkonstellationen sind insbesondere auf die unterschiedliche Heiratsneigung sowie das unterschiedliche Heiratsalter und den damit zusammenhängenden Zeitpunkt der Familienerweiterung zurückzuführen (s. Kapitel 3 „Familienbildungsprozesse").

Aus der Altersgliederung der **Eltern-Kind-Gemeinschaften** (hier: nach dem Alter der Frau) geht weiterhin hervor, daß die Anteile der Paargemeinschaften mit **zwei bzw. drei und mehr Kindern** mit steigendem Lebensalter der Mütter zunächst anwachsen und dann wieder abnehmen. Von den jungen Ehepaaren (Alter der Ehefrau unter 25 Jahren) haben in Deutschland knapp 73 % ein Kind und gut 23 % zwei Kinder, in der nächst höheren Altersgruppe der 25- bis unter 35jährigen Ehefrauen hat sich der Anteil der Zwei-Kinder-Familien auf 47 % verdoppelt und liegt damit über dem Anteil der Ein-Kind-Familien (39 %). Bei den 35- bis unter 55jährigen Müttern ist der Anteil der Ehepaare mit einem Kind bzw. zwei Kindern (44 % bzw. 42 %) fast gleich groß, in dieser Altersgruppe war auch der Anteil der Ehepaare mit drei und mehr Kindern am höchsten (15 % dieser Ehepaare). In der Altersgruppe der über 55jährigen Ehefrauen überwiegt dann wieder der Anteil der Ein-Kind-Familien (über 77 %), weil sich in diesem Lebensabschnitt die Familienschrumpfung auswirkt (vgl. Tab. A 1.8 im Anhang).

Ausgehend von den hier zugrundegelegten Lebensabschnitten der Mütter zeigen sich wiederum Ähnlichkeiten, was die Aufgliederung von **Alleinerziehenden** und **nichtehelichen Lebensgemeinschaften** nach Zahl der Kinder betrifft.

– Durchschnittliche Kinderzahl der Ehepaare mit Kindern in den alten Bundesländern höher als in den neuen –

Der Zusammenhang von Lebensalter der Mütter und Familiengründung bzw. -erweiterung läßt sich auch anhand der Entwicklung der durchschnittlichen Kinderzahlen nachweisen. Die durchschnittliche Kinderzahl von jungen Ehepaaren mit Kindern (Alter der Ehefrau unter 25 Jahren) beträgt heutzutage (1992) in Deutschland 1,32, das heißt auf 100 Ehepaare dieser Altersgruppe kommen 132 Kinder (ohne Altersbegrenzung). Diese Zahl erhöht sich mit zunehmendem Alter der Ehefrau, bei den 25- bis unter 35jährigen Müttern erreicht sie den Wert von 1,78 und bei der Altersgruppe der 35- bis unter 55jährigen Ehefrauen 1,76. Mit noch höherem Alter nimmt die durchschnittliche Kinderzahl wieder ab, was auf den Fortzug der Kinder aus dem elterlichen Haushalt zurückzuführen ist; so leben noch 129 Kinder bei 100 Ehepaaren mit Kindern, deren Mütter 55 Jahre und älter sind (vgl. Tab. A 1.9 im Anhang).

Außerdem zeigt sich, daß die alleinerziehenden Frauen und die nichtehelichen Lebensgemeinschaften je Lebensabschnitt der Frau durchschnittlich weniger Kinder haben als die Ehepaare mit Kindern, wobei der Gesamtdurchschnitt der Kinderzahl bei den nichtehelichen Lebensgemeinschaften mit 1,47 höher ist als bei den alleinerziehenden Frauen (1,37).

Betrachtet man die durchschnittlichen Kinderzahlen der Familien in den **alten und neuen Bundesländern**, dann fällt auf, daß die Ehepaare mit Kindern im Westen durchschnittlich mehr Kinder haben als im Osten (1,72 gegenüber 1,64). Bemerkenswert ist auch, daß in West und Ost die alleinerziehenden Frauen (im Durchschnitt) etwa gleich viele Kinder haben, aber die nichtehelichen Lebensgemeinschaften im Osten durchschnittlich mehr Kinder aufweisen als im Westen, nämlich 1,50 gegenüber 1,45 (vgl. Tab. A 1.9 im Anhang).

Vergleicht man die Altersgliederung der **Mütter mit minderjährigen Kindern** im Westen und Osten Deutschlands, dann wird ebenfalls deutlich, daß in den **neuen Bundesländern** der Anteil der **alleinerziehenden Frauen** an den Müttern insgesamt wesentlich höher ist als in den alten[5]. Besonders fällt auf, daß knapp 43 % von den unter 25jährigen **Müttern** in den neuen Bundesländern alleinerziehende Frauen waren gegenüber knapp 19 % in den alten. In den sich anschließenden Altersgruppen (**25- bis unter 35jährige bzw. 35- bis unter 55jährige Mütter**) geht der Anteil der alleinerziehenden Frauen deutlich zurück. Bemerkenswert groß ist in den neuen Ländern und Berlin-Ost der Anteil der geschiedenen Alleinerziehenden in den genannten Altersgruppen, der rund 9 % bzw. 10 % der Mütter insgesamt erreicht. Demgegenüber ist im früheren Bundesgebiet von den Müttern in der nächsten Altersgruppe (**55 bis unter 65 Jahre**) etwa jede neunte Mutter (11,6 %) eine verwitwete Alleinerziehende (vgl. Tab. 1.16 und Abb. 1.7).

Tab. 1.16: Mütter mit minderjährigen Kindern 1992 nach Altersgruppen*)

Alter der Mütter von ... bis unter ... Jahren	Insgesamt	Ehefrauen	Alleinerziehende Frauen				
			zusammen	ledig	verheiratet getrennt-lebend	verwitwet	geschieden
	1 000	% von Spalte „Insgesamt"					
Früheres Bundesgebiet							
unter 25	367	81,2	18,8	13,8	2,8	/	2,1
25 - 35	2 826	87,7	12,3	5,0	2,1	0,4	4,9
35 - 55	3 772	88,4	11,6	1,7	1,8	1,8	6,4
55 - 65	93	81,8	18,2	/	/	11,6	/
Neue Länder und Berlin-Ost							
unter 25	170	57,3	42,7	38,7	/	/	/
25 - 35	1 021	79,9	20,1	9,9	1,0	0,6	8,6
35 - 55	955	84,4	15,6	2,9	0,7	1,7	10,2
55 - 65	16	78,6	/	/	/	/	/
Deutschland							
unter 25	536	73,6	26,4	21,7	2,4	/	2,2
25 - 35	3 847	85,6	14,4	6,3	1,8	0,4	5,9
35 - 55	4 727	87,6	12,4	2,0	1,5	1,8	7,1
55 - 65	109	81,4	18,6	/	/	11,3	5,8

*) Ergebnis des Mikrozensus. – Bevölkerung am Familienwohnsitz. – 1) Einschl. der Alleinerziehenden, die Lebenspartner in einer nichtehelichen Lebensgemeinschaft sind.

1.4.3 Familien im langfristigen Vergleich

– *Weniger Ehepaare mit minderjährigen Kindern* –

Die langfristige Entwicklung der Familien mit minderjährigen Kindern im **früheren Bundesgebiet** belegt, daß ihre Gesamtzahl seit 1972 von rund 8,8 auf 7,2 Millionen (1992) gesunken ist (- 18,2 %). Diese Veränderung beruht auf zwei gegensätzlichen Entwicklungstrends. Einerseits ist zwischen 1972 und 1992 die Zahl der **Ehepaare** mit Kindern um über 1,9 Millionen oder 23,7 % zurückgegangen, andererseits hat sich die Zahl der **Alleinerziehenden** (einschl. der Alleinerziehenden, die Lebenspartner in einer

---

5) Bei der Analyse dieser Ergebnisse ist allerdings zu berücksichtigen, daß Alleinerziehende, die mit einem Partner in einer nichtehelichen Lebensgemeinschaft leben, hier aus aufbereitungstechnischen Gründen ohne den Partner, also ausschließlich als Alleinerziehende dargestellt werden konnten.

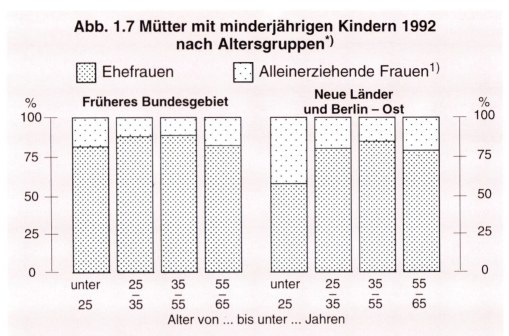

nichtehelichen Lebensgemeinschaft sind) im gleichen Zeitraum um 315 000 oder 44,9 % erhöht; so gab es 1992 über 1 Million Alleinerziehende mit minderjährigen Kindern. Damit hat sich die Struktur der Familien verschoben. Während der Anteil der Ehepaare mit Kindern an den Familien mit Kindern insgesamt von 92 % (1972) auf 86 % (1992) abgenommen hat, ist der Anteil der Alleinerziehenden seit 1972 von 8 % auf 14 % gestiegen (vgl. Tab. 1.17).

Tab. 1.17: Ehepaare mit minderjährigen Kindern sowie Alleinerziehende*)

Eltern-Kind-Gemeinschaft	1972		1982		1992	
	1 000	%	1 000	%	1 000	%
Früheres Bundesgebiet						
Ehepaare	8 114	92,0	7 240	88,6	6 192	85,9
Alleinerziehende[1]	701	8,0	927	11,4	1 016	14,1
Insgesamt	8 815	100	8 167	100	7 207	100
Neue Länder und Berlin-Ost[2]						
Ehepaare	.	.	2 117	85,5	1 732	77,9
Alleinerziehende[1]	.	.	358	14,5	493	22,1
Insgesamt	.	.	2 475	100	2 225	100

*) Ergebnis des Mikrozensus. – Bevölkerung am Familienwohnsitz. – Im Haushalt der Eltern(teile) lebende ledige Kinder unter 18 Jahren. – 1) Einschl. der Alleinerziehenden, die Lebenspartner in einer nichtehelichen Gemeinschaft sind. – 2) Für 1982: Ergebnis der Volkszählung am 31.12.1981 in der ehem. DDR; ledige Kinder bis unter 17 Jahren.

Der Rückgang der Zahl der Ehepaare mit minderjährigen Kindern im **früheren Bundesgebiet** ist in erster Linie auf die niedrigen Geburtenzahlen bei gleichzeitig nahezu stabiler Gesamtbevölkerung zurückzuführen. Die Zunahme der Alleinerziehenden ist u.a. auch eine Folge der hier seit 1972 steigenden Zahl der Ehescheidungen (vgl. Kapitel 3 „Familienbildungsprozesse").

In den **neuen Ländern und Berlin-Ost** ist eine ähnliche Entwicklung der Familienstruktur zu beobachten. Der schon zu Zeiten der ehemaligen DDR hohe Anteil von **Alleinerziehenden** an allen Familien mit Kindern hat weiter zugenommen, 1992 betrug er 22 %. Dementsprechend hat sich der Anteil der **Ehepaare** mit Kindern verringert und ist 1992 auf 78 % der Familien insgesamt gesunken.

Die Zunahme der Zahl der Alleinerziehenden in den neuen Ländern und Berlin-Ost spiegelt wesentliche Unterschiede der demographischen Entwicklung in den neuen und alten Bundesländern wider, die mit höherer Scheidungshäufigkeit und höherem Anteil der nichtehelich geborenen Kinder im Osten beschrieben werden können. Hierbei spielt auch eine Rolle, daß bei den Scheidungen in der ehemaligen DDR häufiger Kinder betroffen waren als im früheren Bundesgebiet. Darüber hinaus sind auch die unterschiedlichen gesellschaftlichen Rahmenbedingungen zu berücksichtigen, u.a. das umfangreiche staatliche Angebot an außerfamiliärer Kinderbetreuung, wie Kinderkrippen, Kindergärten und Kinderhorten in der ehemaligen DDR, das es für Alleinerziehende leichter machte, Haushalt, Kindererziehung und Berufstätigkeit miteinander zu verbinden.

1.4.4 Ausländische Familien

– Drei Viertel der Ausländerehepaare haben Kinder –

Anfang 1992 lebten in Deutschland rund 5,9 Millionen Ausländer, was einem Anteil von 7,3 % an der Gesamtbevölkerung entspricht. Bei den einst angeworbenen ausländischen Arbeitskräften handelte es sich überwiegend um alleinstehende Männer im erwerbsfähigen Alter. Im Laufe der Zeit hat sich die Bevölkerungs- und Familienstruktur der Ausländer aufgrund von Familienzusammenführungen und Familiengründungen wesentlich verändert.

Als Ausländerehepaar werden im folgenden Paare betrachtet, deren Bezugsperson, das heißt hier der Ehemann, eine ausländische Staatsangehörigkeit besitzt. Aufgrund dieser Zuordnung gab es 1992 in Deutschland knapp 1,5 Millionen ausländische Ehepaare, von denen 75 % im Haushalt lebende Kinder (ohne Altersbegrenzung) hatten. Dabei ist zu berücksichtigen, daß ein Teil der ausländischen Ehepaare noch Kinder im Herkunftsland haben kann. Sind beide Ehepartner Ausländer, dann ist der Anteil für Ehepaare mit Kindern noch größer, er liegt bei knapp 78 % dieser Ehepaare; bei den binationalen Ehepaaren ist dieser Anteil dagegen deutlich niedriger (66 % bei ausländischem Ehemann und deutscher Ehefrau bzw. 63 % bei deutschem Ehemann und ausländischer Ehefrau). Hinsichtlich der Struktur der Ausländerehepaare ist ferner bemerkenswert, daß die Kombination „Ehemann Ausländer/Ehefrau Deutsche" einen Anteil von 22 % an allen Ausländerehepaaren erreicht, dagegen die Kombination „Ehemann Deutscher/Ehefrau Ausländerin" nur 1,5 % der deutschen Ehepaare ausmacht (vgl. Tab. 1.18 und Abb. 1.8).

Im Vergleich mit den Ausländerehepaaren leben deutlich weniger deutsche Ehepaare mit ihren Kindern zusammen, heutzutage (1992) sind es rund 55 % der deutschen

Tab. 1.18: Ehepaare 1992 nach Staatsangehörigkeit der Ehepartner*)
Deutschland

Staatsangehörigkeit der Ehepartner	Insgesamt		Darunter mit Kind(ern)[1]	
	1 000	%	1 000	%
Ausländerehepaare..................	1 452	100	1 090	75,1
Beide Ehepartner Ausländer...	1 140	78,5	886	77,7
Ehemann Ausländer, Ehefrau Deutsche..............................	312	21,5	204	65,5
Deutsche Ehepaare.................	18 181	100	9 942	54,7
Beide Ehepartner Deutsche....	17 907	98,5	9 769	54,6
Ehemann Deutscher, Ehefrau Ausländerin............................	274	1,5	173	63,2

*) Ergebnis des Mikrozensus. – Bevölkerung am Familienwohnsitz. – 1) Im Haushalt der Eltern(teile) lebende ledige Kinder ohne Altersbegrenzung.

Ehepaare insgesamt. Ein Grund für den hohen Anteil der deutschen Ehepaare ohne Kinder liegt einmal – wie bereits erwähnt – an der zunehmenden Zahl deutscher Ehepaare in der nachelterlichen Phase, zum anderen an der vergleichsweise niedrigen Geburtenrate der deutschen Frauen gegenüber der (höheren) der Ausländerinnen.

Weitere Unterschiede zwischen deutschen und ausländischen Familien bestehen hinsichtlich der Zahl der Kinder. So haben ein Viertel (25 %) der ausländischen Ehepaare

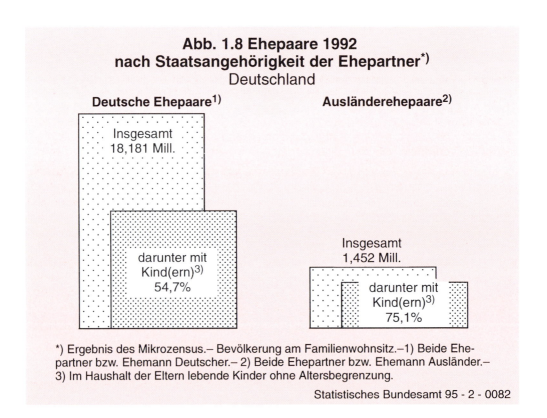

Abb. 1.8 Ehepaare 1992 nach Staatsangehörigkeit der Ehepartner*)
Deutschland

*) Ergebnis des Mikrozensus.– Bevölkerung am Familienwohnsitz.–1) Beide Ehepartner bzw. Ehemann Deutscher.– 2) Beide Ehepartner bzw. Ehemann Ausländer.– 3) Im Haushalt der Eltern lebende Kinder ohne Altersbegrenzung.

Statistisches Bundesamt 95 - 2 - 0082

und etwa jede zehnte ausländische Alleinerziehende (10,5 %) drei und mehr Kinder im Haushalt. Bei den deutschen Ehepaaren bzw. Alleinerziehenden liegen die Vergleichswerte bei 12 % bzw. 6 %. Im Durchschnitt leben 100 ausländische Ehepaare mit 202 Kindern und 100 ausländische Alleinerziehende mit 152 Kindern zusammen; in den Haushalten von 100 deutschen Ehepaaren bzw. Alleinerziehenden sind es 167 bzw. 135 Kinder. Der Vergleich der Familienstrukturen der deutschen und ausländischen Bevölkerung macht außerdem deutlich, daß der Anteil der Alleinerziehenden mit 20 % an allen Familien mit deutscher Bezugsperson größer ist als der entsprechende Anteil der ausländischen Alleinerziehenden mit 11 % (vgl. Tab. 1.19).

Tab. 1.19: Ehepaare und Alleinerziehende 1992 nach Staatsangehörigkeit der Bezugsperson und Zahl der Kinder*)

Deutschland

Eltern-Kind-Gemeinschaft	Insgesamt	Davon mit ... Kind(ern)[1]			Kinder je Familie
		1	2	3 und mehr	
	1 000	% von Spalte „Insgesamt"			Anzahl
mit deutscher Bezugsperson					
Ehepaare mit Kind(ern)	9 942	48,0	40,3	11,7	1,67
Alleinerziehende[2]	2 447	71,9	22,5	5,7	1,35
Insgesamt..................	12 389	52,7	36,8	10,5	1,61
mit ausländischer Bezugsperson					
Ehepaare mit Kind(ern)	1 090	36,3	38,7	25,0	2,02
Alleinerziehende[2]	139	64,7	24,7	10,5	1,52
Insgesamt..................	1 229	39,5	37,1	23,4	1,97

*) Ergebnis des Mikrozensus. – Bevölkerung am Familienwohnsitz. – 1) Im Haushalt der Eltern(teile) lebende ledige Kinder ohne Altersbegrenzung. – 2) Einschl. der Alleinerziehenden, die Lebenspartner in einer nichtehelichen Lebensgemeinschaft sind.

1.5 Kinder in Familien

1.5.1 Kinder und ihre Eltern

Die Beschreibung der Familienzusammenhänge aus der Sicht der noch im elterlichen Haushalt lebenden Kinder gibt weitere Aufschlüsse über die familiale Situation der Kinder in Deutschland. Bei dieser Betrachtungsweise des Zusammenlebens mit Kindern spielt das Alter der Kinder eine wichtige Rolle.

– *Neun von zehn minderjährigen Kindern leben bei einem Elternpaar* –

Der ganz überwiegende Teil der Kinder und Jugendlichen wächst in Deutschland in einer **Paargemeinschaft** auf, das heißt bei einem verheiratet zusammenlebenden **Ehepaar** oder in einer **nichtehelichen Lebensgemeinschaft**; so leben heute (1992) rund 90 % der knapp 15,5 Millionen minderjährigen Kinder bei einem Elternpaar (einschl. Alleinerziehender mit Lebenspartner) und 10 % bei einem **alleinerziehenden Elternteil** (ohne Lebenspartner). Bei den Kindern ohne Altersbegrenzung steigt der Anteil der ledigen Kinder, die nur mit ihren Vätern oder Müttern im Haushalt leben, auf 13 % aller Kinder. Im Durchschnitt kommen auf 100 Eltern-Kind-Gemeinschaften 164 Kinder (ohne Altersbegrenzung), bei den Ehepaaren ist die durchschnittliche Kinderzahl (1,70) am höchsten (vgl. Tab. 1.20).

Vergleicht man die Situation in den alten und den neuen Bundesländern, so wird deutlich, daß die im Westen lebenden Kinder häufiger bei ihren verheiratet zusammenlebenden Eltern wohnen. Berücksichtigt man hierbei das **Alter** der Kinder, dann zeigt sich, daß die große Mehrheit der noch nicht schulpflichtigen Kinder bzw. minderjährigen Jugendlichen in den **alten Bundesländern** bei ihren (verheiratet zusammenlebenden) Eltern leben, so 90 % der unter 6jährigen und 88 % der unter 18jährigen. Bei einem alleinerziehenden Elternteil wohnen im Westen 7 % der unter 6jährigen und 10 % der unter 18jährigen Kinder. Demgegenüber sind in den **neuen Bundesländern** nur drei Viertel (75 %) der Kinder bis unter 6 Jahren bzw. 81 % der Minderjährigen bei ihren verheirateten Eltern zu Hause. Jeweils rund 12 % der noch nicht schulpflichtigen Kinder wachsen dort in einer nichtehelichen Lebensgemeinschaft oder bei einem Elternteil (ohne Lebenspartner) auf; von den minderjährigen Kindern sind es 7 % bzw. 12 %. Ferner liegt die durchschnittliche Kinderzahl in Familien mit Kindern (ohne Altersbegrenzung) mit 1,66 im früheren Bundesgebiet höher als in den neuen Ländern und Berlin-Ost mit 1,58 (vgl. Tab. 1.20 und Abb. 1.9).

Tab. 1.20: Kinder von Ehepaaren, Alleinerziehenden und nichtehelichen Lebensgemeinschaften 1992 nach Altersgruppen*)

Kinder von ...	Insgesamt		Darunter				Kinder je Familie
			bis unter 6 Jahren		bis unter 18 Jahren		
	1 000	%	1 000	%	1 000	%	Anzahl
Früheres Bundesgebiet							
Ehepaaren	15 167	85,4	3 768	90,1	10 523	88,3	1,72
Alleinerziehenden[1]	2 271	12,8	304	7,3	1 145	9,6	1,35
Nichtehelichen Lebensgemeinschaften[2]	321	1,8	109	2,6	254	2,1	1,45
Zusammen	17 758	100	4 181	100	11 922	100	1,66
Neue Länder und Berlin-Ost							
Ehepaaren	3 624	79,5	774	75,3	2 848	80,6	1,64
Alleinerziehenden[1]	653	14,6	126	12,3	423	12,0	1,32
Nichtehelichen Lebensgemeinschaften[2]	281	6,3	127	12,4	260	7,4	1,50
Zusammen	4 558	100	1 027	100	3 531	100	1,58
Deutschland							
Ehepaaren	18 790	84,2	4 542	87,2	13 370	86,5	1,70
Alleinerziehenden[1]	2 924	13,1	430	8,3	1 568	10,1	1,34
Nichtehelichen Lebensgemeinschaften[2]	602	2,7	236	4,5	514	3,3	1,47
Insgesamt	22 316	100	5 208	100	15 453	100	1,64

*) Ergebnis des Mikrozensus. – Bevölkerung am Familienwohnsitz. – Im Haushalt der Eltern(teile) lebende ledige Kinder. – 1) Ohne Kinder, die in nichtehelichen Lebensgemeinschaften leben (Schätzung). – 2) Schätzung aus Ergebnissen des Mikrozensus.

– In den neuen Bundesländern lebt etwa jedes sechste minderjährige Kind bei seiner alleinerziehenden Mutter –

Die Gliederung der Eltern-Kind-Gemeinschaften nach dem **Familienstand** der Bezugsperson gibt weitere Hinweise auf die unterschiedlichen Familienstrukturen in den alten und neuen Bundesländern. Bei dieser Darstellung wird der familienrechtliche Status des Erziehungsberechtigten in den Vordergrund gerückt, wobei dann die Lebensform der Alleinerziehenden (Alleinleben oder Zusammenleben mit einem Lebenspartner) aus aufbereitungstechnischen Gründen unberücksichtigt bleiben muß.

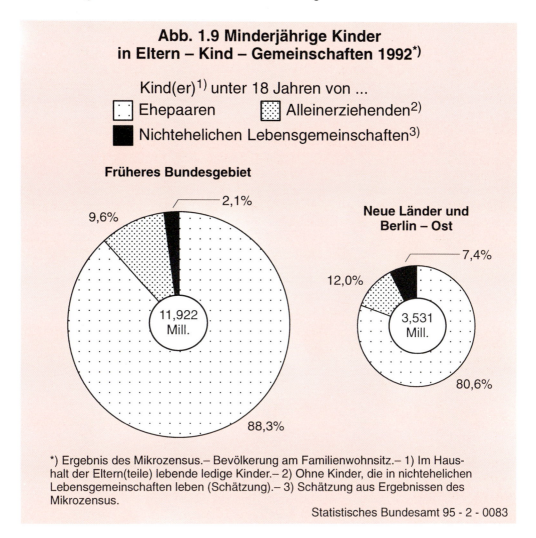

Nach dieser Betrachtungsweise leben heute in **Deutschland** etwa 258 000 Kinder unter 18 Jahren (2 % aller minderjährigen Kinder) bei alleinerziehenden Männern und über 1,8 Millionen (12 % aller minderjährigen Kinder) bei alleinerziehenden Frauen. Dabei wohnen rund 4 % der minderjährigen Kinder insgesamt mit ihren **ledigen** bzw. knapp 6 % mit ihren **geschiedenen** Müttern zusammen. Bemerkenswert ist auch, daß der Anteil der minderjährigen Kinder an allen Kindern, die noch im elterlichen Haushalt leben, von der Familienform abhängt. 71 % der Kinder, die bei ihren verheiratet zusammenlebenden Eltern wohnen, sind unter 18 Jahre alt, bei den alleinerziehenden Vätern ist es nur die Hälfte; bei den alleinerziehenden Frauen sind knapp 61 % aller zu Hause lebenden Kinder noch minderjährig (vgl. Tab. A 1.10 im Anhang).

In den **neuen Bundesländern** ist der Anteil der minderjährigen Kinder, die bei alleinerziehenden Frauen leben, mit 17 % deutlich größer als in den alten (10 % der minderjährigen Kinder insgesamt). Diese Relation wird durch die Situation bei ledigen und geschiedenen Müttern geprägt. So sind im Osten relativ mehr Kinder von ledigen bzw. geschiedenen Müttern unter 18 Jahre alt (7 % bzw. 8,5 %), verglichen mit knapp 3 % bzw. 5 % im Westen.

Wie aus Tabelle 1.21 hervorgeht, wachsen die meisten Kinder (ohne Altersbegrenzung) in Deutschland mit einem Bruder oder einer Schwester im elterlichen Haushalt auf (45 %), das heißt in einer Zwei-Kinder-Familie. Knapp ein Viertel (24 %) der Kinder hat zwei und mehr Geschwister, der Anteil der Kinder ohne Geschwister im Elternhaushalt liegt bei 31 %. Es zeigt sich, daß der Anteil der Kinder, die ohne Geschwister aufwachsen, bei Alleinerziehenden fast doppelt so groß ist wie bei Ehepaaren (52 % gegenüber rund 28 % aller Kinder). Beim Vergleich der Geschwister-Situation in den alten und neuen Bundesländern fällt auf, daß es im **Osten** relativ mehr „Einzelkinder" (Kinder ohne Geschwister im Elternhaushalt) gibt, es sind hier 33 % der Kinder gegenüber 31 % im **Westen**; auch haben im Osten mehr Kinder nur **einen** Bruder bzw. **eine** Schwester (50 % gegenüber 44 % im Westen); dagegen leben im Westen relativ mehr Kinder mit zwei und mehr Geschwistern (25 % gegenüber 17 % im Osten) in einer Familie zusammen (vgl. Tab. 1.21).

Tab. 1.21: Ledige Kinder 1992 nach dem Zusammenleben mit Geschwistern*)

Kind(er) von ... lebt / leben ...	Früheres Bundesgebiet		Neue Länder und Berlin-Ost		Deutschland	
	1 000	%	1 000	%	1 000	%
Ehepaaren						
ohne Geschwister	4 119	27,2	1 045	28,8	5 164	27,5
mit 1 Geschwister	6 923	45,6	1 933	53,3	8 857	47,1
mit 2 Geschwistern	2 883	19,0	482	13,3	3 365	17,9
mit 3 und mehr Geschwistern	1 241	8,2	164	4,5	1 405	7,5
Kinder zusammen	15 167	100	3 624	100	18 790	100
Alleinerziehenden						
ohne Geschwister	1 370	52,9	478	51,3	1 848	52,4
mit 1 Geschwister	839	32,4	329	35,2	1 168	33,1
mit 2 Geschwistern	263	10,2	91	9,9	354	10,1
mit 3 und mehr Geschwistern	119	4,6	36	3,8	155	4,3
Kinder zusammen	2 591	100	934	100	3 525	100
Insgesamt						
ohne Geschwister	5 489	30,9	1 524	33,4	7012	31,4
mit 1 Geschwister	7 763	43,7	2 263	49,6	10 025	44,9
mit 2 Geschwistern	3 146	17,7	573	12,6	3719	16,7
mit 3 und mehr Geschwistern	1 360	7,7	199	4,4	1 559	7,0
Kinder insgesamt	17 758	100	4 558	100	22 316	100

*) Ergebnis des Mikrozensus. – Bevölkerung am Familienwohnsitz. – Im Haushalt der Eltern(teile) lebende ledige Kinder, ohne Altersbegrenzung.

1.5.2 Ablösung der Kinder vom Elternhaus

– Zunahme der noch bei ihren Eltern lebenden jungen Erwachsenen im früheren Bundesgebiet –

Anhand der Gliederung der jungen Erwachsenen nach Haushaltszugehörigkeit, Alter und Familienstand können aus dem Blickwinkel der Kinder Hinweise auf den Zeitpunkt der **Ablösung vom Elternhaus** gewonnen werden. Bei dieser Querschnittsbetrachtung mit Hilfe der Mikrozensusdaten wird untersucht, wie hoch der Anteil der Angehörigen eines Altersjahrganges ist, die als Ledige noch zum Haushalt ihrer Eltern bzw. Elternteile gehören, die Mitglieder eines anderen Haushalts sind oder die bereits als Verheiratete eine eigene Familie gegründet haben. Bei dieser Auswertung geht man von der Annahme aus, daß ein lediges Kind, das nicht mehr dem elterlichen Haushalt angehört, nur sehr selten (ledig) dorthin wieder zurückkehren wird, und daß verheiratete Kinder in der Regel nicht mehr im elterlichen Haushalt leben. Ledige, nicht mehr zu Hause wohnende Kinder bilden meist einen Einpersonenhaushalt oder eine nichteheliche Lebensgemeinschaft.

Tab. 1.22: Junge Erwachsene nach ausgewählten Altersjahren und Zusammenleben mit den Eltern bzw. einem Elternteil*)

Alter von ... bis unter ... Jahren	Insgesamt	Von den ledigen Personen lebten ...		Nicht mehr ledige Personen
		als Kinder bei den Eltern bzw. einem Elternteil	nicht bei den Eltern bzw. einem Elternteil	
	1 000	% von Spalte „Insgesamt"		
Früheres Bundesgebiet				
1972				
19 - 20	799	80,7	6,9	12,3
24 - 25	783	26,3	10,6	63,0
29 - 30	781	8,7	7,4	83,9
1992				
19 - 20	725	86,8	8,9	4,3
24 - 25	1 061	40,7	33,7	25,6
29 - 30	1 059	12,2	27,2	60,6
Neue Länder und Berlin-Ost				
1992				
19 - 20	170	84,1	14,4	1,6
24 - 25	209	25,7	34,9	39,4
29 - 30	254	7,0	17,9	75,1
Deutschland				
1992				
19 - 20	895	86,3	9,9	3,8
24 - 25	1 269	38,2	33,9	27,8
29 - 30	1 313	11,2	25,4	63,4

*) Ergebnis des Mikrozensus. – Bevölkerung am Familienwohnsitz.

Am Beispiel der 24jährigen läßt sich zeigen, daß der Anteil lediger Kinder, die noch bei ihren Eltern leben, von 1972 bis 1992 im **früheren Bundesgebiet** erheblich zugenommen hat (von 26 % auf 41 %), noch stärker war aber die relative Zunahme der ledigen Kinder, die im eigenen Haushalt allein oder mit anderen wohnen (von 11 % auf 34 %). Dagegen hat sich seit 1972 der Anteil der nicht mehr Ledigen an den 24jährigen von 63 % auf 26 % sehr verringert. Diese unterschiedlichen Entwicklungen hängen einerseits mit den länger gewordenen Ausbildungszeiten zusammen, die viele Kinder auch als junge Erwachsene veranlassen, länger im Elternhaus zu verbleiben, andererseits wirken sich das höhere Heiratsalter und der erhebliche Anstieg der Zahl nichtehelicher Lebensgemeinschaften in der jüngeren Generation aus (vgl. Tab. 1.22).

Beim Vergleich der Haushaltszugehörigkeit junger Erwachsener in den **alten** und **neuen Bundesländern** zeigt sich, daß im Osten ein größerer Anteil der jüngeren Generation bereits verheiratet ist; so sind dort von den 24jährigen über 39 % nicht mehr ledig (gegenüber 26 % im Westen). Auch ist der Anteil der ledigen Kinder, die noch bei ihren Eltern leben, im Osten kleiner als im Westen, bei den 24jährigen beträgt er knapp 26 % und bei den 29jährigen 7 % (im Westen sind es 41 % bzw. 12 %). Aus diesen Tendenzen ergibt sich, daß in den neuen Ländern und Berlin-Ost schon ein größerer Teil der jungen Erwachsenen die Ablösung vom Elternhaus vollzogen hat als im früheren Bundesgebiet.

1.5.3 Kinder im langfristigen Vergleich

– Starker Rückgang der Zahl minderjähriger Kinder im früheren Bundesgebiet –

Die langfristige Entwicklung der Zahl der minderjährigen Kinder, die noch bei ihren Eltern bzw. einem Elternteil leben, zeigt eine rückläufige Tendenz. Im **früheren Bundesgebiet** ist die Gesamtzahl der Kinder unter 18 Jahren von rund 16,1 Millionen (1975) auf gut 11,9 Millionen (1992) gesunken, dies ist eine Abnahme um knapp 4,2 Millionen oder ein Viertel (26 %). Dieser Rückgang ist das Ergebnis der seit Ende der 60er Jahre

Tab. 1.23: Minderjährige Kinder von Ehepaaren und Alleinerziehenden*)

Kinder von ...	1975		1982		1992	
	1 000	%	1 000	%	1 000	%
Früheres Bundesgebiet						
Ehepaaren	14 909	92,7	12 118	90,0	10 523	88,3
Alleinerziehenden zusammen[1)	1 181	7,3	1 345	10,0	1 399	11,7
davon:						
Männer	142	0,9	196	1,5	179	1,5
Frauen	1 039	6,5	1 149	8,5	1 221	10,2
Insgesamt	16 091	100	13 462	100	11 922	100
Neue Länder und Berlin-Ost[2)						
Ehepaaren	.	.	3 257	86,0	2 848	80,6
Alleinerziehenden zusammen[1)	.	.	531	14,0	683	19,4
davon:						
Männer	.	.	79	2,1	79	2,2
Frauen	.	.	452	11,9	604	17,1
Insgesamt	.	.	3 788	100	3 531	100

*) Ergebnis des Mikrozensus. – Bevölkerung am Familienwohnsitz. – Im Haushalt der Eltern(teile) lebende ledige Kinder unter 18 Jahren. – 1) Einschl. der Kinder, die in nichtehelichen Lebensgemeinschaften leben. – 2) Für 1982: Schätzung anhand der Ergebnisse der Volkszählung am 31.12.1981 in der ehem. DDR; ledige Kinder bis unter 17 Jahren.

im früheren Bundesgebiet zu beobachtenden geringen Geburtenzahlen, die auch durch die seit nahezu 20 Jahren auf niedrigem Niveau stagnierende zusammengefaßte Geburtenziffer zum Ausdruck kommt; sie liegt bei etwa 1 400 Kindern je 1 000 Frauen[6] (vgl. Abb. 1.10).

Aus Tabelle 1.23 geht außerdem hervor, daß der Anteil der minderjährigen Kinder, die nur bei ihren Müttern oder Vätern aufwachsen, im **früheren Bundesgebiet** seit 1975 von 7 % auf 12 % gestiegen ist. Noch stärker war diese relative Zunahme in den **neuen Ländern und Berlin-Ost**, wo sich der Anteil der minderjährigen Kinder von Alleinerziehenden in den vergangenen zehn Jahren von 14 % auf über 19 % erhöht hat (vgl. Tab. 1.23).

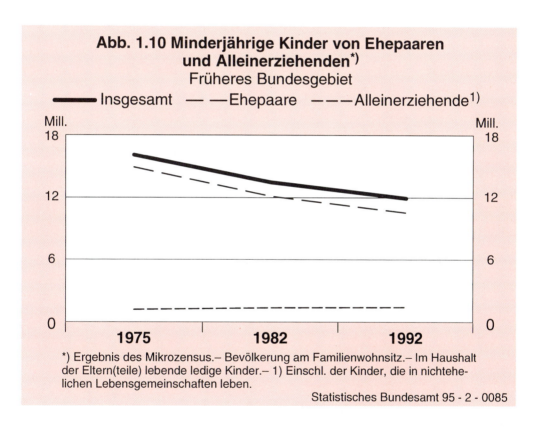

---

[6] Siehe dazu ausführlich Kapitel 3 „Familienbildungsprozesse".

Im Blickpunkt: Familien heute

2 Soziale Lage der Familien

- In den neuen Bundesländern sind 70 % der Ehefrauen berufstätig gegenüber 48 % in den alten Bundesländern

- 60 % der erwerbstätigen verheirateten Mütter in den alten Bundesländern sind teilzeitbeschäftigt

- Die „Familienpause" von Frauen bringt erhebliche Einkommenseinbußen mit sich

2 Soziale Lage der Familien

2.1 Beteiligung am Erwerbsleben

– In den neuen Bundesländern mehr Frauen im Beruf –

Die Erwerbsbeteiligung von Frauen hat im **früheren Bundesgebiet** in den letzten 20 Jahren trotz der zeitweilig angespannten Lage auf dem Arbeitsmarkt erheblich zugenommen. Diese Entwicklung wurde von einer Vielzahl von Faktoren beeinflußt. Ganz entscheidend dürfte die verbesserte Ausbildung vor allem der jüngeren Frauen und die veränderte gesellschaftliche Einstellung zur Frauenerwerbstätigkeit sein.

In den **neuen Ländern und Berlin-Ost** hat es aufgrund anderer politischer und gesellschaftlicher Rahmenbedingungen seit längerem eine relativ hohe Erwerbsbeteiligung auch der weiblichen Bevölkerung gegeben. Hierbei spielten insbesondere die geringe Produktivität und die mit ihr einhergehende Nachfrage nach Arbeitskräften in der ehemaligen DDR eine Rolle. Ermöglicht wurde sie u.a. auch durch ein umfassendes Angebot an Einrichtungen zur Betreuung von Kindern erwerbstätiger Eltern bzw. alleinerziehender Mütter und Väter. Obwohl sich die Rahmenbedingungen in den neuen Bundesländern nach der Wiedervereinigung in vielen Punkten entscheidend geändert und an westliche Standards angepaßt haben, gibt es auch heute noch beträchtliche Unterschiede zwischen West und Ost in der Erwerbsbeteiligung, so daß es sinnvoll erscheint, die alten und die neuen Länder gesondert zu betrachten.

Im folgenden wird zunächst die Veränderung der Erwerbsbeteiligung von Frauen im Überblick und dann differenziert nach Familienstand, Kinderzahl und wirtschaftlicher Situation betrachtet.

Die Erwerbsquote[1] von Frauen im Alter von 15 bis unter 65 Jahren ist im **früheren Bundesgebiet** von 48 % im Jahre 1972 auf 60 % im Jahre 1992 gestiegen (vgl. Abb. 2.1). In der **ehemaligen DDR** bewegte sich diese Erwerbsquote schon in den 70er Jahren in einer Größenordnung von 70 %. Trotz des vergleichsweise hohen Niveaus hat es dort in den beiden folgenden Jahrzehnten einen weiteren Anstieg gegeben. Selbst ein halbes Jahr nach der Wiedervereinigung waren in den neuen Bundesländern noch gut 77 % der Frauen im o.g. Alter am Erwerbsleben beteiligt. Im darauffolgenden Jahr setzte ein leichter Rückgang auf 75 % ein. Damit liegt die Erwerbsquote aber noch immer erheblich über dem derzeitigen Niveau (1992) der alten Bundesländer.

Auch im Ausland sind die Erwerbsquoten der weiblichen Bevölkerung mitunter wesentlich höher als im früheren Bundesgebiet. Hierzu zählen insbesondere europäische Staaten, wobei Schweden mit einer Quote von 80 % an der Spitze rangiert, gefolgt von Dänemark mit 79 %, Norwegen mit 71 % und Finnland mit 72 % (jeweils 1991). Auch die Quoten in den Vereinigten Staaten und Kanada (jeweils 68 %) liegen in diesem Jahr noch wesentlich höher als im früheren Bundesgebiet, während sich beispielsweise die Verhältnisse in Japan im Jahre 1991 (62 %) nicht wesentlich von denen in Westdeutschland unterschieden.

---

1) Prozentualer Anteil der Erwerbspersonen (Erwerbstätige und Erwerbslose) an der Bevölkerung (allgemeine Erwerbsquote) bzw. an der jeweiligen Bevölkerungsgruppe (spezifische Erwerbsquote).

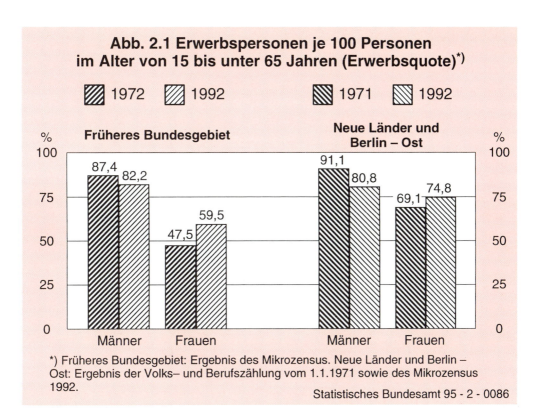

*) Früheres Bundesgebiet: Ergebnis des Mikrozensus. Neue Länder und Berlin – Ost: Ergebnis der Volks– und Berufszählung vom 1.1.1971 sowie des Mikrozensus 1992.

Statistisches Bundesamt 95 - 2 - 0086

Der stärkere Zugang von Frauen zum Arbeitsmarkt wird noch deutlicher, wenn man das Augenmerk auf mittlere Jahrgänge richtet, da in bestimmten Altersgruppen auch gegenläufige Tendenzen auftraten (bei Frauen – und auch bei Männern – verlängerte Ausbildung in den jüngeren Lebensjahren sowie früherer Eintritt in das Rentenalter): Die Erwerbsquote von 40- bis unter 45jährigen Frauen ist beispielsweise in den **alten Bundesländern** von 49 % im Jahre 1972 auf 73 % in den Jahren 1992 und 1993 gestiegen (vgl. Abb. 2.2), die entsprechende Quote verheirateter Frauen von 44 % auf 69 % (1992).

In den **neuen Ländern und Berlin-Ost** hat es – auf wesentlich höherem Niveau – ebenfalls einen deutlichen Anstieg der Erwerbsbeteiligung von Frauen dieses Alters gegeben. Die entsprechende Erwerbsquote schnellte im gleichen Zeitraum von 79 % auf 97 % hoch (vgl. Abb. 2.3).

Die nachfolgenden Ausführungen befassen sich vorwiegend mit der Erwerbsbeteiligung von Ehefrauen[2], mit den hierbei bestehenden Unterschieden zwischen Ehepaaren mit und ohne Kinder, mit dem Einfluß des Alters der Kinder sowie mit der entsprechenden Situation von Alleinerziehenden. Daneben wird ein kurzer Abriß der Erwerbsbeteiligung von Partnern in nichtehelichen Lebensgemeinschaften gegeben.

---

2) Die Erwerbstätigkeit der Väter im Familienzusammenhang im einzelnen zu betrachten, erübrigt sich, da die Familiensituation einen kaum meßbaren Einfluß auf die Erwerbsbeteiligung der Männer hat.

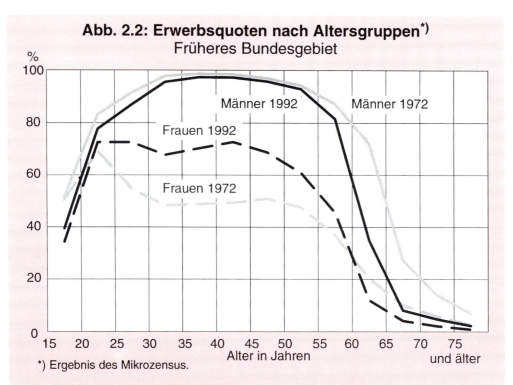

Abb. 2.2: Erwerbsquoten nach Altersgruppen*)
Früheres Bundesgebiet

*) Ergebnis des Mikrozensus.

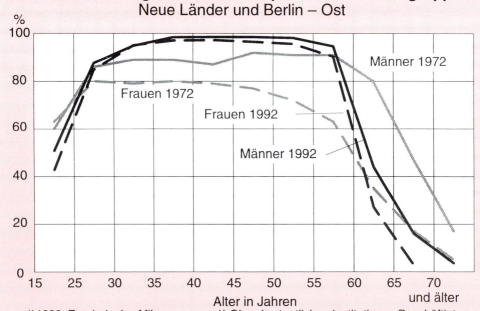

Abb. 2.3: Anteil der Berufstätigen[1] (einschl. Lehrlinge) an der Bevölkerung[2] bzw. Erwerbsquoten nach Altersgruppen*)
Neue Länder und Berlin – Ost

*)1992: Ergebnis des Mikrozensus.– 1) Ohne in staatlichen Institutionen Beschäftigte.–
2) Bevölkerung der entsprechenden Altersgruppe am Jahresende.

Statistisches Bundesamt 95 – 2 – 0087

2.1.1 Ehe und Beruf

– Erwerbstätige Mütter verstärkt in Teilzeitbeschäftigung / Mit der Geburt der Kinder scheidet im früheren Bundesgebiet fast die Hälfte der Ehefrauen zumindest vorübergehend aus dem Erwerbsleben aus –

Am Beispiel der Ehefrauen im Alter von unter 35 Jahren werden die familiären Einflüsse auf die Erwerbsbeteiligung besonders deutlich. Ehefrauen dieses Alters ohne Kinder treten im früheren Bundesgebiet zu 88 % auf dem Arbeitsmarkt in Erscheinung, während nur 51 % der Ehefrauen dieser Altersgruppe mit Kindern zu den Erwerbspersonen zählen (vgl. Tab. 2.1). Die Erwerbsquote junger Ehefrauen (hier: unter 35 Jahren) mit Kindern ist jedoch im Steigen begriffen (von 37 % im Jahre 1972 auf 51 % im Jahre 1992) (vgl. Abb. 2.4).

Einschränkend ist allerdings anzumerken, daß der Arbeitsmarkt den vermehrten Wunsch nach einer Berufstätigkeit nur zum Teil verkraftet hat: Die Erwerbstätigenquote der genannten Frauen ist nämlich „nur" von knapp 37 % auf gut 46 % gestiegen. Wesentlich stärker zugenommen hat der Anteil der Erwerbslosen unter den jüngeren – auf dem Arbeitsmarkt in Erscheinung tretenden – Müttern, und zwar von 1 % auf 10 %.

Eine entscheidende Rolle für das Ausmaß der Erwerbsbeteiligung spielt das Alter des jüngsten Kindes. Von allen Ehefrauen mit jüngstem Kind unter 3 Jahren stehen im früheren Bundesgebiet 43 % im Erwerbsleben (vgl. Tab. 2.2). Von den Ehefrauen, deren jüngstes Kind 3 bis unter 6 Jahre alt ist, sind es schon wesentlich mehr (53 %). Mit zunehmendem Alter der Kinder steigt die Erwerbsbeteiligung: Bei Ehefrauen, deren jüngstes Kind 6 bis unter 15 Jahre alt ist, beträgt die Erwerbsquote bereits 63 %.

Nicht nur die Erwerbsbeteiligung, sondern auch der Umfang der jeweils ausgeübten Erwerbstätigkeit (gemessen an der wöchentlichen Arbeitszeit) steht im Zusammenhang mit der jeweiligen Phase im Familienzyklus.

Von den erwerbstätigen Ehefrauen ohne Kinder, die noch nicht 35 Jahre alt sind, gehen im früheren Bundesgebiet 84 % einer Vollzeitbeschäftigung (hier: über 36 Stunden) nach, während nur 16 % von ihnen eine Teilzeitbeschäftigung ausüben (vgl. Tab. 2.1).

Mit der Geburt der Kinder ändern sich diese Verhältnisse deutlich: Hier betragen die Quoten für Ehefrauen der gleichen Altersgruppe 41 % (Vollzeit) und 59 % (Teilzeit) (vgl. Tab. 2.1). Auch das Alter der Kinder spielt eine Rolle. Erwerbstätige Ehefrauen, deren jüngstes Kind unter 3 Jahre alt ist, sind im früheren Bundesgebiet noch zu 48 % vollzeiterwerbstätig (vgl. Tab 2.2). Ist das jüngste Kind 3 bis unter 6 Jahre alt, ist dieser Anteil bereits auf 32 % geschrumpft. Mit zunehmendem Alter der Kinder ändert sich an dieser Relation nicht viel. Erwerbstätige Mütter, deren jüngstes Kind 6 bis unter 15 Jahre alt ist, üben zu 34 % eine Vollzeitbeschäftigung aus.

Tab. 2.1: Ehepaare 1992 nach Beteiligung der Ehepartner am Erwerbsleben und wöchentlicher Arbeitszeit sowie Alter der Ehefrau*)

Gegenstand der Nachweisung	Ehepartner	Erwerbsquote[1]	Erwerbstätigenquote[2]	Anteil der Erwerbstätigen[3] mit einer Arbeitszeit von ... Stunden			Erwerbslosenquote[4]	Nichterwerbspersonenquote[5]
				bis 20	21 bis 35	36 und mehr		
	1 000	%						

Früheres Bundesgebiet
Insgesamt

Ehemann	15 712	73,4	70,9	1,5	1,5	97,0	3,5	26,6
Ehefrau	15 712	47,9	44,7	33,6	18,6	47,8	6,5	52,1

darunter: ohne Kinder

Ehemann	6 890	51,3	49,0	2,4	1,8	95,8	4,5	48,7
Ehefrau	6 890	40,0	37,3	20,4	17,0	62,6	6,5	60,0

Ehefrau ist unter 35 Jahre alt und ohne Kinder

Ehemann	934	96,0	92,9	1,5	1,2	97,2	3,3	4,0
Ehefrau	934	88,3	83,9	7,2	8,9	83,9	5,0	11,7

Ehefrau ist unter 35 Jahre alt und mit Kind(ern)

Ehemann	2 780	97,9	94,3	1,0	1,3	97,7	3,6	2,1
Ehefrau	2 780	51,3	46,1	43,4	15,8	40,8	10,1	48,7

Ehefrau ist 35 bis unter 55 Jahre alt und ohne Kinder

Ehemann	1 985	88,1	84,8	1,1	1,4	97,5	3,7	11,9
Ehefrau	1 985	69,2	65,3	22,7	20,7	56,6	5,6	30,8

Ehefrau ist 35 bis unter 55 Jahre alt und mit Kind(ern)

Ehemann	5 044	95,3	92,9	0,9	1,3	97,8	2,5	4,7
Ehefrau	5 044	60,8	57,8	40,5	21,2	38,3	5,0	39,2

Neue Länder und Berlin-Ost
Insgesamt

Ehemann	3 921	71,1	64,8	0,5	0,6	98,9	8,9	28,9
Ehefrau	3 921	70,4	53,8	3,9	14,7	81,4	23,5	29,6

darunter: ohne Kinder

Ehemann	1 711	43,1	38,0	1,0	0,7	98,3	12,0	56,9
Ehefrau	1 711	43,0	32,3	4,4	14,5	81,1	24,8	57,0

Ehefrau ist unter 35 Jahre alt und ohne Kinder

Ehemann	90	95,9	85,7	0,7	0,4	98,9	10,6	4,1
Ehefrau	90	94,6	74,8	/	/	92,7	20,9	/

Ehefrau ist unter 35 Jahre alt und mit Kind(ern)

Ehemann	913	99,1	91,8	0,2	0,5	99,3	7,4	0,9
Ehefrau	913	96,6	72,1	3,6	14,3	82,1	25,4	3,4

Ehefrau ist 35 bis unter 55 Jahre alt und ohne Kinder

Ehemann	604	82,4	73,4	0,6	0,4	99,0	10,9	17,6
Ehefrau	604	92,5	70,0	4,0	15,6	80,4	24,4	7,5

Ehefrau ist 35 bis unter 55 Jahre alt und mit Kind(ern)

Ehemann	1 160	95,5	88,1	0,5	0,6	98,9	7,8	4,5
Ehefrau	1 160	96,3	76,0	3,7	15,1	81,2	21,1	3,7

*) Ergebnis des Mikrozensus. – Bevölkerung am Familienwohnsitz. – 1) Erwerbspersonen (Erwerbstätige und Erwerbslose) je 100 der in der Vorspalte genannten Personen. – 2) Erwerbstätige je 100 der in der Vorspalte genannten Personen. – 3) Bezogen auf alle Erwerbstätigen der jeweiligen Zeile. – 4) Erwerbslose je 100 Erwerbspersonen der jeweiligen Zeile. – 5) Nichterwerbspersonen je 100 der in der Vorspalte genannten Personen.

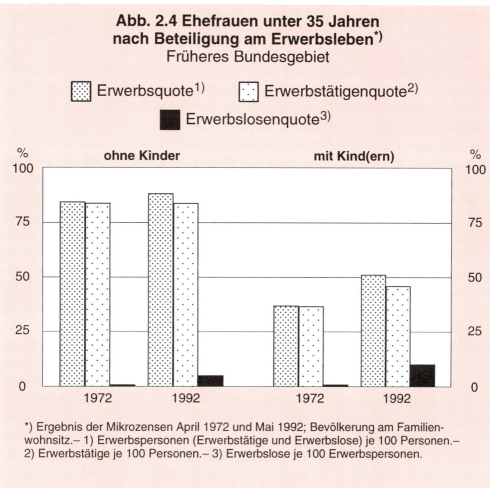

Bei den **Ehemännern** spielt die Teilzeitbeschäftigung nur eine sehr geringe Rolle: Sie beträgt im **früheren Bundesgebiet** beispielsweise nur 2,8 %, wenn die Ehefrau noch unter 35 Jahre alt ist und noch keine Kinder in der Familie leben (vgl. Tab. 2.1). Anders als bei den Ehefrauen geht dieser Anteil mit der Geburt der Kinder sogar noch zurück: Ist das jüngste Kind unter 3 Jahre alt, so beträgt die Teilzeitquote der Ehemänner 2,6 %. Bei Ehemännern, deren jüngstes Kind 3 bis unter 6 Jahre alt ist, macht sie nur noch 2,2 % aus (vgl. Tab. 2.2).

Die mit der Phase der Familienerweiterung sogar noch zurückgehende Teilzeitbeschäftigung der Ehemänner läßt darauf schließen, daß sich der Arbeitsschwerpunkt hier – anders als bei den Ehefrauen – auch nicht in Ansätzen vom Beruf auf den Haushalt verlagert.

Der Anteil der Vollzeit-Beschäftigten unter den erwerbstätigen Ehefrauen nimmt auf lange Sicht ab: Bei den unter 35jährigen Müttern ist er im **früheren Bundesgebiet** im

Im Blickpunkt: Familien heute

genannten Zeitraum (1972 - 1992) von 51 % auf 41 % gesunken. Betrachtet man das Erwerbsverhalten der Ehemänner im Zeitablauf, so ergibt sich hier nur eine sehr geringfügige Abnahme der Vollzeitbeschäftigung. Ihr Anteil betrug bei den Männern von jüngeren Frauen (hier: unter 35 Jahren) im Jahre 1972 99 % und liegt heute noch bei 98 % (vgl. Tab. 2.1)[3].

Tab. 2.2: Ehepaare mit Kindern und Alleinerziehende 1992 nach Beteiligung am Erwerbsleben und wöchentlicher Arbeitszeit sowie Alter des jüngsten im Haushalt lebenden Kindes*)

Gegenstand der Nachweisung	Ehepartner/ Alleinerziehende	Erwerbsquote[1]	Erwerbstätigenquote[2]	Anteil der Erwerbstätigen[3] mit einer Arbeitszeit von ... Stunden			Erwerbslosenquote[4]	Nichterwerbspersonenquote[5]
				bis 20	21 bis 35	36 und mehr		
	1 000	%						
Früheres Bundesgebiet								
Insgesamt								
Ehemann	8 822	90,7	87,9	1,1	1,4	97,5	3,1	9,3
Ehefrau	8 822	54,1	50,5	41,2	19,5	39,3	6,6	45,9
Alleinerziehende								
Männer	305	72,0	66,5	2,7	3,0	94,3	42,1	28,0
Frauen	1 599	61,5	54,9	21,4	18,6	60,0	10,8	38,5
darunter: jüngstes Kind ist unter 3 Jahre alt								
Ehemann	1 744	97,6	94,2	1,2	1,4	97,4	3,4	2,5
Ehefrau	1 744	43,1	38,4	39,6	12,3	48,1	10,8	56,9
Alleinerziehende								
Männer	20	88,6	82,4	2,7	5,7	91,6	7,0	11,4
Frauen	170	53,4	42,0	27,2	14,4	58,3	21,3	46,6
jüngstes Kind ist 3 bis unter 6 Jahre alt								
Ehemann	1 122	97,7	94,6	0,9	1,2	97,8	3,1	2,4
Ehefrau	1 122	53,1	48,2	51,9	16,6	31,5	9,3	46,9
Alleinerziehende								
Männer	18	88,4	81,4	7,6	3,9	88,5	7,9	11,6
Frauen	153	71,7	59,7	31,9	21,8	46,3	16,7	28,3
jüngstes Kind ist 6 bis unter 15 Jahre alt								
Ehemann	2 524	97,3	94,5	0,8	1,5	97,8	2,8	2,8
Ehefrau	2 524	63,4	59,5	44,8	20,8	34,4	6,2	36,6
Alleinerziehende								
Männer	67	92,3	83,9	2,0	2,8	95,3	9,0	7,7
Frauen	416	81,7	72,8	23,8	22,5	53,7	10,8	18,3

*) Ergebnis des Mikrozensus. – Bevölkerung am Familienwohnsitz. – 1) Erwerbspersonen (Erwerbstätige und Erwerbslose) je 100 der in der Vorspalte genannten Personen. – 2) Erwerbstätige je 100 der in der Vorspalte genannten Personen. – 3) Bezogen auf alle Erwerbstätigen der jeweiligen Zeile. – 4) Erwerbslose je 100 Erwerbspersonen der jeweiligen Zeile. – 5) Nichterwerbspersonen je 100 der in der Vorspalte genannten Personen.

3) Vgl. auch Statistisches Bundesamt: Familien heute, Ausgabe 1990, S. 44, 45.

Tab. 2.2: Ehepaare mit Kindern und Alleinerziehende 1992 nach Beteiligung am Erwerbsleben und wöchentlicher Arbeitszeit sowie Alter des jüngsten im Haushalt lebenden Kindes*)

Gegenstand der Nachweisung	Ehepartner/ Alleinerziehende	Erwerbsquote[1]	Erwerbstätigenquote[2]	Anteil der Erwerbstätigen[3] mit einer Arbeitszeit von ... Stunden			Erwerbslosenquote[4]	Nichterwerbspersonenquote[5]
				bis 20	21 bis 35	36 und mehr		
	1 000	%						

Neue Länder und Berlin-Ost
Insgesamt

Ehemann	2 210	92,8	85,6	0,4	0,6	99,1	7,7	7,2
Ehefrau	2 210	91,7	70,5	3,8	14,7	81,5	23,1	8,3
Alleinerziehende								
Männer	89	83,0	72,7	0,9	15,3	97,6	12,4	17,0
Frauen	593	82,5	63,1	1,7	7,8	90,5	23,6	17,5

darunter: jüngstes Kind ist unter 3 Jahre alt

Ehemann	280	98,6	89,7	0,3	0,4	99,4	8,9	1,4
Ehefrau	280	92,2	62,7	5,1	12,7	82,2	32,0	7,8
Alleinerziehende								
Männer	20	97,9	85,9	1,3	1,9	96,8	12,2	2,1
Frauen	111	90,7	66,1	1,6	6,1	92,3	27,1	9,3

jüngstes Kind ist 3 bis unter 6 Jahre alt

Ehemann	368	99,1	91,3	0,4	0,7	98,9	7,8	0,9
Ehefrau	368	97,7	73,2	3,4	15,8	80,8	25,1	2,3
Alleinerziehende								
Männer	11	95,8	88,6	-	4,7	95,3	7,6	4,2
Frauen	89	97,4	69,8	1,8	11,7	86,6	28,3	2,6

jüngstes Kind ist 6 bis unter 15 Jahre alt

Ehemann	871	98,2	91,5	0,3	0,5	99,2	6,8	1,8
Ehefrau	871	97,4	77,6	3,4	14,5	82,1	20,3	2,6
Alleinerziehende								
Männer	23	97,7	85,5	0,5	0,5	98,9	12,5	2,3
Frauen	191	97,9	76,9	1,3	7,6	91,2	21,4	2,1

*) Ergebnis des Mikrozensus. – Bevölkerung am Familienwohnsitz. – 1) Erwerbspersonen (Erwerbstätige und Erwerbslose) je 100 der in der Vorspalte genannten Personen. – 2) Erwerbstätige je 100 der in der Vorspalte genannten Personen. – 3) Bezogen auf alle Erwerbstätigen der jeweiligen Zeile. – 4) Erwerbslose je 100 Erwerbspersonen der jeweiligen Zeile. – 5) Nichterwerbspersonen je 100 der in der Vorspalte genannten Personen.

Die besonderen Lebensumstände in der ehemaligen DDR und ihre Auswirkungen auf die Erwerbsbeteiligung der weiblichen Bevölkerung lassen sich am Beispiel junger Ehefrauen deutlich aufzeigen: Noch heute (1992) liegen die Erwerbsquoten junger Ehefrauen (hier: unter 35 Jahren) in den neuen Bundesländern erheblich über den entsprechenden Quoten in den alten Bundesländern (vgl. Tab. 2.1). Bei den Ehepaaren ohne Kinder bewegt sie sich mit 95 % etwa auf dem Niveau der männlichen Bevölkerung (gegenüber 88 % im Westen). Besonders kraß sind die Unterschiede jedoch bei jungen

Ehefrauen **mit Kindern**. Während sich hier bei den westdeutschen Ehefrauen die „Familienpause" stark bemerkbar macht (mit einer Erwerbsquote von nur 51 %), bewegt sich die Erwerbsquote der ostdeutschen Ehefrauen mit 97 % etwa auf dem gleichen Niveau wie bei den gleichaltrigen Ehefrauen ohne Kinder.

Eine Aufschlüsselung der Erwerbsquoten von Ehefrauen nach dem Alter des jüngsten Kindes bestätigt die genannten Unterschiede (vgl. Tab. 2.2): Generell, auch bei niedrigem Alter des jüngsten Kindes, liegen die entsprechenden Erwerbsquoten in den neuen Bundesländern wesentlich höher als in den alten Bundesländern. Selbst bei Ehefrauen, deren jüngstes Kind sich noch nicht im Kindergartenalter befindet, liegt die Erwerbsquote in den neuen Ländern und Berlin-Ost bei über 90 %.

Beim Vergleich der Erwerbsquoten von West und Ost ist allerdings zu berücksichtigen, daß es in den neuen Bundesländern eine wesentlich höhere Arbeitslosigkeit gibt. (Diese wirkt sich in den Erwerbsquoten nicht aus, da Erwerbspersonen sowohl Erwerbstätige als auch Erwerbslose umfassen.) Schränkt man die Betrachtung auf die **Erwerbstätigenquoten** ein, das heißt, läßt man die Zahl der Erwerbslosen außer Betracht, so ergibt sich für die neuen Bundesländer ein anderes Bild (vgl. Tab. 2.1): Bei Ehefrauen unter 35 Jahren mit Kindern reduziert sich das „Ost-West-Gefälle" beträchtlich. Während die Erwerbsquote dieser Frauen in den alten Bundesländern 51 % und in den neuen Bundesländern 97 % beträgt, liegen die entsprechenden Erwerbstätigenquoten mit 46 % und 72 % wesentlich weniger auseinander.

In den bisherigen Ausführungen zur Erwerbstätigkeit der Ehepartner wurden die Ehegatten jeweils gesondert dargestellt. Eine **Gegenüberstellung der Erwerbsbeteiligung der Ehepartner** zeigt darüber hinaus (aus dem Blickwinkel der Familie) auf, wie häufig beide Ehegatten oder nur ein Partner durch Erwerbstätigkeit zum Familienunterhalt beitragen (vgl. Tab. 2.3). Auch bei dieser Betrachtungsweise, die von einem Alter des Ehemannes bis unter 65 Jahren ausgeht, wird deutlich, daß die Erwerbsbeteiligung der Ehepartner in besonderem Maße vom Alter des jüngsten Kindes bestimmt wird. So sind im **früheren Bundesgebiet** nur in 36 % der Ehen beide Partner erwerbstätig, wenn das jüngste Kind noch unter 3 Jahre alt ist. Demgegenüber sind bei Ehen mit älteren Kindern wesentlich höhere Anteile zu verzeichnen. Wenn das jüngste Kind 6 bis unter 15 Jahre alt ist, sind bereits in 57 % der betreffenden Ehen beide Partner erwerbstätig.

Hervorzuheben ist ferner, daß im **früheren Bundesgebiet** bei nur **einem** erwerbstätigen Partner fast immer der Ehemann diese Rolle übernimmt: Ist das jüngste Kind unter 3 Jahre alt, geht in 58 % der Ehen der männliche Partner und nur in 2 % die Ehefrau allein einer Berufstätigkeit nach. Ist das jüngste Kind 6 bis unter 15 Jahre alt, ist der männliche Partner in 37 % der betreffenden Ehen allein erwerbstätig, die Ehefrau wiederum nur in 2 %.

In den **neuen Bundesländern** liegen die Quoten für eine Erwerbstätigkeit beider Ehepartner erwartungsgemäß wesentlich höher (vgl. Tab. 2.3). Selbst bei Partnern mit einem Kleinkind (unter 3 Jahren) sind in 58 % der Fälle beide Partner erwerbstätig (im Westen bei 36 % der betreffenden Ehen). Ist das jüngste Kind zwischen 6 und 15 Jahre alt, beträgt diese Quote sogar 72 % (im Westen nur 57 %).

Bezüglich der Erwerbstätigenquoten für Paare mit und ohne Kinder erlaubt die Datenlage auch einen Vergleich mit **nichtehelichen Lebensgemeinschaften**.

Tab. 2.3: Ehepaare 1992, bei denen der Ehemann bis unter 65 Jahre alt ist, nach der Beteiligung der Partner am Erwerbsleben*)

Ehepaare	Insgesamt	Beide Ehepartner erwerbstätig	Ehemann allein erwerbstätig	Ehefrau allein erwerbstätig	Beide Ehepartner nicht erwerbstätig[1]
	1 000	% von Spalte „Insgesamt"			
Früheres Bundesgebiet					
Ehepaare insgesamt	12 960	48,7	36,1	4,3	11,0
Ehepaare ohne Kinder	4 470	48,4	24,8	6,5	20,3
Ehepaare mit Kind(ern)	8 490	48,8	42,1	3,1	6,0
dar.: jüngstes Kind ist					
unter 3 Jahre alt	1 743	36,4	57,8	2,0	3,8
3 bis unter 6 Jahre alt....	1 120	46,2	48,5	2,0	3,3
6 bis unter 15 Jahre alt..	2 516	57,4	37,4	2,2	3,1
Neue Länder und Berlin-Ost					
Ehepaare insgesamt	3 375	54,2	20,9	7,9	17,0
Ehepaare ohne Kinder	1 201	34,3	19,2	10,8	35,8
Ehepaare mit Kind(ern)	2 174	65,2	21,8	6,3	6,7
dar.: jüngstes Kind ist					
unter 3 Jahre alt	280	57,6	32,1	5,0	5,3
3 bis unter 6 Jahre alt....	368	67,5	23,9	5,7	2,9
6 bis unter 15 Jahre alt..	870	72,4	19,2	5,3	3,2

*) Ergebnis des Mikrozensus. – Bevölkerung am Familienwohnsitz. – 1) Erwerbslos oder Nichterwerbsperson.

Sowohl im früheren Bundesgebiet als auch in den neuen Bundesländern sind die Partner von nichtehelichen Lebensgemeinschaften wesentlich häufiger erwerbstätig als Ehepartner (vgl. Tab. 2.3 und 2.4). Dies dürfte insbesondere durch das geringere Durchschnittsalter bei nichtehelichen Lebensgemeinschaften bedingt sein (vgl. Abschnitt 1.3.1 „Ehepaare, nichteheliche Lebensgemeinschaften und Alleinerziehende im Lebenszyklus"). Selbst wenn Kinder in solchen Gemeinschaften leben, üben die Partner wesentlich häufiger eine Berufstätigkeit aus als Ehepartner.

Im **früheren Bundesgebiet** sind bei 61 % der nichtehelichen Lebensgemeinschaften mit Kindern beide Partner erwerbstätig und bei 24 % bzw. 8 % nur der männliche bzw. weibliche Partner. Demgegenüber gehen nur bei 49 % der westdeutschen Ehen mit Kindern beide Partner einer Erwerbstätigkeit nach. Dafür ist in 42 % dieser Ehen nur der männliche Partner und in 3 % der Ehen nur die Frau beruflich aktiv.

In den **neuen Bundesländern** sind die Unterschiede aufgrund der hohen Erwerbsbeteiligung der Ehefrauen weniger gravierend: In 65 % der Ehen mit Kindern sind beide Ehepartner berufstätig. Die entsprechende Quote für nichteheliche Lebensgemeinschaften liegt mit 62 % etwa gleich hoch. Entsprechend gleichen sich in den neuen Bundesländern auch die Quoten für Paare mit Kindern, von denen nur der Mann bzw. nur die Frau erwerbstätig ist.

Tab. 2.4: Nichteheliche Lebensgemeinschaften 1992 nach der Beteiligung der Partner am Erwerbsleben*)

Nichteheliche Lebensgemeinschaften	Insgesamt	Beide Partner erwerbstätig	Männlicher Partner allein erwerbstätig	Weiblicher Partner allein erwerbstätig	Beide Partner nicht erwerbstätig[1]
	1 000	% von Spalte „Insgesamt"			
Früheres Bundesgebiet					
Gemeinschaften ohne Kinder ...	925	70,2	10,1	7,7	12,0
Gemeinschaften mit Kind(ern)...	222	60,8	23,9	7,7	7,7
Zusammen	1 147	68,4	12,8	7,7	11,2
Neue Länder und Berlin-Ost					
Gemeinschaften ohne Kinder ...	151	46,7	16,5	10,1	26,6
Gemeinschaften mit Kind(ern)...	188	61,6	22,9	8,9	6,7
Zusammen	338	54,9	20,1	9,4	15,5
Deutschland					
Gemeinschaften ohne Kinder ...	1 076	66,9	11,0	8,0	14,1
Gemeinschaften mit Kind(ern)...	409	61,2	23,4	8,2	7,2
Insgesamt	1 485	65,3	14,4	8,1	12,2

*) Schätzung aus Ergebnissen des Mikrozensus. – 1) Erwerbslos oder Nichterwerbsperson.

2.1.2 Alleinerziehende im Beruf[4]

– *Alleinerziehende Frauen nur im früheren Bundesgebiet wesentlich häufiger erwerbstätig als verheiratete Mütter* –

Bei alleinerziehenden Frauen liegen die Erwerbsquoten im früheren Bundesgebiet deutlich höher als bei verheirateten Müttern. Bei unter 35jährigen Müttern, die allein für ihr Kind bzw. ihre Kinder sorgen müssen, macht sie beispielsweise 69 % aus (vgl. Tab. 2.1 sowie Tab. A 2.1 im Anhang), während von den verheirateten Müttern dieses Alters nur 51 % zu den Erwerbspersonen zählen.

Erwerbsquote und wöchentliche Arbeitszeit im Beruf werden auch bei alleinerziehenden Frauen sehr stark vom Alter der Kinder beeinflußt, aus verschiedenen – meist wohl wirtschaftlichen – Gründen jedoch in geringerem Umfang als bei verheirateten Frauen. So liegt die Erwerbsquote relativ niedrig, wenn das jüngste Kind unter 3 Jahre alt ist (im **früheren Bundesgebiet** 53 % gegenüber 43 % bei verheirateten Müttern mit Kindern der gleichen Altersgruppe) (vgl. Tab. 2.2). Ist das jüngste Kind etwas älter (3 bis unter 6 Jahre), beträgt die Quote bereits 72 % (bei verheirateten Müttern 53 %). Alleinerziehende Mütter, deren jüngstes Kind 6 bis unter 15 Jahre alt ist, stehen zu einem noch höheren Anteil im Erwerbsleben (82 %), verheiratete Mütter zu 63 %.

Alleinerziehende Mütter gehen auch häufiger als verheiratete Mütter einer Vollzeit-Beschäftigung nach. So sind z.B. von den unter 35jährigen alleinerziehenden Müttern, die im Erwerbsleben stehen, 55 % vollzeitbeschäftigt (vgl. Tab. 2.1 sowie Tab. A 2.1 im Anhang),

---

4) Bei der Analyse dieser Ergebnisse ist zu berücksichtigen, daß im folgenden Alleinerziehende aus aufbereitungstechnischen Gründen einschl. derjenigen dargestellt werden, die Lebenspartner(innen) in einer nichtehelichen Lebensgemeinschaft sind.

während verheiratete und zugleich erwerbstätige Mütter dieser Altersgruppe nur zu 41 % eine Arbeitszeit von 36 und mehr Stunden haben.

Entsprechende Unterschiede gibt es auch, wenn man von dem Alter des jüngsten Kindes ausgeht: Alleinerziehende und zugleich erwerbstätige Frauen, deren jüngstes Kind noch nicht das Kindergartenalter erreicht hat, sind zu 58 % vollzeitbeschäftigt, während verheiratete und zugleich erwerbstätige Mütter mit Kindern dieses Alters „nur" zu 48 % ganztags arbeiten (vgl. Tab. 2.2). Entsprechende Unterschiede gibt es auch, wenn das jüngste Kind ein höheres Alter erreicht hat.

In den neuen Bundesländern gibt es aufgrund der generell hohen Erwerbsbeteiligung verheirateter Frauen kaum Unterschiede zwischen entsprechenden Aktivitäten alleinerziehender Frauen und verheirateter Mütter. Unter 35jährige verheiratete Mütter stehen mit 97 % sogar etwas häufiger im Erwerbsleben als alleinerziehende Mütter dieses Alters (96 %) (vgl. Tab. 2.1 sowie Tab. A 2.1 im Anhang). Auch das Alter des jüngsten Kindes beeinflußt in den neuen Ländern und Berlin-Ost kaum die Erwerbsbeteiligung der Mutter. Ist das jüngste Kind noch nicht im Kindergartenalter, gehen 91 % der alleinerziehenden Mütter einer Berufstätigkeit nach. Hat das Kind das Kindergarten- bzw. Schulalter erreicht, zählen 97 % bzw. 98 % der alleinerziehenden Mütter zu den Erwerbspersonen.

In den neuen Bundesländern gibt es jedoch wie im früheren Bundesgebiet bei jüngeren alleinerziehenden Müttern (unter 35 Jahren) mehr Vollzeitbeschäftigte (90 %) unter den Erwerbstätigen als bei verheirateten Müttern (82 %), obgleich dieser Anteil in beiden Fällen weit höher liegt als im Westen. Ähnliche Unterschiede sind auch zu beobachten, wenn man vom Alter des jüngsten Kindes ausgeht. 92 % der alleinerziehenden und zugleich erwerbstätigen Mütter in den neuen Bundesländern sind vollzeitbeschäftigt, wenn das jüngste Kind noch keine drei Jahre alt ist, während „nur" 82 % der verheirateten Mütter mit entsprechendem jüngsten Kind 36 und mehr Stunden in der Woche arbeiten.

2.1.3 Erwerbslosigkeit im Haushalts- und Familienzusammenhang

– Relativ viele Ehefrauen sind erwerbslos; etwa drei Viertel von ihnen haben jedoch einen erwerbstätigen Ehepartner –

Im Zusammenhang mit der Erwerbslosigkeit stellt sich die Frage, welche Konsequenzen sich aus der Erwerbslosigkeit einzelner Personen für die finanzielle Situation des gesamten Haushalts bzw. der gesamten Familie ergeben. Hierbei ist u.a. von Bedeutung, wieviele Erwerbslose es in der Familie gibt, oder ob der „Haupternährer" erwerbslos ist[5]).

Der in der amtlichen Statistik zugrundegelegte Begriff der „Erwerbslosigkeit" orientiert sich überwiegend an den Empfehlungen der ILO (International Labour Office). Im Vergleich zu der in der Arbeitsmarktstatistik der Bundesanstalt für Arbeit verwendeten Definition der „Arbeitslosen" ist der Begriff der „Erwerbslosen" teils umfassender, teils enger. Er ist insofern

a) umfassender, als er auch (nicht erwerbstätige) Arbeitsuchende einschließt,

– die nicht beim Arbeitsamt gemeldet sind und auf andere Art eine Tätigkeit suchen (z.B. durch private Vermittlung, eigene Bewerbung),

---

[5] Welche Einschränkungen sich hieraus für das Haushaltseinkommen ergeben, wird in Abschnitt 2.2.2 „Erwerbslosigkeit und Einkommen" behandelt.

- die eine auf weniger als drei Monate befristete bzw. eine Teilzeitbeschäftigung unter 18 Stunden suchen,
- die noch in schulischer Ausbildung sind und daher nicht sofort zur Verfügung stehen,
- die als Schulentlassene ausschließlich eine Ausbildungsstelle suchen,
- die über 65 Jahre alt sind;

b) enger, als er Arbeitsuchende ausschließt,
- die in der Berichtswoche erwerbstätig sind, auch wenn sie nur eine einzige Stunde arbeiten.

Trotz der genannten Unterschiede weichen die Ergebnisse für „Erwerbslose" des Mikrozensus und „Arbeitslose" der Arbeitsmarktstatistik nur unwesentlich voneinander ab: Im Mai 1992 wurden beispielsweise für das **frühere Bundesgebiet** im Mikrozensus 1 788 000 Erwerbslose und in der Arbeitsmarktstatistik im Mai 1992 1 704 000 Arbeitslose gezählt. In den **neuen Bundesländern und Berlin-Ost** gab es ähnlich geringfügige Abweichungen. Dort wurden 1 172 000 Erwerbslose Anfang Mai verglichen mit 1 149 000 Arbeitslosen im Mai 1992 registriert.

Im **früheren Bundesgebiet** gibt es heute (1992) 405 000 Ehen mit erwerbslosem Ehemann (3,5 % aller im Erwerbsleben stehenden Ehemänner) (vgl. Tab. 2.5). Größer noch ist die Zahl erwerbsloser Ehefrauen (493 000; das sind 6,6 % aller Erwerbspersonen unter den Ehefrauen).

Tab. 2.5: Erwerbslosigkeit von Ehepartnern und Alleinerziehenden 1992*)

Ehepartner/Alleinerziehende	Erwerbspersonen[1]	Darunter Erwerbslose	
	1 000	1 000	%
Früheres Bundesgebiet			
Ehemänner	11 538	405	3,5
mit Kind(ern)	8 005	248	3,1
ohne Kinder	3 533	158	4,5
Ehefrauen	7 522	493	6,6
mit Kind(ern)	4 770	313	6,6
ohne Kinder	2 753	179	6,5
Alleinerziehende	1 204	123	10,2
Männer	219	17	7,6
Frauen	984	106	10,8
Neue Länder und Berlin-Ost			
Ehemänner	2 789	247	8,9
mit Kind(ern)	2 051	159	7,7
ohne Kinder	738	89	12,0
Ehefrauen	2 761	650	23,5
mit Kind(ern)	2 026	468	23,1
ohne Kinder	735	182	24,8
Alleinerziehende	563	125	22,1
Männer	74	9	12,4
Frauen	489	116	23,6

*) Ergebnis des Mikrozensus. – Bevölkerung am Familienwohnsitz. – 1) Erwerbstätige und Erwerbslose.

Bei den Alleinerziehenden, die in der Regel besonders auf ein eigenes Einkommen angewiesen sind, gibt es im **früheren Bundesgebiet** 123 000 Erwerbslose (das sind 10,2 % aller Erwerbspersonen unter den Alleinerziehenden).

Bei mehr als einem Drittel der erwerbslosen **Ehemänner** (37 %) ist die Ehefrau erwerbstätig und kann somit zur Verbesserung der wirtschaftlichen Lage der Familie beitragen (vgl. Tab. A 2.2 im Anhang). 19 % der Ehefrauen erwerbsloser Männer sind allerdings ebenfalls auf Arbeitsuche, und mehr als zwei Fünftel (44 %) der Ehefrauen erwerbsloser Männer treten erst gar nicht auf dem Arbeitsmarkt in Erscheinung.

Anders als erwerbslose Männer haben erwerbslose **Ehefrauen** ganz überwiegend einen erwerbstätigen Partner. Von den 493 000 erwerbslosen Ehefrauen sind 74 % mit einem erwerbstätigen Mann verheiratet. Nur 15 % der Ehemänner erwerbsloser Frauen sind ebenfalls auf Arbeitsuche.

Wie schon angeklungen ist, geht die relativ hohe Erwerbsbeteiligung der weiblichen Bevölkerung in den **neuen Bundesländern** auch mit einer hohen Erwerbslosigkeit einher. Dies wird auch bei der Betrachtung im Familienzusammenhang deutlich.

Von den in den **neuen Bundesländern** im Erwerbsleben stehenden Ehefrauen ist knapp ein Viertel (23,5 %) auf Arbeitsuche. Dieser Prozentsatz ist mehr als dreieinhalb mal so hoch wie bei den Ehefrauen in Westdeutschland. Obwohl es auch bei den **Ehemännern** in den neuen Bundesländern eine hohe Arbeitslosigkeit gibt (9 %, bezogen auf alle im Erwerbsleben stehenden Ehemänner), ist hier das Gefälle zum früheren Bundesgebiet, das eine entsprechende Quote von 3,5 % aufweist, weniger „dramatisch" (vgl. Tab. 2.5).

Etwas günstiger erscheint die Situation in den neuen Bundesländern, wenn man sie aus der Familienperspektive betrachtet. Bedingt durch die insgesamt sehr hohe Erwerbsbeteiligung der weiblichen Bevölkerung tragen dort trotz der relativ hohen Arbeitslosigkeit viele Ehefrauen zum Unterhalt der Familie bei: Bei mehr als der Hälfte aller Ehen mit einem erwerbslosen Ehemann ist die Ehefrau erwerbstätig (55 %) (vgl. Tab. A 2.2 im Anhang). Im Westen ist dies nur bei 37 % der entsprechenden Ehen der Fall. Im umgekehrten Fall (bei Erwerbslosigkeit der Ehefrau) liegt die Quote erwerbstätiger Ehemänner im Osten mit 79 % nur geringfügig über der des Westens (74 %).

Analog zur Erwerbsbeteiligung gibt es bei den Alleinerziehenden im Osten eine wesentlich höhere Erwerbslosigkeit als im Westen (22 % gegenüber 10 %).

2.2 Einkommen[6)]

2.2.1 Einkommensstrukturen in der Familie

Der folgende Beitrag befaßt sich mit dem Haushaltsnettoeinkommen[7)]. Dieses wird von vielen Faktoren bestimmt, primär von Art und Anzahl der Unterhaltsquellen und der mit dem Lebensalter einhergehenden beruflichen Karriere. Ein wesentlicher Faktor

---

6) Die hier dargestellten Einkommensstrukturen, bei denen generell die Verteilung der monatlichen Nettoeinkommen auf Einkommensspannen aufgezeigt wird, stützen sich auf Ergebnisse des Mikrozensus. Angaben über Durchschnittseinkommen können dem 1994 erschienenen Projektbericht des Statistischen Bundesamtes (Hrsg.) „Einkommensverhältnisse 1992 von Familien mit Kindern in Deutschland" entnommen werden.
7) Das Nettoeinkommen ergibt sich aus der Summe aller Einkommensarten. Bei unregelmäßigem Einkommen ist im Rahmen der Mikrozensusbefragung der Nettodurchschnitt im Jahr anzugeben. Bei Selbständigen in der Landwirtschaft und mithelfenden Familienangehörigen wird das Nettoeinkommen nicht erfragt.

ist schließlich der Umfang der Erwerbsbeteiligung, der wiederum von der jeweiligen Phase der Familienbildung (insbesondere von der „Familienpause") abhängt. Schließlich ist auch der Familienlastenausgleich (Kindergeld, Steuerfreibeträge u.a.m.) zu bedenken.

Die vielfältigen, das Haushaltseinkommen bestimmenden Faktoren können von der amtlichen Statistik nur näherungsweise und oftmals nur indirekt aufgezeigt werden. Ausgehend von einer zusammenfassenden Betrachtung der Einkommensstrukturen von Ehepaaren bzw. Alleinerziehenden wird auf die Einkommensstrukturen ausgewählter Familientypen eingegangen, die wiederum Rückschlüsse auf bestimmte Einflußfaktoren zulassen. Hierzu zählen die Art der Unterhaltsquelle, die Zahl der Erwerbseinkommensbezieher, das Zusammenleben mit Kindern im Haushalt und das Lebensalter.

2.2.1.1 Einkommensverhältnisse von Ehepaaren

Im Zusammenhang mit der Darstellung der Einkommensverhältnisse von Ehepaaren wird auch auf die entsprechende Situation von nichtehelichen Lebensgemeinschaften eingegangen. Dieser Vergleich beschränkt sich allerdings aufgrund der ungünstigen Datenlage auf ausgewählte Eckwerte.

Faßt man zunächst alle Ehepaare zusammen, so ergibt sich bei einer tiefen Untergliederung der Einkommensgruppen für das **frühere Bundesgebiet** eine relativ gleichmäßige Besetzung der einzelnen Spannen mit nach oben und unten sinkenden Anteilswerten (vgl. Tab. A 2.4 im Anhang). Dieses Bild setzt sich allerdings aus recht unterschiedlichen Verteilungen zusammen, wenn man nach Unterhaltsquellen, nach der Erwerbsbeteiligung der Ehepartner und nach dem Zusammenleben mit Kindern, insbesondere hinsichtlich des Alters des jüngsten Kindes, differenziert.

– Kinder tragen teilweise erheblich zum Haushaltseinkommen bei –

Ausgehend von der wichtigsten **Unterhaltsquelle** der Bezugsperson wird deutlich, daß erwartungsgemäß bei **Erwerbstätigkeit** die höchsten Einkommen erzielt werden. Hier

Im früheren Bundesgebiet liegt die Erwerbsquote bei alleinerziehenden Frauen deutlich höher als bei verheirateten Müttern.

sind überwiegend die oberen Einkommensklassen besetzt (vgl. Tab. 2.6). Im **früheren Bundesgebiet** hat mehr als die Hälfte der Ehepaare mit erwerbstätiger Bezugsperson ein Haushaltseinkommen von mindestens 4 000 DM. Dies trifft sowohl auf Haushalte mit Kindern als auch auf solche ohne Kinder zu. - Beim Bezug von **Renten** spielt es demgegenüber eine Rolle, ob Kinder im Haushalt leben, da diese ganz wesentlich zum Unterhalt beitragen können. Von den Rentnerehepaaren **ohne Kinder** haben im **früheren Bundesgebiet** 70 % ein Haushaltsnettoeinkommen zwischen 1 800 und 4 000 DM und nur 17 % ein Nettoeinkommen von 4 000 DM oder mehr. Bei Rentnerehepaaren **mit Kindern** erstreckt sich der Schwerpunkt in der Einkommensskala auch auf obere Bereiche. Fast die Hälfte von ihnen (46 %) liegt in der Spanne „3 000 - 5 000 DM", und mehr als die Hälfte (58 %) überschreitet die Grenze von 4 000 DM.

Tab. 2.6: Ehepaare und Alleinerziehende 1992 nach überwiegendem Lebensunterhalt der Bezugsperson und monatlichem Haushaltsnettoeinkommen*)

Ehepaare/Alleinerziehende Überwiegender Lebensunterhalt der Bezugsperson durch ...	Insgesamt	Davon mit einem monatlichen Haushaltsnettoeinkommen von ... bis unter ... DM						
		unter 1 800	1 800 - 2 500	2 500 - 3 000	3 000 - 3 500	3 500 - 4 000	4 000 - 5 000	5 000 und mehr
	1 000	% von Spalte „Insgesamt"						
Früheres Bundesgebiet								
Ehepaare ohne Kinder	6 106	8,1	18,9	14,5	13,0	11,0	15,8	18,6
darunter:								
Erwerbstätigkeit	2 927	1,4	9,0	10,1	12,1	13,5	23,1	30,7
Arbeitslosengeld/-hilfe	102	33,8	26,6	13,6	9,8	6,9	6,1	/
Sozialhilfe	17	77,2	/	/	/	/	/	/
Angehörige	84	22,9	29,1	13,9	10,9	8,7	7,0	7,5
Rente, Pension	2 902	12,8	28,2	19,1	14,1	8,8	9,3	7,5
Ehepaare mit Kind(ern)	7 652	2,1	7,6	10,7	12,6	12,3	20,5	34,2
darunter:								
Erwerbstätigkeit	6 717	0,7	6,9	10,9	12,9	12,5	20,8	35,4
Arbeitslosengeld/-hilfe	152	26,9	20,4	12,6	10,6	9,5	12,5	7,6
Sozialhilfe	47	55,2	24,4	/	/	/	/	/
Angehörige	87	17,4	21,9	15,6	12,4	9,3	11,6	11,8
Rente, Pension	599	3,1	7,9	8,2	10,8	12,5	23,0	34,5
Alleinerziehende	1 674	20,5	18,8	12,3	11,7	9,3	13,0	14,4
darunter:								
Erwerbstätigkeit	895	13,2	21,0	13,4	11,8	9,3	14,1	17,1
Arbeitslosengeld/-hilfe	59	51,9	21,2	/	/	/	/	/
Sozialhilfe	123	73,0	15,0	4,8	/	/	/	/
Angehörige	112	38,2	20,3	10,8	9,0	6,4	7,5	7,7
Rente, Pension	443	10,6	14,9	13,2	15,2	12,9	16,9	16,2

*) Ergebnis des Mikrozensus. – Bevölkerung am Familienwohnsitz. – Ohne Selbständige in der Landwirtschaft, mithelfende Familienangehörige und sonstige Fälle ohne Angabe des Einkommens.

Tab. 2.6: Ehepaare und Alleinerziehende 1992 nach überwiegendem Lebensunterhalt der Bezugsperson und monatlichem Haushaltsnettoeinkommen*)

Ehepaare/Alleinerziehende — Überwiegender Lebensunterhalt der Bezugsperson durch ...	Insgesamt	Davon mit einem monatlichen Haushaltsnettoeinkommen von ... bis unter ... DM						
		unter 1 800	1 800 - 2 500	2 500 - 3 000	3 000 - 3 500	3 500 - 4 000	4 000 - 5 000	5 000 und mehr
	1 000	% von Spalte „Insgesamt"						
Neue Länder und Berlin-Ost								
Ehepaare ohne Kinder	1 646	30,2	40,2	13,2	7,8	3,9	3,2	1,4
darunter:								
Erwerbstätigkeit	612	10,9	31,8	21,0	16,4	9,0	7,4	3,6
Arbeitslosengeld/-hilfe	58	46,5	35,3	11,1	/	/	/	-
Sozialhilfe	/	/	/	/	/	-	-	-
Angehörige	50	42,3	43,1	/	/	/	/	/
Rente, Pension	627	40,5	48,0	7,8	2,1	/	/	/
Ehepaare mit Kind(ern)	2 082	7,3	21,1	19,7	19,2	13,0	13,0	6,6
darunter:								
Erwerbstätigkeit	1 778	5,3	20,2	19,8	19,9	13,7	13,9	7,3
Arbeitslosengeld/-hilfe	126	29,1	32,0	17,1	10,6	4,7	4,8	/
Sozialhilfe	/	/	/	-	/	-	-	-
Angehörige	23	22,9	27,8	/	/	/	/	/
Rente, Pension	68	/	19,7	19,7	23,2	14,2	11,8	/
Alleinerziehende	645	38,4	28,5	13,2	8,4	4,9	4,6	2,0
darunter:								
Erwerbstätigkeit	396	33,5	27,7	14,1	9,6	6,3	6,1	2,7
Arbeitslosengeld/-hilfe	98	58,8	23,2	8,9	5,1	/	/	/
Sozialhilfe	10	77,0	/	/	/	-	/	/
Angehörige	9	/	/	/	/	/	/	/
Rente, Pension	85	28,5	40,7	15,5	8,3	/	/	/

*) Ergebnis des Mikrozensus. – Bevölkerung am Familienwohnsitz. – Ohne Selbständige in der Landwirtschaft, mithelfende Familienangehörige und sonstige Fälle ohne Angabe des Einkommens.

Haushalte mit überwiegendem Einkommen aus **Arbeitslosengeld/-hilfe** befinden sich eher im unteren Bereich der Einkommensverteilung. Ihr Haushaltseinkommen liegt im **früheren Bundesgebiet** zu 74 % unter 3 000 DM, wenn **keine Kinder** im Haushalt leben, und nur bei zwei Fünfteln von ihnen (40 %) überschreitet es die Grenze von 2 500 DM. **Mit Kindern** im Haushalt sind auch hier die höheren Einkommensklassen stärker besetzt: Zwei Drittel haben ein Einkommen von 1 800 bis 5 000 DM, und gut die Hälfte von ihnen (53 %) verfügt über mindestens 2 500 DM (vgl. Abb. 2.5).

Am unteren Ende der Einkommensverteilung finden sich **Sozialhilfeempfänger**, obgleich es auch hier typische Unterschiede zwischen Ehepaaren ohne und mit im Haushalt lebenden Kindern gibt. 89 % bzw. 80 % von ihnen verfügen im **früheren Bundesgebiet** über weniger als 2 500 DM netto.

– Erwerbstätigkeit beider Ehepartner, aber auch eigenes Einkommen der Kinder verbessert Haushaltseinkommen erheblich –

Ausgehend von der **Beteiligung der Ehepartner am Erwerbsleben** wird deutlich, in welchem Umfang sich die wirtschaftliche Situation des Haushalts verbessert, wenn beide Ehepartner erwerbstätig sind.

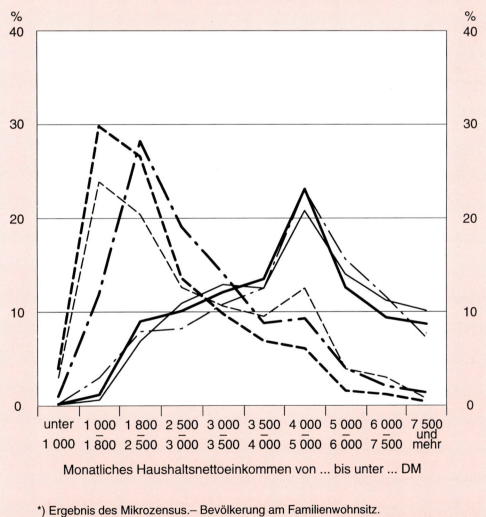

Ist nur ein Ehepartner erwerbstätig, liegt der Einkommensschwerpunkt im früheren Bundesgebiet bei etwa vier Fünfteln der Paare zwischen 1 800 und 5 000 DM, wenn keine Kinder im Haushalt leben, und etwa ein Drittel dieser Haushalte hat ein Nettoeinkommen von mindestens 4 000 DM (vgl. Tab. 2.7).

Mit Kindern sind die Einkommensverhältnisse etwas besser, was sowohl auf eine zusätzliche Erwerbsbeteiligung der Kinder als auch auf die altersbedingte berufliche Karriere des verdienenden Ehepartners zurückzuführen sein dürfte. Von diesen Ehepaaren haben mehr als 40 % ein Haushaltseinkommen von wenigstens 4 000 DM (vgl. Abb. 2.6).

Tab. 2.7: Ehepaare und Alleinerziehende 1992 nach Erwerbstätigkeit und monatlichem Haushaltsnettoeinkommen*)

Ehepaare/Alleinerziehende Erwerbstätigkeit	Insgesamt	Davon mit einem monatlichen Haushaltsnettoeinkommen von ... bis unter ... DM						
		unter 1 800	1 800 - 2 500	2 500 - 3 000	3 000 - 3 500	3 500 - 4 000	4 000 - 5 000	5 000 und mehr
	1 000	% von Spalte „Insgesamt"						
Früheres Bundesgebiet								
Ehepaare ohne Kinder	6 106	8,1	18,9	14,5	13,0	11,0	15,8	18,6
Beide Ehepartner erwerbstätig	1 923	0,5	2,2	5,9	10,9	15,3	28,0	37,3
Ehemann allein erwerbstätig	1 055	3,5	21,8	18,0	14,5	10,2	13,6	18,3
Ehefrau allein erwerbstätig	326	6,6	17,6	17,3	16,6	13,5	15,6	12,9
Beide Ehepartner nicht erwerbstätig[1]	2 802	15,2	29,4	18,8	13,5	8,1	8,3	6,6
Ehepaare mit Kind(ern)	7 652	2,1	7,6	10,7	12,6	12,3	20,5	34,2
Beide Ehepartner erwerbstätig	3 460	0,3	1,8	5,6	10,4	13,1	23,9	44,9
Ehemann allein erwerbstätig	3 289	1,3	12,2	16,4	15,5	11,8	17,5	25,3
Ehefrau allein erwerbstätig	252	5,2	11,8	11,8	11,8	12,2	19,9	27,3
Beide Ehepartner nicht erwerbstätig[1]	651	14,4	13,1	8,9	10,3	10,7	18,1	24,5
Alleinerziehende	1 674	20,5	18,8	12,3	11,7	9,3	13,0	14,4
Erwerbstätige Männer	177	2,9	14,0	10,7	13,5	10,6	18,9	29,2
Nichterwerbstätige Männer[1]	87	14,8	13,9	11,1	11,1	13,6	17,2	18,2
Erwerbstätige Frauen	785	17,1	22,2	13,9	11,5	8,8	12,6	13,8
Nichterwerbstätige Frauen[1]	626	30,6	16,5	10,9	11,4	8,9	11,1	10,4

*) Ergebnis des Mikrozensus. – Bevölkerung am Familienwohnsitz. – Ohne Selbständige in der Landwirtschaft, mithelfende Familienangehörige und sonstige Fälle ohne Angabe des Einkommens. – 1) Erwerbslos oder Nichterwerbsperson.

Gehen beide Ehepartner einer Berufstätigkeit nach, schnellt der Einkommensschwerpunkt nach oben, und etwa zwei Drittel von ihnen haben ein Haushaltsnettoeinkommen von mindestens 4 000 DM. Auch hier sieht die Situation etwas günstiger aus, wenn Kinder im Haushalt leben.

Tab. 2.7: Ehepaare und Alleinerziehende 1992 nach Erwerbstätigkeit und monatlichem Haushaltsnettoeinkommen*)

Ehepaare/Alleinerziehende — Erwerbstätigkeit	Insgesamt	Davon mit einem monatlichen Haushaltsnettoeinkommen von ... bis unter ... DM						
		unter 1 800	1 800 - 2 500	2 500 - 3 000	3 000 - 3 500	3 500 - 4 000	4 000 - 5 000	5 000 und mehr
	1 000	% von Spalte „Insgesamt"						
Neue Länder und Berlin-Ost								
Ehepaare ohne Kinder	1 646	30,2	40,2	13,2	7,8	3,9	3,2	1,4
Beide Ehepartner erwerbstätig	395	5,2	25,4	22,8	20,6	11,9	9,6	4,5
Ehemann allein erwerbstätig	223	21,1	43,5	17,6	9,0	3,7	3,4	/
Ehefrau allein erwerbstätig	134	19,5	41,2	20,4	11,6	4,5	/	/
Beide Ehepartner nicht erwerbstätig[1]	895	45,1	45,7	6,9	1,4	/	/	/
Ehepaare mit Kind(ern)	2 082	7,3	21,1	19,7	19,2	13,0	13,0	6,6
Beide Ehepartner erwerbstätig	1 341	2,8	15,8	19,1	21,8	15,4	16,4	8,6
Ehemann allein erwerbstätig	442	13,1	33,5	21,8	13,9	8,4	6,2	3,1
Ehefrau allein erwerbstätig	131	13,3	27,7	21,1	15,8	9,0	9,9	/
Beide Ehepartner nicht erwerbstätig[1]	167	23,7	25,2	17,4	15,5	9,3	6,4	/
Alleinerziehende	645	38,4	28,5	13,2	8,4	4,9	4,6	2,0
Erwerbstätige Männer	60	19,9	30,2	17,6	14,1	/	8,5	/
Nichterwerbstätige Männer[1]	23	37,3	34,6	/	/	/	/	/
Erwerbstätige Frauen	354	36,6	27,2	13,3	8,8	6,1	5,5	2,6
Nichterwerbstätige Frauen[1]	208	47,0	29,5	11,8	6,3	/	/	/

*) Ergebnis des Mikrozensus. – Bevölkerung am Familienwohnsitz. – Ohne Selbständige in der Landwirtschaft, mithelfende Familienangehörige und sonstige Fälle ohne Angabe des Einkommens. – 1) Erwerbslos oder Nichterwerbsperson.

Wie schon angeklungen ist, tragen Kinder häufig zur Verbesserung des Haushaltseinkommens bei. Im Rahmen einer Untersuchung, die sich mit der Zahl der Einkommensbezieher im Haushalt befaßt, hierbei allerdings nicht nach der Unterhaltsquelle unterscheidet, konnte dieser Einfluß quantifiziert werden: Verfügt beispielsweise bei Ehepaaren ohne Kinder nur der Ehemann über ein eigenes Einkommen, so haben im **früheren Bundesgebiet** nur 18 % dieser Haushalte ein Nettoeinkommen von mindestens 4 000 DM. Gibt es jedoch **Kinder** in der Familie, von denen **zwei oder mehr ein eigenes Einkommen** haben, so ist der Anteil der Haushalte mit einem entsprechenden Einkommen fast fünfmal so hoch (86 %) (vgl. Tab. A 2.3 im Anhang).

– Einkommensverhältnisse nichtehelicher Lebensgemeinschaften weitgehend von Erwerbseinkommen geprägt –

Über die Einkommensverhältnisse von **nichtehelichen Lebensgemeinschaften** liegen nur wenige – kaum strukturierte – Eckdaten vor. Entsprechend der günstigen Altersstruktur dieser Paare ist hier die **Erwerbstätigkeit** die entscheidende Unterhaltsquelle (im **früheren Bundesgebiet** bei 82 % aller nichtehelichen Lebensgemeinschaften im Vergleich zu 71 % bei allen Ehepaaren) (vgl. Tab. 2.8 und Tab. 2.6).

Im Blickpunkt: Familien heute

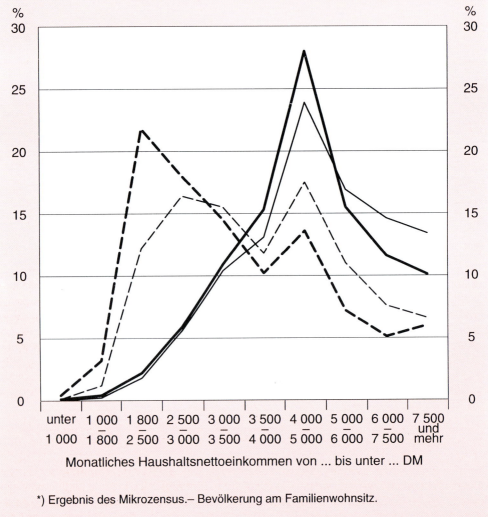

Abb. 2.6 Ehepaare mit und ohne Kinder 1992 nach Erwerbstätigkeit und monatlichem Haushaltsnettoeinkommen*)
Früheres Bundesgebiet

*) Ergebnis des Mikrozensus.– Bevölkerung am Familienwohnsitz.

Statistisches Bundesamt 95 - 2 - 0090

Demgegenüber sind hier **Renteneinkünfte** selten die überwiegende Unterhaltsquelle (zu 9 %, verglichen mit 26 % bei Ehepaaren). Dafür wird der Unterhalt unverheirateter Paare etwas häufiger von **Angehörigen** bestritten (zu 5 % im Vergleich zu einer entsprechenden Quote von gut 1 % bei Ehepaaren).

Tab. 2.8: Nichteheliche Lebensgemeinschaften 1992 nach dem überwiegenden Lebensunterhalt des männlichen Partners*)

Überwiegender Lebensunterhalt des Mannes durch ...	Insgesamt	Davon		
		ohne Kinder	mit Kind(ern)	dar. mit Kind(ern) unter 18 Jahren
	1 000	%		
Früheres Bundesgebiet				
Erwerbstätigkeit	946	81,8	85,7	87,1
Arbeitslosengeld/-hilfe	32	2,4	4,5	4,7
Sozialhilfe	10	0,6	1,8	2,1
Angehörige und eigenes Vermögen	55	4,9	4,1	4,3
Rente, Pension	104	10,3	4,0	1,7
Insgesamt	1 147	100	100	100
Neue Länder und Berlin-Ost				
Erwerbstätigkeit	273	73,1	86,7	87,2
Arbeitslosengeld/-hilfe	34	9,5	10,4	10,4
Sozialhilfe	/	0,5	0,5	0,6
Angehörige und eigenes Vermögen	7	2,7	1,5	1,4
Rente, Pension	23	14,3	0,9	0,5
Insgesamt	338	100	100	100

*) Schätzung aus Ergebnissen des Mikrozensus.

Infolge der primär durch **Erwerbstätigkeit** geprägten Unterhaltsstruktur nichtehelicher Gemeinschaften trägt deren Einkommensverteilung ähnliche Züge wie die der Ehepaare mit überwiegendem Lebensunterhalt durch Erwerbstätigkeit. Sie ist durch eine relativ starke Besetzung der oberen Spannen gekennzeichnet, und auch hier verfügt im **früheren Bundesgebiet** die Hälfte der Paare über ein Mindesteinkommen von 4 000 DM (vgl. Tab. 2.9). Auch bei nichtehelichen Lebensgemeinschaften ist diese Quote etwas höher, wenn **Kinder** im Haushalt leben (53 %), als bei Paaren ohne **Kinder** (50 %). (Die entsprechenden Anteile bei Ehepaaren mit bzw. ohne Kinder betragen 56 % bzw. 54 %.)

– *Beruf und Familie häufig schwer vereinbar* –

Die bisherigen Vergleiche haben im wesentlichen eine Verbesserung der Einkommensverhältnisse aufgezeigt, wenn Kinder im Haushalt leben. Hierbei ist neben dem Beitrag der Kinder zum Haushaltseinkommen auch die altersbedingte berufliche Karriere der Eltern und die damit einhergehende Einkommensverbesserung zu bedenken. Es darf aber auch nicht übersehen werden, daß die für Haushalte mit Kindern relativ günstigen Einkommensverhältnisse nur unter sonst gleichen Bedingungen zutreffen, u.a. nur für Haushalte, in denen jeweils nur ein Ehepartner oder aber beide Partner einer Berufstätigkeit nachgehen.

Tab. 2.9: Nichteheliche Lebensgemeinschaften 1992 nach monatlichem Haushaltsnettoeinkommen und Kinderzahl*)

Monatliches Haushalts-nettoeinkommen von ... bis unter ... DM	Insgesamt	Davon			
		ohne Kinder	mit ... Kind(ern)		
			zusammen	1	2 und mehr
	1 000	%			
Früheres Bundesgebiet					
unter 2 500	132	12,6	12,7	12,2	11,6	13,7
2 500 - 3 000	91	8,7	8,6	9,0	9,1	9,0
3 000 - 3 500	137	13,1	12,9	14,0	14,2	13,5
3 500 - 4 000	159	15,2	16,1	11,4	11,9	10,4
4 000 - 5 000	260	24,9	25,4	23,1	23,8	21,3
5 000 und mehr	265	25,4	24,3	30,2	29,4	32,4
Insgesamt	1 043	100	100	100	100	100
Neue Länder und Berlin-Ost					
unter 2 500	165	51,6	60,9	44,0	48,2	37,0
2 500 - 3 000	58	18,2	18,0	18,4	17,1	20,7
3 000 - 3 500	42	13,1	10,3	15,3	14,1	17,4
3 500 - 4 000	23	7,2	4,0	9,8	9,8	10,0
4 000 - 5 000	21	6,7	4,4	8,6	7,4	10,6
5 000 und mehr	10	3,2	/	3,9	/	/
Insgesamt	320	100	100	100	100	100

*) Schätzung aus Ergebnissen des Mikrozensus. – Ohne Selbständige in der Landwirtschaft, mithelfende Familienangehörige und sonstige Fälle ohne Angabe des Einkommens.

Häufig ist aber die Erwerbsbeteiligung nur eines Ehepartners für durch familiäre, mit der Kinderbetreuung und -erziehung zusammenhängende Aufgaben bedingt. Hierbei kann es zu erheblichen Einkommenseinbußen kommen. Um diese zu quantifizieren, müßte beispielsweise das Einkommen von Haushalten mit zwei erwerbstätigen Ehepartnern mit dem Haushaltseinkommen bei nur einem Einkommensbezieher verglichen werden. Hierbei gibt es – wie die Betrachtung der Haushalte mit Erwerbseinkommen gezeigt hat – erhebliche Unterschiede. Im **früheren Bundesgebiet** verfügen etwa zwei Drittel der Ehepaare mit zwei erwerbstätigen Partnern über mindestens 4 000 DM, aber nur ca. 30 % bis 50 % der Ehepaare mit nur einem erwerbstätigem Partner reichen über diese Marge (vgl. Tab. 2.7).

– *Erhebliche Einkommenseinbußen während der „Familienpause" der Ehefrau* –

Noch deutlicher werden die mit der „Familienpause" einhergehenden Einkommenseinbußen, wenn man das Augenmerk auf jüngere Ehen richtet:

In einer auf das Jahr 1987 bezogenen Sonderuntersuchung des Mikrozensus[8] wurde am Beispiel jüngerer Ehefrauen (hier: unter 35 Jahre alt) nachgewiesen, welche Einkommenseinschnitte sich mit der Geburt der Kinder einstellen.

---

8) Vgl. Statistisches Bundesamt: Familien heute, Ausgabe 1990, S. 63.

Während von den Ehefrauen ohne Kinder im **früheren Bundesgebiet** noch 22 % über ein Nettoeinkommen von mindestens 1 800 DM verfügten (bezogen auf alle Ehefrauen dieser Altersgruppe, das heißt auch auf solche ohne eigenes Einkommen), hatten von den verheirateten **Müttern** dieses Alters nur noch 5 % ein solches Einkommen. Hier wurde u.a. deutlich, daß viele erwerbstätige Ehefrauen nach der Geburt des ersten Kindes eine Teilzeitbeschäftigung annehmen oder ganz aus dem Erwerbsleben ausscheiden.

In einer aktuellen Analyse (Berichtsjahr 1992) wird aufgezeigt, wie sich die durch Haushalts- und Familienaufgaben bedingte Einkommensminderung auf das Haushaltseinkommen (netto) auswirkt: Im **früheren Bundesgebiet** ist z. B. bei jungen **Ehepaaren** (Ehefrau ist unter 35 Jahre alt) **ohne** Kinder die Spanne „4 000 DM bis unter 5 000 DM" die am stärksten besetzte Gruppe (29 %). Sind Kinder da, liegt der Schwerpunkt erheblich darunter, und zwar bei der Einkommensgruppe „2 500 DM bis unter 3 500 DM" (37 %) (vgl. Tab. 2.10). Damit steht für eine gestiegene Zahl an Personen, deren Lebensunterhalt zu bestreiten ist, ein geringeres Haushaltseinkommen zur Verfügung, was auf eine noch stärkere Minderung des Pro-Kopf-Einkommens hinausläuft.

Die durch die „Familienpause" bedingten Ausfälle zeichnen sich besonders bei Familien mit kleinen Kindern ab, da hier noch eine intensivere Betreuung erforderlich ist. Geht man für das **frühere Bundesgebiet** wieder von einer Einkommensgrenze von 4 000 DM aus, wird deutlich, wie das Haushaltseinkommen mit dem **Alter des jüngsten Kindes** korreliert.

Hat das jüngste Kind noch nicht das Kindergartenalter (3 Jahre) erreicht, haben „nur" 32 % der betreffenden Ehepaare ein Haushaltseinkommen von mindestens 4 000 DM (vgl. Tab. A 2.4 im Anhang). Ist das jüngste Kind 3 bis unter 6 Jahre alt, verfügen schon 41 % der betreffenden Familien über ein solches Einkommen. Befindet sich das jüngste Kind im Schulalter (hier: 6 bis unter 15 Jahre), erreicht schon mehr als die Hälfte der betreffenden Familien (54 %) ein Einkommen von mindestens 4 000 DM.

– *Erhebliches Einkommensgefälle von West nach Ost* –

Trotz einer **Annäherung der Lebensverhältnisse von West und Ost** gibt es insbesondere beim Einkommen beachtliche Unterschiede. Diese werden von der in den **neuen Ländern und Berlin-Ost** wesentlich höheren Erwerbsbeteiligung nur in geringem Maße ausgeglichen.

Eine zusammenfassende Betrachtung der Einkommensverteilung von Ehepaaren in den neuen Ländern ergibt – anders als im früheren Bundesgebiet – eine relativ starke Konzentration in den unteren Einkommensspannen (etwa 30 % der Ehepaare haben ein Haushaltsnettoeinkommen von 1 800 - 2 500 DM; vgl. Tab. 2.10). In den darüber liegenden Spannen fallen die Besetzungszahlen rapide ab. Die Einkommensverteilung wird hier wie im früheren Bundesgebiet primär durch die Unterhaltsquellen „**Erwerbstätigkeit**" und „**Rente**" geprägt, deren Schwerpunkte in den neuen Ländern jedoch beide in den unteren Einkommensbereichen liegen. Bei 80 % der Ehepaare mit überwiegendem Lebensunterhalt aus **Erwerbstätigkeit** liegt das Haushaltsnettoeinkommen unter 3 500 DM, wenn **keine Kinder** im Haushalt leben. Bei entsprechenden Ehen mit Kindern sind auch die mittleren Einkommensgruppen relativ stark besetzt:

Tab. 2.10: Ehepaare 1992 nach monatlichem Haushaltsnettoeinkommen und Kinderzahl*)

Monatliches Haushalts-nettoeinkommen von ... bis unter ... DM	Insgesamt	Davon				
		ohne Kinder	mit ... Kind(ern)			
			zusammen	1	2	3 und mehr
	1 000	%				
Früheres Bundesgebiet						
unter 1 800	652	4,7	8,1	2,1	2,3	1,7	2,4
1 800 - 2 500	1 733	12,6	18,9	7,6	8,0	7,0	7,8
2 500 - 3 000	1 707	12,4	14,5	10,7	10,8	10,4	11,4
3 000 - 3 500	1 761	12,8	13,0	12,6	12,5	12,8	12,7
3 500 - 4 000	1 614	11,7	11,0	12,3	12,6	12,2	11,4
4 000 - 5 000	2 538	18,4	15,8	20,5	21,9	19,6	18,7
5 000 und mehr	3 752	27,3	18,6	34,2	31,9	36,4	35,6
Insgesamt	13 757	100	100	100	100	100	100
dar. Ehefrau ist unter 35 Jahre alt						
unter 1 800	122	3,6	4,0	3,5	3,9	2,8	4,5
1 800 - 2 500	396	11,8	7,1	13,5	13,9	12,7	14,1
2 500 - 3 000	519	15,5	7,4	18,3	18,2	18,4	18,4
3 000 - 3 500	565	16,9	11,0	18,9	17,8	19,8	19,5
3 500 - 4 000	514	15,3	15,6	15,2	14,7	15,8	15,1
4 000 - 5 000	684	20,4	28,5	17,7	18,2	17,5	16,5
5 000 und mehr	548	16,4	26,3	13,0	13,2	13,0	11,9
Zusammen	3 348	100	100	100	100	100	100
Neue Länder und Berlin-Ost						
unter 1 800	651	17,4	30,2	7,3	8,2	6,1	9,0
1 800 - 2 500	1 100	29,5	40,2	21,1	21,7	20,5	20,7
2 500 - 3 000	628	16,8	13,2	19,7	20,4	19,2	18,4
3 000 - 3 500	530	14,2	7,8	19,2	19,2	19,7	17,2
3 500 - 4 000	335	9,0	3,9	13,0	12,8	13,4	12,6
4 000 - 5 000	324	8,7	3,2	13,0	11,9	13,9	14,4
5 000 und mehr	161	4,3	1,4	6,6	5,8	7,2	7,8
Insgesamt	3 728	100	100	100	100	100	100
dar. Ehefrau ist unter 35 Jahre alt						
unter 1 800	104	10,9	15,1	10,5	12,8	8,5	12,2
1 800 - 2 500	267	28,1	29,9	27,9	29,3	27,0	27,3
2 500 - 3 000	217	22,7	19,4	23,1	23,4	23,0	22,4
3 000 - 3 500	179	18,8	16,2	19,0	17,8	20,0	18,4
3 500 - 4 000	92	9,6	10,5	9,6	8,3	10,4	9,9
4 000 - 5 000	67	7,1	6,9	7,1	5,6	8,0	8,1
5 000 und mehr	27	2,8	2,4	2,9	2,8	3,1	1,8
Zusammen	952	100	100	100	100	100	100

*) Ergebnis des Mikrozensus. – Bevölkerung am Familienwohnsitz. – Ohne Selbständige in der Landwirtschaft, mithelfende Familienangehörige und sonstige Fälle ohne Angabe des Einkommens.

87 % der Haushaltseinkommen verteilen sich hier auf die wesentlich weitere Spanne „1 800 bis 5 000 DM". Setzt man die untere Einkommensgrenze bei 2 500 DM, so liegen 57 % der Haushalte mit überwiegendem Lebensunterhalt aus Erwerbstätigkeit darüber, wenn kein Kind im Haushalt lebt, während von den entsprechenden Haushalten **mit Kindern** 75 % diese Grenze überschreiten. Offenbar tragen auch hier die Kinder mit eigenem Einkommen zur Verbesserung der wirtschaftlichen Lage des Haushalts bei (vgl. Tab. 2.6).

Bei den **Rentnerhaushalten** spielt das Einkommen der Kinder in den neuen Ländern und Berlin-Ost eine noch größere Rolle. Die Einkommensschwerpunkte liegen hier unter 2 500 DM, wenn **keine Kinder** im Haushalt leben, und nur 11 % dieser Haushalte verfügen netto über mindestens 2 500 DM. Rentnerhaushalte **mit Kindern** liegen mit ihrem Einkommen ähnlich wie bei überwiegendem Unterhalt aus Erwerbstätigkeit zu 89 % zwischen 1 800 und 5 000 DM, und 73 % dieser Haushalte überschreiten die Grenze von 2 500 DM (vgl. Abb. 2.7).

Haushalte, deren Bezugsperson überwiegend von **Arbeitslosengeld/-hilfe** lebt, finden sich auch in den neuen Ländern und Berlin-Ost weiter unten in der Einkommensskala: 82 % von ihnen haben weniger als 2 500 DM, wenn **keine Kinder** im Haushalt leben. Bei entsprechenden Haushalten **mit Kindern** sind es 61 % (vgl. Tab. 2.6).

– Erwerbstätiger Ehepartner und Kinder verbessern auch in den neuen Ländern und Berlin-Ost die Einkommenssituation erheblich –

Auch in den neuen Bundesländern verbessert sich die wirtschaftliche Situation des Haushalts erheblich, wenn **beide Partner erwerbstätig** sind. Während bei einem Verdiener je nach Haushaltsstruktur (Mann oder Frau erwerbstätig, ohne oder mit Kindern im Haushalt) nur 35 % bis etwa 60 % die Einkommensgrenze von 2 500 DM überschreiten (vgl. Tab. 2.7), sind es bei einer Erwerbstätigkeit beider Partner ungefähr 70 % bzw. 80 % der betreffenden Haushalte (vgl. Abb. 2.8).

Die **Einkommen von Kindern** tragen auch in den neuen Bundesländern zur Verbesserung des Haushaltseinkommens bei: Sofern neben der Ehefrau auch schon zwei oder mehr Kinder über ein eigenes Einkommen verfügen, wirkt sich dies ganz erheblich auf das Haushaltsnettoeinkommen aus: Während in den neuen Ländern im Durchschnitt nur 13 % der Ehepaare netto über mehr als 4 000 DM verfügen, liegt diese Quote bei eigenem Einkommen von Ehefrau und zwei oder mehr Kindern weit über 50 % (vgl. Tab. A 2.3 im Anhang).

– Relativ ungünstige Einkommensstrukturen bei nichtehelichen Lebensgemeinschaften in den neuen Ländern und Berlin-Ost –

Nichteheliche Lebensgemeinschaften leben auch in den **neuen Ländern und Berlin-Ost** zu einem sehr hohen Anteil von Erwerbstätigkeit (zu 81 %, verglichen mit 64 % bei Ehepaaren, vgl. Tab. 2.8 und 2.6). Haushalte mit überwiegendem Lebensunterhalt der Bezugsperson durch Rente machen nur 7 % der nichtehelichen Lebensgemeinschaften aus (verglichen mit 19 % bei Ehepaaren).

Trotz des hohen Anteils der Erwerbseinkünfte ist die Einkommensstruktur unverheirateter Paare in den neuen Ländern und Berlin-Ost wesentlich ungünstiger als die der Ehepaare. Nur 39 % von ihnen erreichen die Einkommensschwelle von 2 500 DM, wenn **keine Kinder** im Haushalt leben (vgl. Tab. 2.9). Von den betreffenden Gemeinschaften **mit Kindern** sind es 56 % (verglichen mit 30 % bzw. 72 % bei Ehepaaren ohne/mit Kindern), was in erster Linie auf das relativ niedrige Durchschnittsalter unverheirateter Partner zurückzuführen sein dürfte.

**Abb. 2.7 Ehepaare mit und ohne Kinder 1992
nach überwiegendem Lebensunterhalt der Bezugsperson und
monatlichem Haushaltsnettoeinkommen*)**
Neue Länder und Berlin – Ost

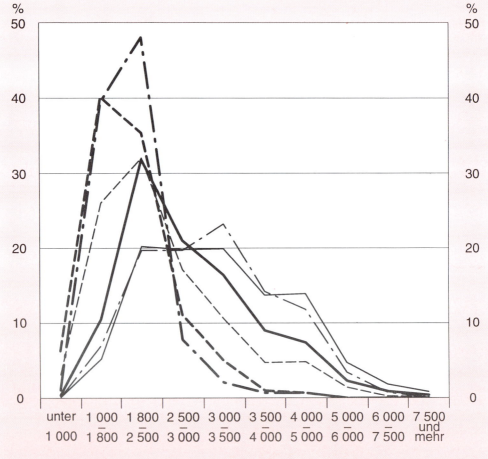

*) Ergebnis des Mikrozensus.– Bevölkerung am Familienwohnsitz.

Statistisches Bundesamt 95 - 2 - 0091

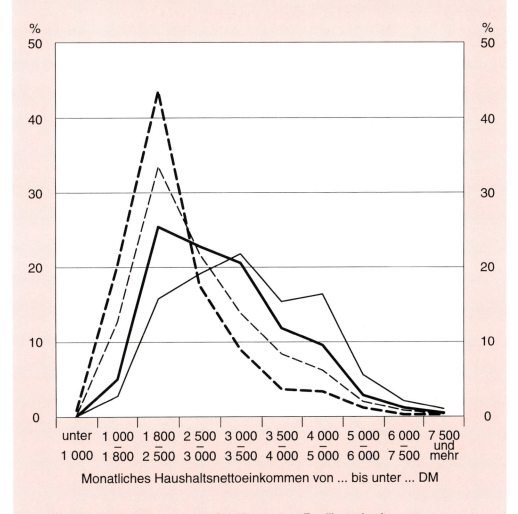

Abb. 2.8 Ehepaare mit und ohne Kinder 1992 nach Erwerbstätigkeit und monatlichem Haushaltsnettoeinkommen*)
Neue Länder und Berlin – Ost

– In den neuen Bundesländern weniger Einkommensausfälle durch die „Familienpause" –

Die auf die Einkommensverhältnisse junger Ehen (hier: Ehefrau ist unter 35 Jahre alt) bezogene Untersuchung, die für die alten Bundesländer erhebliche Einkommensausfälle während der „Familienpause" aufgezeigt hat, weist für die neuen Bundesländer – bedingt durch die relativ hohe Erwerbsbeteiligung von Müttern – keine entsprechenden Ergebnisse aus. Dort gibt es keine nennenswerten Unterschiede im Einkommen von jungen Ehen (Ehefrau ist unter 35 Jahre alt) **ohne** und **mit** Kindern (vgl. Tab. 2.10). In beiden Fällen liegt der Schwerpunkt des Haushaltsnettoeinkommens im Bereich „1 800 DM bis unter 3 000 DM" (49 % bzw. 51 %).

Auch in den **neuen Bundesländern** vermindert sich jedoch das Haushaltseinkommen, wenn noch Klein- oder Schulkinder zu betreuen sind. Wie in den alten Bundesländern gibt es ein ausgeprägtes, mit dem **Alter des jüngsten Kindes** einhergehendes Einkommensgefälle. Von den Ehen, in denen das jüngste Kind unter 3 Jahre alt ist, haben beispielsweise 31 % ein Mindesteinkommen von 3 000 DM (vgl. Tab. A 2.4 im Anhang). Beträgt das Alter des jüngsten Kindes 3 bis unter 6 Jahre, macht dieser Anteil 42 % aus. Liegt das Alter des jüngsten Kindes in der Spanne „6 bis unter 15 Jahre", beträgt der entsprechende Anteil schon 51 %.

Tab. 2.11: Alleinerziehende 1992 nach monatlichem Haushaltsnettoeinkommen und Kinderzahl*)

Monatliches Haushaltsnettoeinkommen von ... bis unter ... DM	Insgesamt	Mit ... Kind(ern)	
		1	2 und mehr
	1 000	%	
Früheres Bundesgebiet			
Männer			
unter 1 800	18	6,8	7,2	/
1 800 - 2 500	37	13,9	15,3	9,8
2 500 - 3 000	29	10,9	11,7	8,3
3 000 - 3 500	34	12,7	13,0	11,6
3 500 - 4 000	31	11,6	12,3	9,6
4 000 - 5 000	49	18,4	18,1	19,2
5 000 und mehr	68	25,7	22,4	36,3
Zusammen	264	100	100	100
Frauen			
unter 1 800	326	23,1	23,0	23,2
1 800 - 2 500	278	19,7	19,7	19,7
2 500 - 3 000	177	12,6	13,3	10,7
3 000 - 3 500	162	11,5	12,4	9,3
3 500 - 4 000	125	8,9	9,7	6,8
4 000 - 5 000	169	12,0	11,9	12,3
5 000 und mehr	174	12,3	10,1	18,1
Zusammen	1 410	100	100	100

*) Ergebnis des Mikrozensus. – Bevölkerung am Familienwohnsitz. – Ohne Selbständige in der Landwirtschaft, mithelfende Familienangehörige und sonstige Fälle ohne Angabe des Einkommens.

Tab. 2.11: Alleinerziehende 1992 nach monatlichem Haushaltsnettoeinkommen und Kinderzahl*)

Monatliches Haushaltsnettoeinkommen von ... bis unter ... DM	Insgesamt	Mit ... Kind(ern)	
		1	2 und mehr
	1 000	%	
Neue Länder und Berlin-Ost			
Männer			
unter 1 800	21	24,8	26,5	/
1 800 - 2 500	26	31,4	33,2	26,0
2 500 - 3 000	14	16,4	16,4	/
3 000 - 3 500	10	11,9	10,7	/
3 500 - 4 000	5	6,1	/	/
4 000 - 5 000	6	7,0	/	/
5 000 und mehr	/	/	/	/
Zusammen	83	100	100	100
Frauen			
unter 1 800	227	40,5	41,8	37,3
1 800 - 2 500	158	28,0	28,8	26,3
2 500 - 3 000	72	12,7	12,4	13,5
3 000 - 3 500	44	7,8	7,2	9,3
3 500 - 4 000	26	4,7	4,4	5,4
4 000 - 5 000	24	4,3	3,7	5,7
5 000 und mehr	11	2,0	1,7	/
Zusammen	562	100	100	100

*) Ergebnis des Mikrozensus. – Bevölkerung am Familienwohnsitz. – Ohne Selbständige in der Landwirtschaft, mithelfende Familienangehörige und sonstige Fälle ohne Angabe des Einkommens.

2.2.1.2 Einkommensverhältnisse von Alleinerziehenden

Die Einkommenssituation **Alleinerziehender** ist erwartungsgemäß – wegen der durchschnittlich geringeren Zahl an Einkommensbeziehern im Haushalt – durch eine stärkere Besetzung der unteren Einkommensspannen gekennzeichnet, als dies bei Eheleuten der Fall ist.

– Einkommenssituation alleinerziehender Frauen besonders ungünstig –

Die Einkommensverhältnisse Alleinerziehender sind allerdings bei Männern und Frauen recht unterschiedlich. Während die Einkommensverteilung alleinerziehender Männer im **früheren Bundesgebiet** ähnlich wie die der Ehepaare eine relativ gleichmäßige Besetzung der einzelnen Einkommensspannen mit nach oben und unten absinkenden Anteilswerten aufweist, hat die Einkommenskurve alleinerziehender Frauen einen markanten Schwerpunkt im unteren Bereich (vgl. Tab. 2.11 und Abb. 2.9).

Auch bei den Alleinerziehenden ergeben sich unterschiedliche Strukturen, wenn man die betreffenden Haushalte nach einkommensrelevanten Kriterien wie „hauptsächliche Unterhaltsquelle" und „Beteiligung am Erwerbsleben" untergliedert.

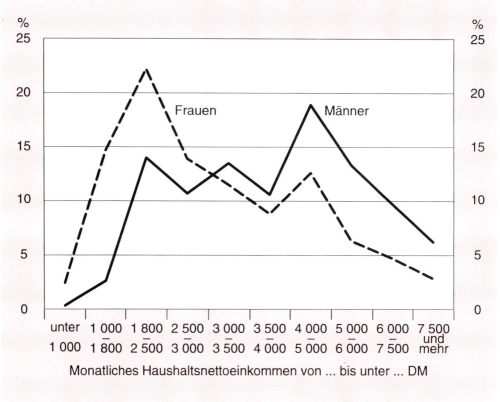

Abb. 2.9 Erwerbstätige Alleinerziehende 1992 nach monatlichem Haushaltsnettoeinkommen*)
Früheres Bundesgebiet

Monatliches Haushaltsnettoeinkommen von ... bis unter ... DM

*) Ergebnis des Mikrozensus.– Bevölkerung am Familienwohnsitz.

Statistisches Bundesamt 95 - 2 - 0093

– *Alleinerziehende mit überwiegendem Lebensunterhalt durch Arbeitslosengeld/-hilfe bzw. durch Sozialhilfe am unteren Ende der Einkommensskala* –

Eine Aufschlüsselung nach der hauptsächlichen Unterhaltsquelle zeigt zunächst, daß bei **Erwerbseinkünften** als hauptsächlicher Unterhaltsquelle in etwa gleiche Einkommen erzielt werden wie bei überwiegendem Lebensunterhalt durch **Rente** (vgl. Tab. 2.6). In beiden Fällen verteilt sich im **früheren Bundesgebiet** der Schwerpunkt der Einkommen mit jeweils etwa 70 % der Haushalte auf die sehr weite Spanne von 1 800 bis 5 000 DM, und etwa ein Drittel der jeweiligen Haushalte verfügt über mindestens 4 000 DM. Alleinerziehende mit überwiegendem Unterhalt aus **Arbeitslosengeld/-hilfe** haben ein deutlich niedrigeres Einkommen. Ihr Schwerpunkt liegt bei unter 2 500 DM. Nur etwa ein Viertel dieser Haushalte überschreitet diesen Schwellenwert. Alleinerziehende mit **Sozialhilfe** als hauptsächlicher Unterhaltsquelle liegen am unteren Ende der Einkommensskala. 88 % von ihnen haben ein Haushaltseinkommen von weniger als 2 500 DM (vgl. Abb. 2.10).

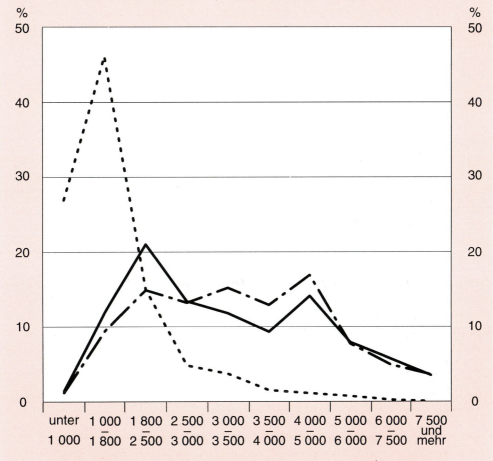

Ausgehend von der **Erwerbsbeteiligung** ergeben sich deutliche Unterschiede hinsichtlich der wirtschaftlichen Lage alleinerziehender Männer und Frauen (vgl. Tab. 2.7). Von den alleinerziehenden erwerbstätigen Männern im **früheren Bundesgebiet** hat etwa die Hälfte (48 %) ein Haushaltseinkommen von mindestens 4 000 DM, während nur 26 % der alleinerziehenden erwerbstätigen Frauen diese Schwelle überschreiten. Die zugrundeliegende Datenquelle erlaubt allerdings keinen vertieften Einblick in die vielfältigen Ursachen dieses Unterschiedes. Offenkundig ist lediglich die auch bei alleinerziehenden Frauen häufig anzutreffende Teilzeitbeschäftigung.

In diesem Zusammenhang ist auch die für alleinerziehende Mütter mit Klein- bzw. Schulkindern besonders ungünstige Situation zu sehen. Alleinerziehende Mütter mit Kindern dieses Alters (hier: 6 bis unter 15 Jahre) erreichen im früheren Bundesgebiet nur zu 15 % ein Einkommen von 4 000 DM und darüber (vgl. Tab. A 2.5 im Anhang). Bemerkenswert ist allerdings, daß sich hier das Alter des jüngsten Kindes nur unwesentlich auf die Einkommenssituation auswirkt, während bei Ehefrauen mit Kindern entsprechenden Alters markante Unterschiede zu beobachten sind (deutlich höherer Anteil der unteren Einkommensgruppen bei Müttern mit Kleinkindern bzw. Kindern im Kindergartenalter).

– Auch in den neuen Bundesländern relativ ungünstige Einkommenssituation für Alleinerziehende –

In den **neuen Bundesländern** sind – wenn auch auf niedrigerem Niveau – ähnliche Relationen wie im früheren Bundesgebiet festzustellen: Wenn man von einem Haushaltsnettoeinkommen von mindestens 2 500 DM ausgeht, wird dieses in den neuen Bundesländern von 72 % der Ehepaare mit Kindern erreicht, während nur knapp die Hälfte der alleinerziehenden Männer (44 %) und nur 31 % der alleinerziehenden Frauen ein solches Nettoeinkommen erzielen (vgl. Tab. 2.11). Auch in den neuen Bundesländern ist die Einkommenssituation Alleinerziehender etwas ungünstiger, wenn das jüngste Kind noch nicht dem Schulalter entwachsen ist (hier: unter 15 Jahren) (vgl. Tab. A 2.5 im Anhang sowie Abb. 2.11).

Auch hinsichtlich der unterschiedlichen Bedeutung der einzelnen Unterhaltsquellen ist die Situation der Alleinerziehenden in den neuen Ländern und Berlin-Ost mit der im früheren Bundesgebiet vergleichbar. Am günstigsten sind die wirtschaftlichen Verhältnisse bei überwiegendem Lebensunterhalt durch **Erwerbstätigkeit**. Hier verfügen fast zwei Fünftel (39 %) der betreffenden Haushalte über mindestens 2 500 DM (vgl. Tab. 2.6). Etwas geringer ist dieser Anteil bei primärem Lebensunterhalt durch **Rente** (31 %). Alleinerziehende mit überwiegendem Unterhalt durch **Arbeitslosengeld/-hilfe** bzw. **Sozialhilfe** bewegen sich am unteren Ende der Einkommensskala: Hier erreichen nur 18 % bzw. 11 % ein Nettoeinkommen von mindestens 2 500 DM (vgl. Abb. 2.12).

Eine gesonderte Betrachtung **erwerbstätiger** Alleinerziehender bestätigt die schon bei der zusammenfassenden Betrachtung festgestellten Unterschiede zwischen den Einkommensverhältnissen von Männern und Frauen. Ähnlich wie im früheren Bundesgebiet ist die Einkommenssituation in den **neuen Bundesländern** für erwerbstätige Männer wesentlich günstiger als für Frauen. Ausgehend von einem Einkommen von 2 500 DM überschreiten 50 % der alleinerziehenden erwerbstätigen Väter, aber nur 36 % der alleinerziehenden erwerbstätigen Mütter diese Schwelle (vgl. Tab. 2.7).

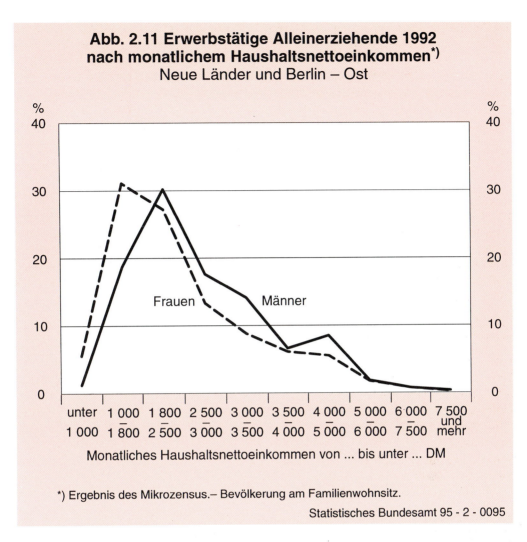

Abb. 2.11 Erwerbstätige Alleinerziehende 1992 nach monatlichem Haushaltsnettoeinkommen*)
Neue Länder und Berlin – Ost

*) Ergebnis des Mikrozensus.– Bevölkerung am Familienwohnsitz.

Im Hinblick auf das geringe Einkommen alleinerziehender Frauen ist anzumerken, daß auch in den neuen Ländern und Berlin-Ost deren Situation noch ungünstiger ist, wenn das jüngste Kind noch nicht dem Schulalter entwachsen ist. Ausgehend von einer Einkommensschwelle von 2 500 DM müssen sich alleinerziehende Frauen, deren jüngstes Kind noch unter 15 Jahre alt ist, zu 70 % bis 75 % mit einem geringeren Einkommen begnügen als der Durchschnitt alleinerziehender Frauen (68 %) (vgl. Tab. 2.11 und Tab. A 2.5 im Anhang). Wie im Westen gibt es aber auch hier keine markanten, mit dem Alter des jüngsten Kindes einhergehenden Unterschiede.

2.2.2 Erwerbslosigkeit und Einkommen

Erwerbslosigkeit wirkt sich in sehr unterschiedlichem Maße auf das Haushaltsbudget aus, je nachdem, ob der „Haupternährer", dessen Ehegatte bzw. die Ehegattin oder aber ein Kind betroffen ist. Am Beispiel von Ehepaaren ohne bzw. mit erwerbslosen Angehörigen werden in Tab. A 2.6 im Anhang diese Zusammenhänge näher beleuchtet. Danach ist die Einkommenssituation am ungünstigsten, wenn der Ehemann keinen

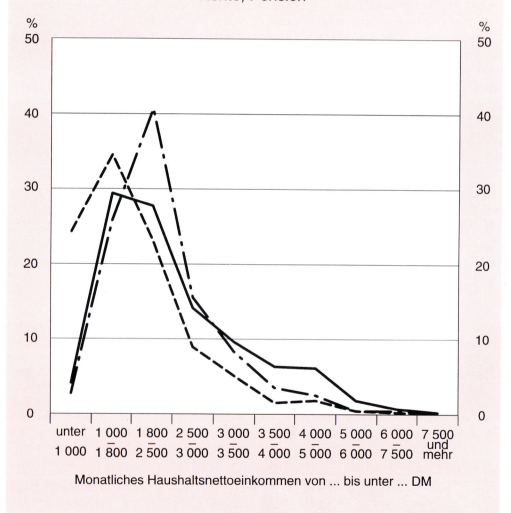

Arbeitsplatz hat. Diese Situation wird zwar „entschärft", wenn stattdessen die Ehepartnerin einer Erwerbstätigkeit nachgeht. Dennoch steht sich die Familie im Durchschnitt schlechter als im umgekehrten Fall.

Weitere Unterschiede ergeben sich je nachdem, ob es Kinder in der Familie gibt oder nicht. Bemerkenswert ist hierbei, daß bei Familien mit Kindern die finanzielle Situation im Falle der Arbeitslosigkeit generell etwas günstiger als bei Ehepaaren ohne Kinder ist, was u.a. durch das höhere Durchschnittsalter der Ehepaare mit Kindern und die mit dem Alter steigenden Einkommen (einschl. der mit höherer Kinderzahl zunehmenden sozialen Leistungen wie des Familienlastenausgleichs) bedingt sein dürfte.

– Einkommen von Ehepaaren mit Erwerbslosen deutlich unter dem Einkommen der übrigen Familien –

Ein Vergleich der Einkommenssituation zwischen Ehepaaren mit Erwerbslosen und Ehepaaren ohne erwerbslose Angehörige verdeutlicht, wie sich Arbeitslosigkeit auf die wirtschaftliche und soziale Lage von Familien auswirkt. Faßt man im **früheren Bundesgebiet** alle Ehepaare (mit bzw. ohne Kinder) zusammen, bei denen es keine Erwerbslosen gibt, so zeigt sich, daß im früheren Bundesgebiet 84 % dieser Familien ein Haushaltseinkommen von mindestens 2 500 DM haben (vgl. Tab. A 2.6 im Anhang). Bei Ehepaaren mit Erwerbslosen ist dieser Anteil mit 62 % deutlich niedriger. Besonders kraß ist die Einkommensdifferenz in den oberen Spannen: So ist die obere Flügelgruppe „ab 4 000 DM" mit 23 % der von Erwerbslosigkeit Betroffenen relativ schwach besetzt, wenn man sie mit dem entsprechenden Anteil der übrigen Ehepaare (47 %) vergleicht.

In den **neuen Ländern und Berlin-Ost** gibt es ein ähnliches Einkommensgefälle. Von den Ehepaaren ohne erwerbslose Angehörige hat mehr als die Hälfte (56 %) ein Haushaltseinkommen von mindestens 2 500 DM, während bei Ehepaaren mit einem oder mehreren erwerbslosen Angehörigen nur etwa zwei Fünftel (40 %) diese Schwelle erreichen. Betrachtet man die Besetzung der oberen Flügelgruppe „ab 4 000 DM", so bestätigt sich dieser Unterschied: 15 % der nicht von Erwerbslosigkeit betroffenen Ehepaare verfügen über mindestens 4 000 DM. Bei Ehepaaren mit mindestens einem erwerbslosen Angehörigen macht dieser Anteil nur 6 % aus.

2.3 Ausbildung

2.3.1 Ausbildungsabschlüsse der Eheleute und Alleinerziehenden

– Frauen holen weiter auf –

Statistiken über Schulabgänger signalisieren schon seit mehreren Jahren, daß das „Ausbildungsgefälle" zwischen Männern und Frauen insbesondere im Bereich der allgemeinbildenden Schulen weitgehend abgebaut ist. So waren 1991 im **früheren Bundesgebiet** von den Schulabgängern mit Hoch-/Fachhochschulreife 47 % weiblich, von den Abgängern mit Realschul- oder gleichwertigem Abschluß waren es 52 %. Im Hochschulbereich überwiegt noch die Zahl der männlichen Absolventen. Die Quote der Frauen nimmt jedoch zu (von 34 % im Jahre 1970 auf 37 % im Jahre 1991).

Diese Entwicklung schlägt sich auch im Ausbildungsstand von verheirateten Männern und Frauen nieder. Aus einer auf 1987 bezogenen Untersuchung für das **frühere**

Bundesgebiet[9] ging bereits hervor, daß das Ausbildungsgefälle zwischen Männern und Frauen von Generation zu Generation abnimmt: Von Ehepaaren, bei denen die Ehefrau 55 Jahre oder älter war, hatten z.B. Ehemänner mehr als viermal so oft einen Hochschulabschluß wie Ehefrauen. Bei der mittleren Generation (hier: Ehefrau 35 bis unter 55 Jahre alt) war diese Relation schon auf 2,5 zu 1 geschrumpft: 13,8 % der Ehemänner und 5,4 % der Ehefrauen dieser Generation hatten einen Hochschulabschluß.

Eine aktuelle Untersuchung (1991) deutet auf eine weitere Annäherung der Quoten von Männern und Frauen hin: Im **früheren Bundesgebiet** hatten von den Ehemännern und Ehefrauen der mittleren Generation 17,3 % bzw. 7,3 % einen Hoch- bzw. Fachhochschulabschluß. Alleinerziehende Mütter haben diesen Abschluß zu einem noch höheren Anteil erreicht als Ehefrauen (zu 9,3 %) (vgl. Tab. 2.12 und A 2.7 im Anhang).

Tab. 2.12: Beruflicher Ausbildungsabschluß von alleinerziehenden Frauen und Ehefrauen im Alter von 35 bis unter 55 Jahren 1991*)

Höchster beruflicher Ausbildungsabschluß	Früheres Bundesgebiet				Neue Länder und Berlin-Ost			
	Alleinerziehende Frauen		Ehefrauen		Alleinerziehende Frauen		Ehefrauen	
	1 000	%	1 000	%	1 000	%	1 000	%
Ohne beruflichen Abschluß	182	29,5	1 863	29,9	19	9,0	122	7,2
Mit beruflichem Abschluß	435	70,5	4 374	70,1	190	91,0	1 571	92,8
Berufsfachschule/Lehr-/Anlernausbildung	349	56,5	3 687	59,1	117	56,1	1 046	61,8
Fachschule	29	4,7	230	3,7	49	23,6	369	21,8
Hochschule, Fachhochschule	58	9,3	458	7,3	24	11,4	156	9,2
Insgesamt	617	100	6 237	100	209	100	1 692	100

*) Ergebnis des Mikrozensus. – Bevölkerung am Familienwohnsitz. – Nur Berücksichtigung von Fällen mit Angabe zur Frage nach dem beruflichen Ausbildungsabschluß.

In den **neuen Bundesländern** lagen die entsprechenden Quoten der Frauen 1991 noch höher (vgl. Tab. 2.12). Beim Vergleich „West-Ost" fällt jedoch vor allem auf, daß in den neuen Bundesländern relativ viele Ehefrauen und Alleinerziehende der mittleren Generation einen Fachschulabschluß besitzen, etwa fünf- bis sechsmal häufiger als Frauen mit entsprechendem Familienstand und Alter im früheren Bundesgebiet. Entsprechend niedrig ist im Osten der Anteil von Personen ohne beruflichen Abschluß (7 % bei Ehefrauen und 9 % bei Alleinerziehenden, verglichen mit jeweils 30 % in den alten Bundesländern).

2.3.2 Der Einfluß der Ausbildung auf die Erwerbsbeteiligung von Frauen

Während die Erwerbsquote der männlichen Bevölkerung in fast allen Phasen des Erwerbsalters sehr hoch ist, gibt es bei der weiblichen Bevölkerung zumindest im früheren Bundesgebiet erhebliche Veränderungen im Lebenszyklus. Wie schon aufgezeigt wurde, spielt dabei die „Familienpause" eine bedeutende Rolle. Bei verheirateten

---

[9] Vgl. Statistisches Bundesamt: Familien heute, Ausgabe 1990, S. 60.

Frauen hat sich – wie schon an anderer Stelle gesagt wurde[10] – das Nettoeinkommen des Mannes als weiterer Einflußfaktor erwiesen, insbesondere, was die wöchentliche Arbeitszeit der Ehefrau betrifft. Hierin spiegeln sich hauptsächlich wirtschaftliche Beweggründe wider.

Signifikant ist aber auch der Zusammenhang zwischen Ausbildung und Erwerbsbeteiligung: Je höher der eigene Ausbildungsabschluß ist, desto höher ist die Erwerbsquote, insbesondere im mittleren und höheren Lebensalter. Sicherlich ist dieser Trend nicht nur durch wirtschaftliche Gründe bedingt (höhere Ausbildungsinvestitionen, die sich später „bezahlt" machen bzw. höhere „Rentabilität" der Erwerbstätigkeit durch höheres Einkommen), sondern auch Ausdruck einer veränderten Einstellung zur Berufstätigkeit bei Frauen.

Die mit der Qualifikation der Ausbildung steigende Erwerbsquote ist sowohl bei Ehefrauen mit und ohne Kinder als auch bei Alleinerziehenden zu beobachten, wenn auch – aufgrund anderer Faktoren – auf jeweils unterschiedlich hohem Niveau. Wie deutlich die Zusammenhänge sind, soll wiederum anhand einiger Beispiele erläutert werden:

Junge Ehefrauen (hier: Ehefrauen im Alter von unter 35 Jahren), die noch **keine Kinder** haben, sind – wie schon ausgeführt wurde – in überdurchschnittlichem Maße am Erwerbsleben beteiligt (im **früheren Bundesgebiet** zu 89 %) (vgl. Tab. 2.13). Diese Quote variiert jedoch stark mit der jeweiligen Ausbildung. Liegt **kein beruflicher Abschluß** vor, beträgt sie nur 67 %. Bei Vorliegen einer **beruflichen Ausbildung** bewegt sie sich dagegen je nach Art des Abschlusses zwischen 89 % und 94 %.

Gibt es bereits eines oder mehrere **Kinder** in der Familie, werden die genannten Unterschiede ebenfalls deutlich: Bei einer durchschnittlichen Erwerbsquote von nur noch 51 % stehen Ehefrauen unter 35 Jahren und **ohne beruflichen Abschluß** im früheren Bundesgebiet nur zu 42 % im Erwerbsleben, solche **mit beruflichem Abschluß** je nach Qualifikation des Abschlusses aber bis zu 61 %.

Ganz besonders bemerkbar machen sich die Abweichungen zwischen den Erwerbsquoten bei der älteren Frauengeneration: Ehefrauen im Alter von 55 bis unter 65 Jahren, von denen natürlich schon ein sehr hoher Anteil das Rentenalter erreicht hat, stehen im **früheren Bundesgebiet** nur noch zu 25 % (ohne Kinder) bzw. 32 % (mit Kindern) im Erwerbsleben. Haben sie **keinen beruflichen Abschluß**, so betragen die entsprechenden Quoten nur 21 % bzw. 29 %. Ehefrauen dieser Altersgruppe mit **Lehr-/Anlernausbildung** bzw. **Abschluß an einer Berufsfachschule** stehen dagegen noch zu 29 % bzw. 35 % im Erwerbsleben, Ehefrauen mit **Hochschul- bzw. Fachhochschulabschluß** sogar zu 43 % bzw. 48 %.

In den **neuen Ländern und Berlin-Ost** gibt es zumindest unter der jüngeren und mittleren Generation bei einer generell sehr hohen Erwerbsbeteiligung der Frauen nicht

---

10) Vgl. Statistisches Bundesamt: Familien heute, Ausgabe 1990, S. 49.

Tab. 2.13: Erwerbsquoten von Ehefrauen sowie alleinerziehenden Frauen 1991 nach ausgewählten Altersgruppen und höchstem beruflichen Ausbildungsabschluß*)

Prozent

Gegenstand der Nachweisung	Ehefrauen/ alleinerziehende Frauen insgesamt	Davon			
		mit höchstem beruflichen Ausbildungsabschluß			ohne beruflichen Ausbildungs- abschluß
		an einer Berufsfachschule/ im Lehr-/ Anlernberuf	an einer Fachschule	an einer Hochschule/ Fachhochschule	
Früheres Bundesgebiet **bis unter 35 Jahren**					
Ehefrauen	60,4	63,8	69,9	69,2	46,2
ohne Kinder	88,8	93,7	93,6	88,6	66,8
mit Kind(ern)	50,7	52,9	60,8	58,9	41,7
Alleinerziehende Frauen	71,1	77,4	85,3	83,3	57,8
35 bis unter 55 Jahren					
Ehefrauen	62,2	64,2	71,0	75,4	54,1
ohne Kinder	68,9	73,0	79,2	85,4	56,9
mit Kind(ern)	59,7	60,7	68,3	72,9	53,0
Alleinerziehende Frauen	81,8	84,2	86,6	92,0	73,2
55 bis unter 65 Jahren					
Ehefrauen	27,2	30,8	34,1	44,8	23,3
ohne Kinder	25,3	29,2	33,1	42,8	21,0
mit Kind(ern)	31,9	35,2	36,5	48,3	28,5
Alleinerziehende Frauen	39,8	47,5	46,5	69,2	33,0
Neue Länder und Berlin-Ost **bis unter 35 Jahren**					
Ehefrauen	96,9	97,1	97,2	96,5	91,0
ohne Kinder	97,1	97,7	98,9	97,0	81,0
mit Kind(ern)	96,8	97,0	97,1	96,4	92,4
Alleinerziehende Frauen	96,9	97,2	97,5	97,4	89,6
35 bis unter 55 Jahren					
Ehefrauen	95,5	95,7	97,0	97,8	86,4
ohne Kinder	93,3	93,7	96,0	95,9	83,7
mit Kind(ern)	96,7	96,8	97,5	98,2	88,7
Alleinerziehende Frauen	98,0	97,6	99,2	99,6	95,7
55 bis unter 65 Jahren					
Ehefrauen	22,6	22,4	31,0	44,7	16,5
ohne Kinder	21,2	21,4	28,5	40,7	14,7
mit Kind(ern)	30,3	28,8	47,6	62,9	23,9
Alleinerziehende Frauen	27,0	32,6	47,8	33,3	15,7

*) Ergebnis des Mikrozensus. – Bevölkerung am Familienwohnsitz. – Erwerbsquote = Erwerbspersonen je 100 Personen der jeweiligen Gruppe. – Nur Berücksichtigung von Fällen mit Angabe zur Frage nach dem beruflichen Ausbildungsabschluß.

solch markante Korrelationen zwischen Ausbildungsabschluß und Erwerbsquote. Letztere ist zwar auch in den neuen Bundesländern am niedrigsten, wenn kein beruflicher Ausbildungsabschluß vorliegt, der Abstand zu der Erwerbsquote von Ehefrauen mit beruflichem Ausbildungsabschluß ist jedoch wesentlich geringer als im früheren Bundesgebiet (vgl. Tab. 2.13).

Bei Ehefrauen unter 35 Jahren bewegt sich die Erwerbsquote in den neuen Ländern und Berlin-Ost zwischen 81 % und 99 %, bei der mittleren Generation zwischen 84 % und 98 %. Lediglich bei der älteren Generation (Ehefrau 55 bis unter 65 Jahre alt) gibt es beachtliche Unterschiede. Die Quoten schwanken zwischen 15 % (Ehefrauen ohne **beruflichen Abschluß** und ohne Kinder in der Familie) und 63 % (Ehefrauen mit **Hochschulabschluß** und mit Kind bzw. Kindern in der Familie).

Bei **alleinerziehenden Frauen** sind ähnliche Zusammenhänge zu beobachten wie bei Ehefrauen.

Die Erwerbsquoten für jüngere alleinerziehende Frauen (unter 35 Jahren) bewegen sich jedoch trotz familiärer Aufgaben insbesondere im **früheren Bundesgebiet** auf höherem Niveau als die für gleichaltrige verheiratete Frauen mit Kindern, und zwar zwischen 58 % (bei keinem beruflichen Abschluß) und 83 % bzw. 85 % (bei Hochschul-/Fachhochschul- bzw. Fachschulabschluß; vgl. Tab. 2.13). Mit zunehmendem Alter wird – wie bei den Ehefrauen – deutlich, daß ein höherer Ausbildungsabschluß mit einer wesentlich höheren Erwerbsquote einhergeht. Bei der älteren Generation alleinerziehender Frauen (hier: 55 bis unter 65 Jahre) bewegen sich die entsprechenden Erwerbsquoten zwischen 33 % und 69 %.

Anders als im früheren Bundesgebiet sind in den **neuen Bundesländern** die Erwerbsquoten für alleinerziehende Frauen in etwa mit der entsprechenden Quote für Ehefrauen vergleichbar, was wiederum durch die dort insgesamt (auch für verheiratete Frauen mit Kindern) wesentlich höhere Erwerbsbeteiligung der Frauen bedingt ist.

2.4 Sozialstruktur der Familie und Bildungsweg der Kinder

2.4.1 Schulabschluß der Eltern bzw. des alleinerziehenden Elternteils und Schulbesuch der Kinder

– Der Bildungsweg der Kinder korrespondiert mit dem der Eltern –

Der Bildungsweg eines Kindes korrespondiert mit dem Schulabschluß seiner Eltern. Eine wichtige Weichenstellung erfolgt dabei im Alter von etwa 10 bis 15 Jahren.

Am Beispiel der mit beiden Eltern zusammenlebenden Kinder läßt sich für das **frühere Bundesgebiet** nachweisen, daß Kinder im Alter von 15 bis unter 18 Jahren zu knapp einem Drittel eine berufliche Schule besuchen bzw. in einem praktischen Ausbildungsverhältnis stehen, wenn auch der Vater einen Volks- bzw. Hauptschulabschluß hat. Nur 13 % der Kinder, deren Vater eine Volksschule besucht bzw. Hauptschule abgeschlossen hat, besuchen eine gymnasiale Oberstufe (vgl. Tab. 2.14).

Hat der Vater die Mittlere Reife, so besuchen nur 16 % der Kinder eine berufliche Schule bzw. stehen in einem praktischen Ausbildungsverhältnis, während 29 % von ihnen die gymnasiale Oberstufe besuchen.

Tab. 2.14: Bei ihren Eltern bzw. bei einem Elternteil lebende Kinder im Alter von 15 bis unter 18 Jahren 1991 nach Schulbesuch sowie höchstem allgemeinbildenden Schulabschluß der Eltern*)

Kinder / Höchster allgemeinbildender Schulabschluß der Eltern/des alleinerziehenden Elternteils[1]	Insgesamt	Darunter besuchten eine, waren ...				
		Mittelstufe	Gymnasiale Oberstufe	Berufliche Schule	Hochschule, Fachhochschule	Auszubildende
	1 000	% von Spalte „Insgesamt"				
Früheres Bundesgebiet *bei ihren Eltern lebende Kinder[2]*						
Kinder zusammen	1 639	53,2	19,5	9,4	0,5	15,4
darunter mit Schulabschluß des Vaters:						
Volks-/Hauptschule	952	52,4	13,3	10,5	/	20,5
Realschule/Mittlere Reife	220	54,2	29,2	5,8	/	9,7
Hochschul-/Fachhochschulreife	272	55,4	36,1	4,5	/	3,2
darunter mit Schulabschluß der Mutter:						
Volks-/Hauptschule	956	52,3	14,5	10,2	0,5	19,9
Realschule/Mittlere Reife	300	55,2	30,2	5,0	/	8,4
Hochschul-/Fachhochschulreife	145	54,4	38,4	4,3	/	/
nur beim Vater lebende Kinder						
Kinder zusammen	48	53,0	14,1	13,2	/	14,8
darunter mit Schulabschluß des Vaters:						
Volks-/Hauptschule	28	50,5	/	/	/	19,9
Realschule/Mittlere Reife	6	/	/	/	/	/
Hochschul-/Fachhochschulreife	7	/	/	/	–	/
nur bei der Mutter lebende Kinder						
Kinder zusammen	209	54,8	16,9	11,0	/	14,9
darunter mit Schulabschluß der Mutter:						
Volks-/Hauptschule	111	51,9	12,6	12,1	/	20,8
Realschule/Mittlere Reife	43	60,4	22,1	/	/	/
Hochschul-/Fachhochschulreife	22	60,3	29,1	/	–	/

*) Ergebnis des Mikrozensus. – Bevölkerung am Familienwohnsitz. – 1) Soweit Angaben zum allgemeinbildenden Schulabschluß vorliegen. – 2) Verheiratet zusammenlebende Eltern.

Bei Hochschul- bzw. Fachhochschulreife des Vaters ist die Quote der Kinder, die eine berufliche Schule besuchen bzw. in einem praktischen Ausbildungsverhältnis stehen, am niedrigsten (8 %) und der Anteil der Gymnasialschüler am höchsten (36 %).

Ähnliche Zusammenhänge bestehen zwischen dem allgemeinbildenden Schulabschluß der Mutter und dem Bildungsweg der Kinder.

Das gleiche gilt für die alleinerziehenden Väter bzw. Mütter und die bei ihnen lebenden Kinder: Kinder, die nur bei einem Elternteil leben, haben offensichtlich keine allzu großen Nachteile bei der Wahrnehmung von Bildungschancen.

Tab. 2.14: Bei ihren Eltern bzw. bei einem Elternteil lebende Kinder im Alter von 15 bis unter 18 Jahren 1991 nach Schulbesuch sowie höchstem allgemeinbildenden Schulabschluß der Eltern*)

Kinder Höchster allgemeinbildender Schulabschluß der Eltern/des alleinerziehenden Elternteils[1]	Insgesamt	Darunter besuchten eine, waren ...				
		Mittelstufe	Gymnasiale Oberstufe	Berufliche Schule	Hochschule, Fachhochschule	Auszubildende
	1 000	% von Spalte „Insgesamt"				
Neue Länder und Berlin-Ost						
bei ihren Eltern lebende Kinder[2]						
Kinder zusammen	415	53,6	9,3	6,6	1,7	26,2
darunter mit Schulabschluß des Vaters:						
Volks-/Hauptschule	101	47,8	5,3	9,2	/	31,1
Realschule/Mittlere Reife	21	55,8	/	/	/	/
Hochschul-/Fachhochschulreife[3]	277	55,8	10,5	5,2	/	25,1
darunter mit Schulabschluß der Mutter:						
Volks-/Hauptschule	77	46,0	/	8,5	/	33,4
Realschule/Mittlere Reife	25	52,9	/	/	/	21,3
Hochschul-/Fachhochschulreife[3]	296	55,9	10,3	5,5	/	25,1
nur beim Vater lebende Kinder						
Kinder zusammen	10	48,6	/	/	/	/
darunter mit Schulabschluß des Vaters:						
Volks-/Hauptschule	/	/	/	/	/	/
Realschule/Mittlere Reife	/	/	/	–	–	/
Hochschul-/Fachhochschulreife[3]	6	/	/	/	–	/
nur bei der Mutter lebende Kinder						
Kinder zusammen	75	48,2	8,0	10,4	/	27,8
darunter mit Schulabschluß der Mutter:						
Volks-/Hauptschule	17	41,2	/	/	/	35,1
Realschule/Mittlere Reife	/	/	/	/	/	/
Hochschul-/Fachhochschulreife[3]	50	52,2	/	/	/	26,1

*) Ergebnis des Mikrozensus. – Bevölkerung am Familienwohnsitz. – 1) Soweit Angaben zum allgemeinbildenden Schulabschluß vorliegen. – 2) Verheiratet zusammenlebende Eltern. – 3) Einschl. Abschluß der allgemeinbildenden polytechnischen Oberschule.

Betrachtet man die Situation bei volljährigen, aber noch in der Ausbildung befindlichen Kindern, so läßt sich ebenfalls ein Zusammenhang zwischen dem Bildungsweg der Eltern und dem der Kinder feststellen. So besuchen z.B. bei Hochschul- bzw. Fachhochschulreife des Vaters 33 % der Kinder eine Hochschule, bei Volks- bzw. Hauptschulabschluß des Vaters nur 6 % der Kinder (vgl. Tab. A 2.8 im Anhang).

Bei volljährigen, aber noch in der Ausbildung befindlichen Kindern von Alleinerziehenden kommt man zu ähnlichen Ergebnissen.

Im Blickpunkt: Familien heute

In den **neuen Bundesländern** gibt es ebenfalls eine Korrelation zwischen Bildungsabschluß der Eltern und Ausbildungsweg der Kinder. Dieser ist jedoch sowohl bei den 15- bis unter 18jährigen als auch bei den älteren Kindern wesentlich schwächer ausgeprägt als im früheren Bundesgebiet: Hat z.B. der Vater einen Abschluß mit Hochschulreife, so besuchen knapp 11 % der Kinder (im Alter von 15 bis unter 18 Jahren) die gymnasiale Oberstufe, während der entsprechende Anteil bei Volks- und Hauptschulabschluß des Vaters gut 5 % beträgt (vgl. Tab. A 2.8 im Anhang).

Ähnliche Zusammenhänge bestehen in den neuen Ländern und Berlin-Ost auch bei Alleinerziehenden und ihren Kindern.

2.4.2 Schulabschluß des Vaters bzw. des alleinerziehenden Elternteils und Kindergartenbesuch der Kinder

Im **früheren Bundesgebiet** gehen heute (1991) 61 % der bei beiden Eltern lebenden Kinder im Alter von 3 bis unter 6 Jahren in einen Kindergarten. Dieser Anteil ist bei Kindern von Alleinerziehenden nur unwesentlich höher (68 %) (vgl. Tab. 2.15).

Der Kindergarten hat – gemessen am Schulabschluß der Eltern – bei allen sozialen Schichten an Beliebtheit gewonnen. Dennoch gibt es auch in dieser Hinsicht noch Abstufungen, wenn auch die Unterschiede nicht mehr so deutlich zutage treten, wie das früher (etwa vor 10 bis 15 Jahren) der Fall war. Hat z.B. der Vater einen Volks- bzw. Hauptschulabschluß, so besuchen im Durchschnitt 58 % der Kinder im o.g. Alter einen Kindergarten, besitzt der Vater die Hochschulreife, so beträgt diese Quote 66 %.

Tab. 2.15: Kinder im Alter von 3 bis unter 6 Jahren 1991 nach Kindergartenbesuch und höchstem allgemeinbildenden Schulabschluß der Eltern*)

2.15.1 Bei ihren Eltern lebende Kinder**)

Höchster allgemeinbildender Schulabschluß des Vaters[1]	Kinder		Kinder, bei denen			
			nur ein Elternteil erwerbstätig ist		beide Elternteile erwerbstätig sind	
	insgesamt	dar. mit Kindergartenbesuch	zusammen	dar. mit Kindergartenbesuch	zusammen	dar. mit Kindergartenbesuch
	1 000	%	1 000	%	1 000	%
Früheres Bundesgebiet						
Volks-/Hauptschule	865	58,1	499	54,8	331	64,6
Realschule/Mittlere Reife	312	63,5	177	60,9	128	67,7
Hoch-/Fachhochschulreife	400	66,4	237	62,8	153	72,4
Insgesamt	1 776	61,0	1 029	57,8	674	67,4
Neue Länder und Berlin-Ost						
Volks-/Hauptschule	46	88,1	14	83,5	30	91,4
Realschule/Mittlere Reife	26	89,7	6	/	20	92,8
Hoch-/Fachhochschulreife[2]	417	90,5	92	84,5	319	92,4
Insgesamt	513	90,1	117	83,8	386	92,2

*) Ergebnis des Mikrozensus. – Bevölkerung am Familienwohnsitz. – **) Verheiratet zusammenlebende Eltern. – 1) Soweit Angaben zum allgemeinbildenden Schulabschluß vorliegen.– 2) Einschl. Abschluß der allgemeinbildenden polytechnischen Oberschule.

Tab. 2.15: Kinder im Alter von 3 bis unter 6 Jahren 1991 nach Kindergartenbesuch und höchstem allgemeinbildenden Schulabschluß der Eltern*)

2.15.2 Bei nur einem Elternteil lebende Kinder

Höchster allgemeinbildender Schulabschluß der Alleinerziehenden[1]	Kinder		Kinder, deren Vater bzw. Mutter			
			erwerbstätig ist		nicht erwerbstätig ist	
	insgesamt	dar. mit Kindergarten-besuch	zusammen	dar. mit Kindergarten-besuch	zusammen	dar. mit Kindergarten-besuch
	1 000	%	1 000	%	1 000	%
Früheres Bundesgebiet						
Volks-/Hauptschule	94	63,8	46	68,5	48	59,2
Realschule/Mittlere Reife	46	70,1	31	80,0	15	49,7
Hoch-/Fachhochschulreife	30	78,2	21	82,5	9	68,5
Insgesamt	203	67,6	111	75,5	92	58,0
Neue Länder und Berlin-Ost						
Volks-/Hauptschule	12	90,2	9	94,3	/	/
Realschule/Mittlere Reife	/	/	/	/	/	/
Hoch-/Fachhochschulreife[2]	96	89,9	81	92,1	15	79,1
Insgesamt	118	89,1	96	91,9	22	77,8

*) Ergebnis des Mikrozensus. – Bevölkerung am Familienwohnsitz. – 1) Soweit Angaben zum allgemeinbildenden Schulabschluß vorliegen. – 2) Einschl. Abschluß der allgemeinbildenden polytechnischen Oberschule.

Ebenso deutlich ist der Zusammenhang zwischen Erwerbsbeteiligung der Eltern und Kindergartenbesuch des Nachwuchses, wenn beide Elternteile einen Beruf ausüben. Erwartungsgemäß wird der Kindergarten häufiger genutzt, wenn beide Elternteile berufstätig sind. In diesem Fall gehen 67 % der Kinder der o.g. Altersgruppe in den Kindergarten, während es nur 58 % sind, wenn ein Elternteil nicht erwerbstätig ist. Bei den Alleinerziehenden sieht es kaum anders aus: Ist die Mutter bzw. der Vater berufstätig, gehen 76 % der Kinder von 3 bis unter 6 Jahren in den Kindergarten, ist die Mutter bzw. der Vater nicht erwerbstätig, so beträgt die entsprechende Quote nur 58 %.

In den **neuen Ländern und Berlin-Ost** gibt es eine wesentlich höhere Besuchsquote, die mit einer wesentlich höheren Frauen-Erwerbsquote einhergeht. Im Durchschnitt gehen 90 % der Kinder von 3 bis unter 6 Jahren in einen Kindergarten, wenn sie bei ihren Eltern leben. Kinder, die bei einem Elternteil leben, besuchen zu fast dem gleichen Anteil (89 %) einen Kindergarten (vgl. Tab. 2.15).

Aber auch in den neuen Bundesländern gibt es je nach Erwerbsbeteiligung der Eltern typische Unterschiede. Am häufigsten wird ein Kindergarten besucht, wenn beide Elternteile bzw. der Alleinerziehende erwerbstätig ist (jeweils 92 %, verglichen mit 84 % bzw. 78 %, wenn nur ein Elternteil erwerbstätig ist bzw. wenn die/der Alleinerziehende keiner Berufstätigkeit nachgeht).

3 Familienbildungsprozesse

- Ledige Männer heiraten im Durchschnitt mit 28,8 Jahren, ledige Frauen mit 26,4 Jahren

- Die durchschnittliche Kinderzahl je Frau beträgt derzeit in den alten Bundesländern 1,4 und in der neuen 0,8

- Gegenwärtig werden etwa 30 % der geschlossenen Ehen geschieden

3 Familienbildungsprozesse

3.1 Eheschließungen

– Weniger Eheschließungen und höheres Heiratsalter –

Mit der Bildung einer nichtehelichen Lebensgemeinschaft, insbesondere aber mit der Eheschließung, wird der Prozeß der Familienbildung eingeleitet, mit der Geburt des letzten Kindes abgeschlossen. Trotz neuer Partnerschaftsformen und einer zunehmenden Zahl alleinlebender Menschen stellt die Ehe nach wie vor die dominierende Lebensform dar. Unverkennbar ist allerdings der Rückgang der altersspezifischen Heiratsziffern in den vergangenen Jahrzehnten, neuerdings auch der durch den wirtschaftlichen und sozialen Umbruch in den neuen Bundesländern zu verzeichnende tiefe Einschnitt. Es bleibt abzuwarten, inwieweit diese Entwicklung auf eine allgemeine Abnahme der Heiratsneigung bzw. auf eine Verschiebung des Heiratsalters auf spätere Jahre zurückzuführen ist. Für das frühere Bundesgebiet sind erste Anzeichen für eine Verschiebung des Heiratsalters in einem in den letzten Jahren beobachteten Wiederanstieg der Heiratsziffern für 27 - 30jährige und auch Ältere zu sehen. In den neuen Ländern und Berlin-Ost dürfte es ebenfalls einen „Aufschub" von Eheschließungen geben. Hierfür sprechen die bisherigen Unterschiede im durchschnittlichen Heiratsalter von Ost und West, auf die im folgenden näher eingegangen wird.

Tab. 3.1: Eheschließende nach bisherigem Familienstand*)

Jahr	Eheschließungen		Von 100 eheschließenden					
			Männern			Frauen		
	insgesamt	je 10 000 Einwohner	waren vor der Eheschließung					
			ledig	verwitwet	geschieden	ledig	verwitwet	geschieden
Früheres Bundesgebiet								
1901[1]	468 329	82	89,9	9,3	0,8	93,7	5,5	0,9
1950	535 708	107	80,7	6,6	12,7	80,7	11,0	8,3
1960	521 445	94	87,1	4,6	8,3	90,2	3,0	6,7
1970	444 510	73	85,4	4,5	10,2	86,8	2,9	10,3
1980	362 408	59	81,6	3,4	15,0	82,6	2,4	15,0
1985	364 661	60	79,4	2,7	17,9	80,5	1,3	18,2
1990	414 475	66	79,3	2,3	18,5	79,5	1,4	19,1
1992	405 196	62	78,9	2,3	18,8	78,6	1,6	19,9
Neue Länder und Berlin-Ost								
1960	167 583	97	81,5	6,0	12,5	85,7	5,1	9,2
1985	131 514	79	74,5	2,5	22,9	75,7	2,0	22,3
1990	101 913	63	71,8	2,6	25,6	72,0	2,2	25,8
1992	48 232	31	68,2	3,4	28,5	68,2	1,5	30,4
Deutschland								
1990	516 388	65	77,8	2,3	19,9	78,1	1,5	20,4
1992	453 428	56	77,7	2,4	19,8	77,5	1,5	21,0

*) Ergebnis der Statistik der natürlichen Bevölkerungsbewegung. – 1) Reichsgebiet.

Für das **frühere Bundesgebiet** ergibt sich bei den Eheschließungen im einzelnen folgendes Bild: Die Zahl der Heiraten ist nach den Jahren des Heiratsgipfels („the golden age of marriage"), also seit Beginn der 60er Jahre, ganz erheblich zurückgegangen (vgl. Tab. 3.1 und Abb. 3.1), und zwar von etwa 530 000 im Jahre 1962 auf 365 000 im Jahre 1985. Diese Entwicklung erklärt sich in den ersten Jahren des Beobachtungszeitraumes u.a. daraus, daß damals relativ schwach besetzte „Nachkriegsjahrgänge" ins Heiratsalter „nachrückten", zum Teil machte sich jedoch schon damals eine Trendwende in der Heiratsneigung bzw. eine „Verschiebung" der Eheschließung auf ein höheres Lebensalter bemerkbar. – Nach 1985 hat es bis zum Jahr der Wiedervereinigung einen geringfügigen Anstieg gegeben, was sich hauptsächlich auf das "Heranwachsen" stark besetzter Jahrgänge aus den Zeiten des „Babybooms" – um 1965 – erklärt. Der neuerliche leichte Rückgang korrespondiert wiederum mit dem „Nachrücken" schwächer besetzter Jahrgänge ins Heiratsalter.

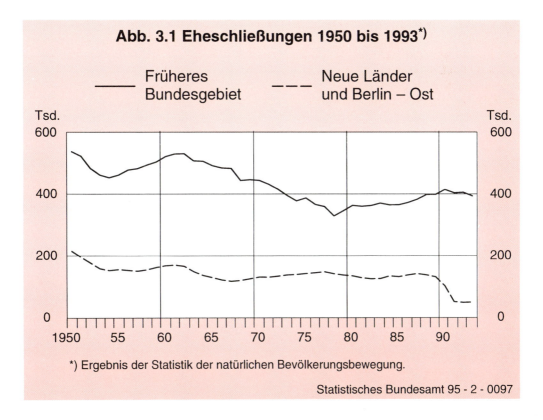

Berücksichtigt man neben der Zahl der Eheschließungen auch Zahl und Struktur der Bevölkerung, so lassen sich die genannten Einflüsse weitgehend eliminieren. Bei der Berechnung **altersspezifischer Heiratsziffern** wird diesem Anliegen dadurch Rechnung getragen, daß die Zahl der Eheschließenden jeweils auf 1 000 Personen des gleichen Alters bezogen wird. Beschränkt man die Maßzahl auf **Ledige**, so läßt sich durch Addition der altersspezifischen Ziffern eine Aussage darüber ableiten, wieviel Prozent der Männer bzw. Frauen – unter den Verhältnissen des Beobachtungsjahres – in ihrem

Leben eine Ehe eingehen. Hierbei fließt allerdings das (gegenwärtige) Heiratsverhalten sehr unterschiedlicher Generationen mit sehr unterschiedlichen Lebensschicksalen ein. Dies kann zu erheblichen Verzerrungen führen, so z.B. wenn es aufgrund wirtschaftlicher und sozialer Umstände zu Änderungen in der Familienplanung kommt und Eheschließungen „hinausgeschoben" oder auch „vorgezogen" werden. Hierdurch kann die auf Kalenderjahre bezogene „Zusammengefaßte Heiratsziffer" plötzlich absinken oder auch ansteigen, ohne daß sich bei der zugrundeliegenden Bevölkerung an der grundsätzlichen Absicht, früher oder später im Leben zu heiraten, etwas ändert[1].

Trotz der genannten Vorbehalte hat diese Ziffer jedoch einen hohen Aussagewert, wenn man ihre langfristige Entwicklung betrachtet, da sich die genannten Verzerrungen langfristig ausgleichen.

Die **altersspezifischen Erstheiratsziffern** Lediger lassen einen deutlichen Rückgang der Heiratsneigung, zugleich aber auch eine Verschiebung des durchschnittlichen Heiratsalters erkennen: Während beispielsweise 1961 im Lebensalter der größten „Heiratshäufigkeit" Lediger (Männer: 27 Jahre, Frauen: 23/24 Jahre) von 1 000 ledigen Männern 224 und von 1 000 ledigen Frauen 254 heirateten, reduzierten sich diese Maßzahlen auf 89 (29jährige Männer) bzw. auf 110 (27jährige Frauen) im Jahre 1992. – Die altersspezifischen Heiratsziffern für die vorgenannten Kulminationspunkte haben sich somit um weit mehr als die Hälfte reduziert. Gleichzeitig hat sich das Alter, in dem die meisten Menschen heirateten, zweimal verschoben, im ersten Jahrzehnt nach 1960 deutlich nach unten, danach wieder nach oben (vgl. Tab. A 3.1 im Anhang).

Tab. 3.2: Zusammengefaßte Heiratsziffern lediger Männer und Frauen

Jahr	Von 100 ledigen Männern bzw. Frauen würden heiraten			
	Männer		Frauen	
	Früheres Bundesgebiet	Neue Länder und Berlin-Ost	Früheres Bundesgebiet	Neue Länder und Berlin-Ost
1950	135		112	
1955	106	105	105	96
1960	106	103	106	105
1965	91	86	110	105
1970	90	101	97	98
1975	73	88	76	92
1980	64	79	66	81
1985	58	70	59	74
1990	60	54	64	60
1991[1]	58	27	62	31
1992[1]	59	25	64	29

1) Schätzung.

Quelle: Bundesinstitut für Bevölkerungsforschung, Institut Nationale d'Etudes Demographiques, Statistische Jahrbücher für die Bundesrepublik Deutschland und der ehem. DDR

---

[1] Auffallend ist die extrem hohe, weit über 100 % liegende Rate für das Jahr 1950. Sie erklärt sich aus Eheschließungen, die aufgrund der Kriegsauswirkungen viele Jahre zurückgestellt und nunmehr „nachgeholt" wurden. Das Beispiel verdeutlicht, daß die – auf Kalenderjahre bezogene – „Zusammengefaßte Heiratsziffer" nur unter Vorbehalt als Indikator der jeweiligen Heiratsneigung gesehen werden kann.

Die **Zusammengefaßte Erstheiratsziffer** von Männern und Frauen spiegelt die derzeit auf niedrigem Niveau stagnierende Heiratsneigung wider. Während sie um 1960 noch bei 100 % lag, ist sie insbesondere nach 1970 stark abgefallen und hat Mitte der 80er Jahre einen Wert von etwa 60 (früheres Bundesgebiet) erreicht (vgl. Tab. 3.2 und Abb. 3.2). Innerhalb der folgenden fünf Jahre hat sich die Ziffer im **früheren Bundesgebiet** wieder geringfügig erhöht. Ausgehend von den Verhältnissen des Jahres 1992 heiraten im früheren Bundesgebiet 59 % der Männer bzw. 64 % der Frauen zumindest einmal in ihrem Leben.

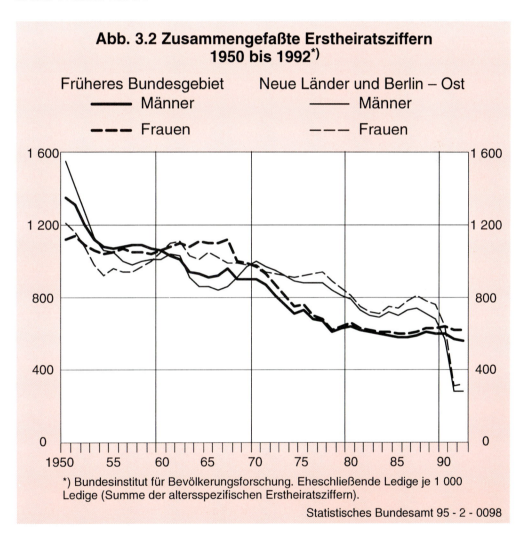

Während 1960 noch etwa neun Zehntel der Eheschließenden **ledig** waren, sind es heute nur noch etwa vier Fünftel, das heißt die Zahl der „erstmals" Heiratenden ist noch stärker zurückgegangen, als es dem Verlauf der Gesamtzahl der Eheschließungen entspricht. Im **früheren Bundesgebiet** werden heute nur 70 % der Ehen von zwei ledigen Personen geschlossen, verglichen mit 83 % im Jahre 1960 (vgl. Tab. 3.3). In

18,5 % aller Eheschließungen ist nur ein Partner **geschieden** bzw. **verwitwet**. In 12,0 % aller Eheschließungen waren beide Partner schon einmal verheiratet.

Während sich das durchschnittliche Heiratsalter in den Nachkriegsjahren zunehmend verringert und etwa Mitte der 70er Jahre seine Untergrenze erreicht hat, steigt es seit dieser Zeit wieder an (vgl. Tab. 3.4 und Tab. A 3.2 im Anhang): Im **früheren Bundesgebiet** heirateten ledige Männer 1950 im Durchschnitt mit 28 Jahren, ledige Frauen mit durchschnittlich gut 25 Jahren. 1975, als die Heiratsneigung fast schon ihren tiefsten Punkt erreicht hatte, heirateten ledige Männer mit gut 25 Jahren, ledige Frauen mit 23 Jahren. Heute wird noch etwas später geheiratet als 1950. Das entsprechende Durchschnittsalter beträgt bei den Männern 29 Jahre und das für Frauen 26,5 Jahre. – Am Altersabstand (etwa 2 1/2 Jahre) hat sich hierbei in den vier Jahrzehnten nicht viel geändert.

Tab. 3.3: Erstehen und Wiederverheiratungen*)

Jahr	Eheschließungen insgesamt	Davon		
		Erstehen[1]	Wiederverheiratungen	
			eines Partners	beider Partner
	1 000	% von Spalte „insgesamt"		
Früheres Bundesgebiet				
1951	522,9	73,9	17,4	8,7
1960	521,4	83,4	10,6	6,0
1970	444,5	80,0	12,1	7,8
1975	386,7	75,8	14,2	10,0
1980	362,4	74,3	15,6	10,1
1985	364,7	71,4	17,2	11,5
1990	414,5	70,6	17,6	11,8
1992	405,2	69,5	18,5	12,0
Neue Länder und Berlin-Ost				
1951	195,2	65,5	17,8	16,7
1960	167,6	77,7	11,8	10,5
1970	130,7	74,0	14,1	11,9
1975	142,1	73,0	14,2	12,8
1980	134,2	72,1	14,7	13,2
1985	131,5	66,6	16,9	16,4
1990	131,0	61,5	20,0	18,6
1992	48,2	58,1	20,1	21,8

*) Ergebnis der Statistik der natürlichen Bevölkerungsbewegung. – 1) Beide Partner ledig.

Auch in der ehemaligen DDR ist die Zahl der Eheschließungen seit Beginn der 60er Jahre zurückgegangen. Allerdings ergibt sich hier – nicht zuletzt bedingt durch politische Umstände – ein relativ wechselhafter Verlauf. Die Zahl der Eheschließungen ist von 170 000 im Jahre 1961 zunächst auf ein „Tief" von rund 117 000 im Jahre 1967 gesunken. Danach hat es wieder einen erheblichen Anstieg bis auf rund 150 000 im Jahre 1977 gegeben. In den folgenden Jahren ging es – anders als im früheren Bundesgebiet – wieder „bergab", obwohl auch in der ehemaligen DDR stärker besetzte Jahrgänge ins Heiratsalter "aufrückten".

Mit dem Fall der Berliner Mauer und der mit der Wiedervereinigung einhergehenden Umstellung des gesamten wirtschaftlichen und sozialen Lebens hat es dann einen drastischen Rückgang der Eheschließungen gegeben. Aufgrund hinausgeschobener, wenn nicht sogar aufgehobener Pläne zur Gründung einer Familie ist die Zahl der Eheschließungen von knapp 140 000 im Jahre 1988 auf gut 100 000 im Jahre 1990 und schließlich auf etwa 50 000 im Jahre 1991 gesunken (vgl. Tab. 3.1 und Abb. 3.1). Auf diesem Niveau hat sie sich zunächst stabilisiert.

Ein Blick auf die altersspezifischen Heiratsziffern (vgl. Tab. A 3.1 im Anhang) verdeutlicht, in welchen Lebensjahren bisher hauptsächlich geheiratet wurde und wie unterschiedlich sich der durch die Wiedervereinigung bedingte „Einbruch" bei den einzelnen Altersjahren bemerkbar macht. Die langjährigen Kulminationspunkte bei etwa 25 Lebensjahren (Männer) bzw. 21 Lebensjahren (Frauen) sind vollständig „abgeflacht". Darüber hinaus haben sich die Schwerpunkte bei den Frauen – in Annäherung an westdeutsche Verhaltensmuster – deutlich nach oben verschoben. Dieser Prozeß läßt vermuten, daß es noch zu spürbaren, durch ein „Aufschieben" der Familienbildung bedingten „Nachholeffekten" kommen kann.

Die Entwicklung der Zusammengefaßten Erstheiratsziffer spiegelt die genannte Tendenz wider (vgl. Tab. 3.2 und Abb. 3.2). Während sie in dem zurückliegenden Jahrzehnt deutlich über der des früheren Bundesgebiets lag, bewegte sie sich schon 1990 mit Quoten von 54 (Männer) bzw. 60 (Frauen) unter dem westdeutschen Niveau.

Auch in der ehemaligen DDR hat der Anteil der Erstehen abgenommen. Während sich 1960 noch bei 78 % der Eheschließungen beide Partner zum ersten Mal trauen ließen, waren es 1990 nur noch 62 % (vgl. Tab. 3.3). Im Jahre 1992 ist dieser Anteil weiter auf 58 % gesunken, was jedoch zumindest teilweise auf ein Hinausschieben der Familiengründung zurückzuführen ist.

Bedingt durch die sozialen und wirtschaftlichen Rahmenbedingungen hat das durchschnittliche Heiratsalter lediger Männer und Frauen in der ehemaligen DDR schon seit Jahrzehnten um ein bis zwei Jahre unter dem im früheren Bundesgebiet gelegen (vgl. Tab. 3.4 und Tab. A 3.2 im Anhang). Diese Diskrepanz bestand auch noch im Jahr der Wiedervereinigung, als das durchschnittliche Heiratsalter lediger Männer 25,8 Jahre betrug (verglichen mit 28,4 Jahren im früheren Bundesgebiet) und ledige Frauen mit durchschnittlich 23,7 Jahren zum Standesamt gingen (verglichen mit 25,9 Jahren im früheren Bundesgebiet).

Erst mit dem Umbruch nach der Wiedervereinigung haben sich auch in der Familienbildung entscheidende Veränderungen ergeben: Mit dem drastischen Rückgang der Eheschließungen ging ein deutlicher Anstieg des durchschnittlichen Heiratsalters einher, das heißt der Rückgang der Eheschließungen betraf vornehmlich jüngere Jahrgänge. Innerhalb von zwei Jahren (von 1990 bis 1992) hatte dies zur Folge, daß das durchschnittliche Heiratsalter lediger Männer von 25,8 auf 27,1 Jahre und das lediger Frauen von 23,7 Jahren (1990) auf 25,1 Jahre (1992) anstieg. Damit hat sich eine erste „Annäherung" an das „Heiratsmuster" des früheren Bundesgebietes ergeben.

Tab. 3.4: Durchschnittliches Heiratsalter nach dem bisherigen Familienstand der Eheschließenden*)

Jahr	Durchschnittliches Heiratsalter in Jahren							
	Männer				Frauen			
	insgesamt	Familienstand vor der Eheschließung			insgesamt	Familienstand vor der Eheschließung		
		ledig	verwitwet	geschieden		ledig	verwitwet	geschieden
Früheres Bundesgebiet								
1950	31,0	28,1	48,7	39,5	27,4	25,4	36,3	34,8
1960	28,5	25,9	54,7	40,7	25,2	23,7	45,6	36,7
1970	28,3	25,6	57,1	38,4	24,9	23,0	48,1	35,0
1980	29,0	26,1	57,4	38,5	25,8	23,4	49,5	35,1
1985	30,3	27,2	57,5	39,7	27,1	24,6	48,9	36,3
1990	31,4	28,4	57,2	41,0	28,4	25,9	47,9	37,5
1992	32,1	29,0	57,4	41,9	29,2	26,5	47,1	38,3
Neue Länder und Berlin-Ost								
1952	30,5	25,6	52,7	41,0	27,3	23,8	40,7	35,8
1960	27,6	23,9	55,5	38,7	25,0	22,5	47,5	35,5
1970	27,5	24,0	56,9	35,8	24,5	21,9	49,1	33,6
1980[1]	27,0	23,9	55,2	36,2	24,3	21,8	47,5	33,3
1985[1]	28,4	24,8	54,9	37,3	25,7	22,7	47,3	34,1
1988[1]	29,3	25,5	55,1	37,8	26,7	23,4	46,3	34,4
1990	30,0	25,8	55,8	38,9	27,3	23,7	45,8	35,7
1992	32,6	27,1	59,4	42,5	29,9	25,1	47,1	39,6
Deutschland								
1991	31,8	28,5	57,6	41,5	28,9	26,1	45,6	38,0
1992	32,1	28,8	57,7	42,0	29,3	26,4	47,1	38,5

*) Ergebnis der Statistik der natürlichen Bevölkerungsbewegung. – 1) Rückwirkend angepaßt an Berechnungsmethode für das frühere Bundesgebiet.

3.2 Familienerweiterung und -konsolidierung

– Nach dem Babyboom Mitte der 60er Jahre nunmehr anhaltend niedriges Geburtenniveau im früheren Bundesgebiet –

Die Familienbildung beginnt mit der Eheschließung und der Geburt eines Kindes. Es folgt ggf. die Phase der Vergrößerung der Familie, an die sich die Phase des Aufwachsens der Kinder und schließlich ein allmählicher „Schrumpfungsprozeß" anschließt, wenn die Kinder den elterlichen Haushalt verlassen.

In der Vergangenheit hat es insbesondere in der Phase der Familienbildung und -vergrößerung erhebliche Schwankungen gegeben.

Nach dem „Babyboom" Mitte der 60er Jahre (vgl. Tab. 3.5 und Abb. 3.3) hat es einen historisch einmaligen Geburtenrückgang weit unter das Niveau der „Bestandserhaltung" der Bevölkerung gegeben. Dieser - für alle Industrienationen mehr oder weniger typische - Prozeß hat sich im wesentlichen innerhalb von zehn Jahren (bis Mitte der 70er Jahre) abgespielt. Ausgehend von über 1 Million Geburten Mitte der 60er Jahre war im früheren Bundesgebiet der tiefste Punkt im Jahre 1978 mit 576 000 Geburten erreicht. Ohne Lebendgeborene mit ausländischer Staatsangehörigkeit wären es nur 501 000 gewesen. In den letzten Jahren hat es hier wieder einen leichten Anstieg der Geburtenzahl gegeben (auf etwa 721 000). Diese Werte spiegeln jedoch nicht nur die Geburtenhäufigkeit im engeren Sinne wider. Sie wurden – wie auch die Zahl der Eheschließungen – durch Änderungen der Familienplanung und den jeweiligen Altersaufbau der Bevölkerung beeinflußt.

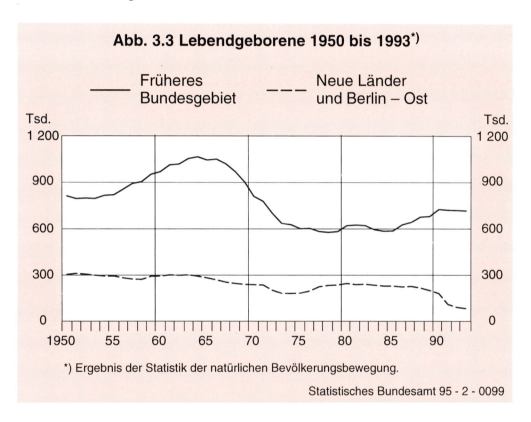

Die durch die jeweilige Altersstruktur bedingten Verzerrungen lassen sich eliminieren, wenn man statt der Zahl der Lebendgeborenen die **altersspezifischen Geburtenziffern**[2] betrachtet (vgl. Abb. 3.4). Addiert man nun diese je Altersjahr ermittelten Geburtenziffern, so erhält man die sog. „Zusammengefaßte Geburtenziffer"[3] (vgl. Tab. 3.6 und Abb. 3.5).

Der besondere Vorteil der „Zusammengefaßten Geburtenziffer" ist, daß sie relativ deutlich signalisiert, ob und inwieweit die in der Phase der Familienerweiterung bzw. -konsolidierung befindliche Bevölkerung noch durch ihren eigenen Nachwuchs „ersetzt" wird, was in vielen Lebensbereichen von Bedeutung ist und insbesondere bei der Diskussion der Alterssicherung eine zentrale Rolle spielt.

---

2) Lebendgeborene von Müttern eines bestimmten Alters, bezogen auf die Zahl der Frauen dieses Alters.
3) Sie gibt an, wieviele Kinder eine Frau unter den gegenwärtigen Verhältnissen im Laufe ihres Lebens zur Welt bringen würde.

Der zeitliche Verlauf der „Zusammengefaßten Geburtenziffer" spiegelt den drastischen Geburtenrückgang seit Mitte der 60er Jahre wider, desgleichen auch die auf sehr niedrigem Niveau verlaufende „Konsolidierungsphase". Während die Zahl der von einer Frau in ihrem Leben geborenen Kinder entsprechend den Verhältnissen um die Mitte der 60er Jahre auf durchschnittlich 2,5 geschätzt wurde und damit weit über dem „Bestandserhaltungsniveau" lag, bewegt sie sich – ausgehend von den demographischen Verhältnissen der vergangenen Jahre – im früheren Bundesgebiet in einer Größenordnung von etwa 1,4 Kindern. Auch hier hat es in den letzten Jahren eine leichte Aufwärtsbewegung gegeben. Die Ziffer für das Jahr 1992 liegt um gut 9 % über dem tiefsten Punkt im Jahr 1985. Der wesentlich stärkere Anstieg der absoluten Zahl der Lebendgeborenen (im gleichen Zeitraum + 23 %) ist ausschließlich durch den Altersstruktureffekt bedingt. Das Nachrücken relativ starker Jahrgänge ins Heiratsalter (Jahrgänge aus der Zeit des Babybooms) hat hier – auch bei extrem niedriger Geburtenrate – zu einem relativ starken „Schub" geführt.

Tab. 3.5: Lebendgeborene*)

Jahr	Lebendgeborene insgesamt		und zwar		
			mit fremder Staatsangehörigkeit	nichtehelich	
	Anzahl	je 1 000 Einwohner	Anzahl	Anzahl	%[1]
Früheres Bundesgebiet					
1950	812 835	16,2	.	79 075	9,7
1955	820 128	15,7	.	64 427	7,9
1960	968 629	17,4	11 141	61 330	6,3
1965	1 044 328	17,7	37 858	48 977	4,7
1970	810 808	13,4	63 004	44 280	5,5
1975	600 512	9,7	95 873	36 774	6,1
1980	620 657	10,1	80 695	46 923	7,6
1985	586 155	9,6	53 750	55 070	9,4
1990	727 199	11,5	86 320	76 300	10,5
1992	720 794	11,1	97 963	83 516	11,6
Neue Länder und Berlin-Ost					
1950	303 866	16,5	.	38 859	12,8
1960	292 985	17,0	.	33 991	11,6
1970	236 929	13,9	.	31 522	13,3
1975	181 798	10,8	.	29 340	16,1
1980	245 132	14,6	.	55 992	22,8
1985	227 648	13,7	.	76 962	33,8
1989	198 922	12,0	.	66 914	33,6
1990	178 476	11,1	.	62 455	35,0
1992	88 320	5,6	2 155	36 932	41,8
Deutschland					
1990	905 675	11,4	.	138 755	15,3
1992	809 114	10,0	100 118	120 448	14,9

*) Ergebnis der Statistik der natürlichen Bevölkerungsbewegung. – 1) Anteil an Spalte „insgesamt".

– Auch in der ehemaligen DDR Babyboom in den 60er Jahren und drastischer Geburtenrückgang im anschließenden Jahrzehnt –

Auch in der **ehemaligen DDR** hat es in den 60er Jahren ein hohes „Geburtenniveau" gegeben, ebenfalls gefolgt von einem historisch einmaligen Rückgang im Laufe eines Jahrzehntes (vgl. Tab. 3.5 und Abb. 3.3). Die Zahl der Lebendgeborenen ist in dieser Zeit von gut 300 000 (1963) auf knapp 180 000 (1974) gefallen und erreichte damit nur wenige Jahre früher als in Westdeutschland ein historisches „Tief". In den darauffolgenden Jahren verlief die Entwicklung jedoch anders als im früheren Bundesgebiet.

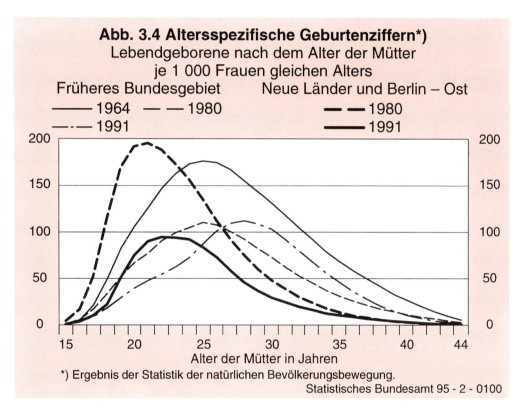

Während die Geburtenzahl im Westen auf einem sehr niedrigen Niveau stagnierte, führten sehr gezielte familienpolitische Maßnahmen im Osten innerhalb von sechs Jahren zu einem deutlichen Wiederanstieg auf etwa 245 000. Die Wirkung der familienbezogenen Fördermaßnahmen ließ jedoch wieder nach.

Ein Teil des Geburtenzuwachses dürfte auch auf eine vorgezogene Familienplanung zurückzuführen und somit nur von befristeter Dauer gewesen sein. Ein Jahr vor dem Fall der Berliner Mauer lag die Geburtenzahl bei rund 216 000 und näherte sich somit wieder dem „Tief" von 1974. Die Jahre danach waren – bedingt durch das wirtschaftliche und soziale Geschehen und die damit einhergehenden Unsicherheiten – durch einen ausgesprochenen „Abstieg" gekennzeichnet. Im Jahr der Wiedervereinigung erblickten nur knapp 180 000 Kinder das Licht der Welt und somit so viele wie in dem bereits erwähnten „Tief" des Jahres 1974. In den beiden folgenden Jahren fiel die Geburtenzahl noch einmal drastisch ab, und zwar auf rund 88 000 (1992). Nach vorläufigen Ergebnissen lag sie 1993 nochmals deutlich darunter (rund 81 000). Die „Abnahmeraten" haben sich jedoch von Jahr zu Jahr verkürzt, so daß davon ausgegangen werden kann, daß die „Talfahrt" in Kürze zum Stillstand kommt.

Tab. 3.6: Zusammengefaßte Geburtenziffer für Kalenderjahre*)

Kalenderjahr[1]	Früheres Bundesgebiet			Neue Länder und Berlin-Ost
	Bevölkerung insgesamt	Deutsche	Ausländer[2]	
1950	2 100	.	.	
1960	2 366	.	.	2 328
1961	2 457	.	.	2 397
1962	2 441	.	.	2 415
1963	2 518	.	.	2 470
1964	2 543	.	.	2 508
1965	2 507	.	.	2 483
1966	2 535	.	.	2 424
1967	2 490	.	.	2 338
1968	2 382	.	.	2 297
1969	2 214	.	.	2 236
1970	2 016	2 010	2 176	2 193
1975	1 451	1 365	2 374	1 542
1978	1 381	1 334	2 008	1 899
1979	1 379	1 333	2 005	1 895
1980	1 445	1 397	2 066	1 942
1983	1 331	1 320	1 539	1 790
1984	1 291	1 287	1 401	1 735
1985	1 280	1 277	1 383	1 734
1986	1 344	1 339	1 465	1 700
1987	1 367	1 327	1 913	1 740
1988	1 411	...	...	1 670
1989	1 394	...	...	1 572
1990	1 449	...	...	1 517
1991	1 421	...	...	977
1992	1 400	...	...	830

*) Ergebnis der Statistik der natürlichen Bevölkerungsbewegung i. V. m. Ergebnissen von Volkszählungen und der Bevölkerungsfortschreibung. – Summe der altersspezifischen Geburtenziffern. Früheres Bundesgebiet: bis 1984 Alter 15 bis 49 Jahre; ab 1985 Alter 15 bis 44 Jahre; neue Länder und Berlin-Ost: bis 1988 Alter 15 bis 45, ab 1989 Alter 15 bis 44 Jahre. Sie gibt an, wieviele Kinder 1 000 Frauen im Laufe ihres Lebens zur Welt bringen würden, wenn die Geburtenverhältnisse des betreffenden Kalenderjahres konstant blieben. – 1) 1950: Früheres Bundesgebiet ohne das Saarland und Berlin. 1955: Früheres Bundesgebiet ohne das Saarland. – 2) Lebendgeborene mit ausländischer Nationalität bezogen auf ausländische Frauen.

Die Veränderung der sog. „Zusammengefaßten Geburtenziffer", die insbesondere die von der Altersstruktur ausgehenden Einflüsse ausschließt, bestätigt die zunächst mit dem Geschehen in Westdeutschland korrespondierende und ab Mitte der 70er Jahre deutlich abweichende Entwicklung. Als entsprechend den demographischen Verhältnissen des Jahres 1985 eine Frau im Westen im Durchschnitt nur 1,3 Kinder zur Welt brachte, waren es im Osten etwa 1,7 Kinder. Die jüngste Vergangenheit ist durch umgekehrte Relationen gekennzeichnet. Die durchschnittliche Zahl der von einer Frau geborenen Kinder liegt heute (1992) im Westen bei 1,4 und im Osten bei nur 0,8 (vgl. Tab. 3.6 und Abb. 3.5).

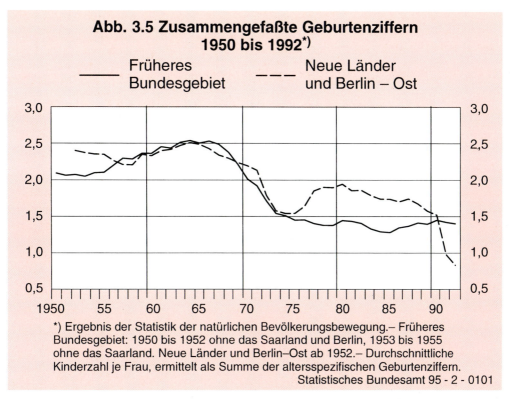

Abb. 3.5 Zusammengefaßte Geburtenziffern 1950 bis 1992*)

*) Ergebnis der Statistik der natürlichen Bevölkerungsbewegung.– Früheres Bundesgebiet: 1950 bis 1952 ohne das Saarland und Berlin, 1953 bis 1955 ohne das Saarland. Neue Länder und Berlin–Ost ab 1952.– Durchschnittliche Kinderzahl je Frau, ermittelt als Summe der altersspezifischen Geburtenziffern.

Statistisches Bundesamt 95 - 2 - 0101

Immer häufiger ist die Mutter bei der Geburt des ersten (ehelichen) Kindes 30 Jahre alt oder älter: Während 1970 im **früheren Bundesgebiet** nur 15,8 % der Mütter von (ehelich) erstgeborenen Kindern mindestens 30 Jahre alt waren, sind es heute (1992) 29,2 % (vgl. Tab. 3.7). In der **ehemaligen DDR** betrug dieser Anteil noch kurz vor der Wiedervereinigung aufgrund der vergleichsweise früh realisierten Kinderwünsche 11,3 %, ist jedoch infolge der Angleichung der Verhaltensweisen an westliche Muster im Steigen begriffen und macht heute (1992) 14,3 % aus.

Tab. 3.7: Lebendgeborene von 30jährigen und älteren Müttern*)

Prozent

Jahr	Anteil ehelich Erstgeborener von 30jährigen und älteren Müttern an allen ehelich Erstgeborenen[1]	
	Früheres Bundesgebiet	Neue Länder und Berlin-Ost
1960	16,2	.
1970	15,8	.
1975	15,2	.
1980	16,0	.
1985	20,6	.
1987	22,7	.
1988	23,4	.
1990	25,4	11,3
1992	29,2	14,3

*) Ergebnis der Statistik der natürlichen Bevölkerungsbewegung. –Alter der Mutter = Differenz zwischen Geburtsjahr der Mutter und dem des Kindes. – 1) Erstes Kind der bestehenden Ehe.

Im Blickpunkt: Familien heute

Im Hinblick auf die künftige Entwicklung der Geburtenzahl sind u.a. Altersverschiebungen bei der Familienbildung zu bedenken. Geht man hierbei vom durchschnittlichen Alter der Mutter bei der Geburt des ersten Kindes[4] aus, so hat es im **früheren Bundesgebiet** in den vergangenen Jahrzehnten (ähnlich wie bei den Eheschließungen) eine deutliche Verschiebung nach „oben" gegeben (von 24,3 Jahren 1970 auf 27,3 im Jahre 1992) (vgl. Tab. 3.8). In den **neuen Bundesländern** liegt dieses Alter noch etwa zwei Jahre niedriger. Sollte es zu einer Angleichung dieses Alters kommen, dürfte dies in Kürze einen „Nachholeffekt" zur Folge haben und somit wieder zu einer Zunahme der Geburtenzahl in den neuen Bundesländern führen.

Tab. 3.8: Durchschnittsalter der Mütter bei der Geburt ihrer Kinder*)

Jahr	Durchschnittliches Alter der Mütter bei der Geburt					
	insgesamt	des ... ehelichen Kindes				nichtehelicher Kinder
		zusammen	1.	2.	3. und weiteren	
Früheres Bundesgebiet						
1950	28,7	.	.	.	.	.
1958	27,8	28,1	25,3	28,3	31,9	23,9
1960	27,5	27,8	25,0	28,0	31,7	23,9
1970	27,2	27,4	24,3	27,7	31,9	23,4
1980	26,8	27,0	25,2	27,6	31,0	23,5
1985	27,4	27,7	26,2	28,3	31,1	25,0
1990	28,1	28,4	26,9	28,9	31,3	26,2
1992	28,4	28,7	27,3	29,1	31,4	26,6
Neue Länder und Berlin-Ost						
1992	25,8	27,0	25,4	26,9	30,4	24,2

*) Ergebnis der Statistik der natürlichen Bevölkerungsbewegung. – Entsprechende Ergebnisse über das Alter des Vaters liegen nicht vor.

3.3 Familienschrumpfung und -auflösung

– Unter den gegenwärtigen Verhältnissen werden etwa 30 % der geschlossenen Ehen geschieden –

Mit dem Auszug der Kinder aus dem Elternhaus beginnt die Familie, sich zu verkleinern, hieran schließt sich die nachelterliche Phase sowie – mit dem Tod eines Ehegatten – die Auflösung der Familie an. In zunehmendem Maße wird die Verkleinerung der Familie auch durch eine Scheidung eingeleitet. Dieser folgt nicht selten ein neuer „Beginn".

Während sich Veränderungen durch Scheidung oder auch Tod des Ehepartners mit Hilfe der Statistiken der natürlichen Bevölkerungsbewegung relativ gut nachweisen lassen, gibt es in der amtlichen Statistik keine entsprechenden Bewegungsdaten über den allmählichen Auszug der Kinder aus dem elterlichen Haushalt. Aufschlüsse hier-

---

[4] Nach dem Gesetz über die Statistik der Bevölkerungsbewegung und die Fortschreibung des Bevölkerungsstandes kann die sog. „Geburtenfolge" nur für Kinder der jeweiligen Ehe erfragt werden.

über ergeben sich jedoch aus den Bestandsdaten des Mikrozensus (s. Abschnitt 1.5.2 „Ablösung der Kinder vom Elternhaus").

Scheidungen haben in den vergangenen Jahrzehnten deutlich zugenommen. Derzeit stehen im **früheren Bundesgebiet** etwa 400 000 Eheschließungen (einschl. der Heiraten von geschiedenen und verwitweten Männern und Frauen) etwa 125 000 Ehescheidungen (vgl. Tab. 3.9) gegenüber, das heißt auf fast jede dritte Eheschließung kommt eine Ehescheidung.

Ein Blick in die Vergangenheit zeigt, daß der langfristig abnehmenden Heiratsneigung eine ebenso deutliche Zunahme der Scheidungshäufigkeit gegenübersteht. Während beispielsweise die Zahl der Eheschließungen von über 500 000 im Jahre 1960 auf gut 400 000 im Jahre 1992 zurückgegangen ist, hat sich die Zahl der Ehescheidungen im gleichen Zeitraum von etwa 50 000 auf rund 125 000 erhöht (vgl. Tab. 3.9) und somit mehr als verdoppelt.

Die heute relativ hohe Scheidungshäufigkeit wird zum Teil dadurch kompensiert, daß auch die Zahl der „Wiederverheiratungen" deutlich zugenommen hat. Während 1960 im früheren Bundesgebiet beispielsweise nur 8 % der eheschließenden Männer und nur 7 % der eheschließenden Frauen geschieden waren, sind es heute (1992) 19 % bzw. 20 % (vgl. Tab. 3.1). Bezogen auf die Zahl der Scheidungen ergibt das folgendes Bild: Auf 125 000 geschiedene Männer bzw. Frauen kommen heute jeweils etwa 80 000 (das heißt fast zwei Drittel) Eheschließungen geschiedener Männer bzw. Frauen.

Die durchschnittliche Ehedauer bis zu einer Scheidung hat sich gegenüber früheren Jahrzehnten erhöht, und zwar von neun Jahren im Jahre 1970 auf zwölf Jahre im Jahre 1992 (vgl. Tab. A 3.3 im Anhang). Dies ist nicht zuletzt dadurch begründet, daß die zunehmende Scheidungshäufigkeit auch Ehen mit sehr langer Dauer betrifft.

Das „verflixte siebte Jahr" spielt bei den Ehescheidungen keineswegs die ihm zugeschriebene Rolle. Die meisten Ehescheidungen gibt es im **früheren Bundesgebiet** nach einer Ehedauer von vier Jahren, allerdings fast gleich viele Fälle auch nach fünf Ehejahren. Scheidungen mit ewas höherer bzw. etwas niedrigerer Ehedauer kommen ebenfalls relativ häufig vor, das heißt es gibt bei den Scheidungen keinen besonders ausgeprägten Schwerpunkt hinsichtlich der Ehedauer: Das „Scheidungsrisiko" ist somit über einen längeren Zeitraum relativ hoch (vgl. Tab. A 3.4 im Anhang).

Die Zahl der Scheidungen wird nicht allein von der Scheidungsneigung selbst, sondern auch von den demographischen Rahmenbedingungen wie Bevölkerungszahl und -struktur, vor allem aber von der Zahl der Eheschließungen in den vorausgegangenen Jahren bestimmt. Eine relativ aufschlußreiche Ziffer ist in diesem Zusammenhang die **ehedauerspezifische Scheidungsziffer**, bei der die im Berichtsjahr geschiedenen Ehen eines bestimmten Eheschließungsjahrgangs auf 10 000 geschlossene Ehen des gleichen Jahrgangs bezogen werden (vgl. Tab. A 3.4 im Anhang). Eine Addition dieser Ziffern zur sog. **Zusammengefaßten Scheidungsziffer** besagt, wieviele Ehen unter den gegenwärtigen Verhältnissen im Laufe ihres Bestehens geschieden werden. So errechnet sich für das Jahr 1992 für das **frühere Bundesgebiet** eine Ziffer von 2957 zu 10 000, das heißt es werden – ausgehend von den Verhältnissen des Jahres 1992 – innerhalb von 25 Jahren etwa 30 % der geschlossenen Ehen geschieden. Bei sich ändernden Gegebenheiten, z.B. Rückgang bestimmter ehedauerspezifischer Scheidungsziffern, kann sich die so errechnete Quote wieder ändern. Aufschlußreicher ist eine auf **Kohortenbasis für ausgewählte Eheschließungsjahrgänge** über einen längeren Zeitraum auf der Grundlage altersspezifischer Scheidungsziffern errechnete zusammengefaßte Scheidungsziffer. Eine solche Berechnung setzt allerdings voraus, daß eine entsprechend lange Ehedauer abgewartet wird, um einen relativ vollständigen Überblick zu erhalten. Geht man von einer Ehedauer von 25 Jahren aus, so erhält man daher nur für Eheschließungsjahrgänge bis 1968 schlüssige Ergebnisse. Für diesen Eheschließungsjahrgang selbst ergibt sich hierbei eine Scheidungsquote von 24 %. Dieser Wert liegt deutlich über den für weiter zurückliegende Eheschließungsjahrgänge errechneten Quoten.

Tab. 3.9: Eheschließungen und Ehelösungen*)

Jahr	Eheschließungen	Ehelösungen insgesamt[1]	Darunter Ehelösungen		Anteil der Ehescheidungen an den Ehelösungen
			durch Ehescheidung	durch Tod des Ehepartners	
	Anzahl				%
Früheres Bundesgebiet					
1950	535 708	322 362	84 740	236 021	26,3
1960	521 445	343 853	48 878	294 528	14,2
1970	444 510	413 574	76 520	336 863	18,5
1975	386 681	442 257	106 829	335 325	24,2
1980	362 408	408 263	96 222	311 912	23,6
1985	364 661	425 810	128 124	297 542	30,1
1990	414 475	411 494	122 869	288 453	29,9
1991	403 762	414 472	127 341	286 979	30,7
1992	405 196	406 772	124 698	281 917	30,7
Neue Länder und Berlin-Ost					
1950	214 744	146 583	49 860	96 723	34,0
1960	167 583	130 554	24 540	106 014	18,8
1970	130 723	135 832	27 407	108 425	20,2
1975	142 130	145 288	41 632	103 656	28,7
1980	134 195	143 596	44 794	98 802	31,2
1985	131 514	140 143	51 240	88 903	36,6
1990	101 913	115 640	31 917	83 723	27,6
1991	50 529	90 207	8 976	81 216	10,0
1992	48 232	87 391	10 312	77 067	11,8
Deutschland					
1950	750 452	468 945	134 600	332 744	28,7
1960	689 028	474 407	73 418	400 542	15,5
1970	575 233	549 406	103 927	445 288	18,9
1975	528 811	587 545	148 461	438 981	25,3
1980	496 603	551 859	141 016	410 714	25,6
1985	496 175	565 953	179 364	386 445	31,7
1990	516 388	527 134	154 786	372 176	29,4
1991	454 291	504 679	136 317	368 195	27,0
1992	453 428	494 163	135 010	358 984	27,3

*) Ergebnis der Statistik der natürlichen Bevölkerungsbewegung. – 1) Neue Länder und Berlin-Ost (bis 1990): ohne Aufhebung und Nichtigkeitserklärung.

Von mehr als der Hälfte der Ehescheidungen in **Deutschland** sind auch minderjährige Kinder betroffen, obgleich dieser Anteil eine **fallende** Tendenz aufweist: Während es 1960 im **früheren Bundesgebiet** noch bei 58 % der geschiedenen Ehen minderjährige Kinder gab, ist dies heute „nur" bei 49 % der Scheidungen der Fall (vgl. Tab. 3.10). Dennoch ergibt sich aufgrund der insgesamt zunehmenden Zahl an Scheidungen jährlich eine steigende Zahl zusätzlicher „Scheidungswaisen". Während es 1960 nur 45 000 Zugänge an „Scheidungswaisen" gab, waren von den 1992 im früheren Bundesgebiet geschiedenen Ehen 92 000 minderjährige Kinder betroffen.

Vergleicht man die Zahl der jährlich neu hinzukommenden „Scheidungswaisen" mit der durchschnittlichen Stärke eines Geburtsjahrgangs, so zeigt sich, daß diese im **früheren Bundesgebiet** etwa ein Achtel eines Jahrgangs ausmachen.

In den **neuen Ländern und Berlin-Ost** hat die Zahl der Ehescheidungen ebenfalls stark zugenommen. Sie hat sich von knapp 25 000 im Jahre 1960 auf gut 51 000 im Jahre 1985 verdoppelt, verglichen mit knapp 132 000 Eheschließungen im gleichen Jahr. Dies bedeutet, daß auf 10 Eheschließungen etwa 4 Ehescheidungen kamen (vgl. Tab. 3.9).

Die Zahl der Ehescheidungen ist somit weniger stark angestiegen als im Westen. Dennoch ist das Verhältnis von Eheschließungen zu Ehescheidungen im Osten nach wie vor ungünstiger als im Westen (es lag 1985 bei 10 zu 4 im Osten, verglichen mit 10 zu 3,5 im Westen).

Die aktuelle Entwicklung ist in den neuen Bundesländern – wie auch bei Geburten und Eheschließungen – durch einen drastischen Einbruch gekennzeichnet. Hierbei spielt insbesondere die veränderte Rechtslage eine Rolle, die ähnlich wie bei der Einführung des neuen Scheidungsrechts im früheren Bundesgebiet im Jahre 1977 zu einem „Stau" gerichtlicher Ehelösungen geführt hat.

Auch in den **neuen Ländern und Berlin-Ost** münden Ehescheidungen zunehmend in eine neue Ehe. Vor gut drei Jahrzehnten (1960) waren dort nur 12,5 % der eheschließenden Männer und gut 9 % der eheschließenden Frauen geschieden. Diese Anteile machten 25 Jahre später (1985) fast 23 % bzw. gut 22 % aus. Auf gut 50 000 geschiedene Männer bzw. Frauen kamen 1985 etwa 30 000 Eheschließungen geschiedener Männer bzw. Frauen. Anders ausgedrückt: Auf 100 Scheidungen kamen im gleichen Jahr (1985) 60 Wiederheiraten; im Westen war die Relation 1992 etwa gleich groß (100 zu 64).

In den **neuen Bundesländern** ist das Scheidungsrisiko schon nach kurzer Ehedauer (zwei bis drei Jahre) am höchsten, verglichen mit vier bis fünf Ehejahren im früheren Bundesgebiet (vgl. Tab. A 3.4 im Anhang). Allerdings zeichnet sich auch hier kein ausgeprägter Schwerpunkt ab, da auch Ehen mit etwas längerer Ehedauer relativ häufig geschieden werden. Ferner ist zu berücksichtigen, daß sich durch die Einführung des „westlichen" Scheidungsrechtes zeitliche Verschiebungen ergeben.

Aufgrund des extrem starken und vermutlich nur kurzfristigen Rückgangs der Ehescheidungen in den neuen Bundesländern errechnen sich für diesen Teil Deutschlands zur Zeit sehr niedrige **ehedauerspezifische Scheidungsziffern** (vgl. Tab. A 3.4 im Anhang), die ebenso wie die hieraus abgeleitete Zusammengefaßte Scheidungsziffer kaum einen Aussagewert für die künftige Entwicklung besitzen.

Anders als im früheren Bundesgebiet gab es in der **ehemaligen DDR** in **zunehmendem** Maße Ehescheidungen, bei denen minderjährige Kinder betroffen waren (1990 bei 66 %

der Ehescheidungen verglichen mit 59 % drei Jahrzehnte zuvor (vgl. Tab. 3.10)). Gleichzeitig hat sich die Zahl der „Scheidungswaisen" mehr als verdoppelt (von 22 000 Kindern im Jahre 1960 auf 51 000 im Jahre 1985). Die aktuelle Entwicklung ist auch hier – wie die Tendenz bei den Scheidungen selbst – durch einen drastischen Rückgang gekennzeichnet.

Tab. 3.10: Geschiedene Ehen nach der Zahl der noch lebenden minderjährigen Kinder dieser Ehe*)

Jahr	Ehescheidungen					Betroffene Kinder	
	insgesamt	darunter mit Kindern					
		zusammen	davon mit ... Kind(ern)			Anzahl	je 1 000 Ehescheidungen
			1	2	3 und mehr		
	Anzahl	% v. Spalte „insgesamt"	% von Spalte „zusammen"				
Früheres Bundesgebiet							
1960	48 878	57,8	60,1	26,7	13,1	45 067	922
1970	76 520	63,7	53,0	29,8	17,2	86 057	1 125
1980	96 222	52,9	59,0	30,7	10,3	78 972	821
1985	128 124	52,2	64,1	29,3	6,6	96 991	757
1990	122 869	48,4	62,0	31,1	6,9	87 328	711
1991	127 341	48,7	61,0	31,6	7,3	91 808	721
1992	124 698	49,2	60,1	32,3	7,6	91 747	736
Neue Länder und Berlin-Ost							
1960	24 540	58,9	62,3	26,5	11,2	22 214	905
1970	27 407	69,2	54,6	28,9	16,5	32 647	1 191
1980	44 794	70,4	63,9	28,8	7,3	46 075	1 029
1985	51 240	70,2	63,0	32,3	4,7	51 433	1 004
1990	31 917	66,4	60,6	34,0	5,5	31 012	972
1991	8 976	56,8	61,1	33,1	5,8	7 460	831
1992	10 312	64,9	63,0	31,6	5,3	9 630	934
Deutschland							
1960	73 418	58,1	60,9	26,7	12,5	67 281	916
1970	103 927	65,2	53,4	29,6	17,0	118 704	1 142
1980	141 016	58,5	60,9	30,0	9,1	125 047	887
1985	179 364	57,5	63,7	30,3	5,9	148 424	828
1990	154 786	52,1	61,6	31,9	6,5	118 340	765
1991	136 317	49,3	61,1	31,8	7,2	99 268	728
1992	135 010	50,4	60,3	32,2	7,4	101 377	751

*) Ergebnis der Statistik der natürlichen Bevölkerungsbewegung.

Die „Familienauflösung" durch **Tod des Ehepartners** ereignet sich mehr als doppelt so häufig wie die Auflösung durch Ehescheidung. 1992 gab es im **früheren Bundesgebiet** 282 000 Ehelösungen durch Tod des Partners, verglichen mit 125 000 Ehescheidungen. In den neuen Bundesländern fielen Ehescheidungen stärker ins Gewicht. Im Jahr 1985 kamen dort auf 89 000 Ehelösungen durch Tod 51 000 Ehescheidungen.

Die aktuelle Entwicklung in den neuen Ländern und Berlin-Ost ist durch den bereits erwähnten Rückgang der Ehescheidungen mit einem entsprechend geringen Anteil an den Ehelösungen im Vergleich zu Ehelösungen durch den Tod eines Partners gekennzeichnet.

Relativ selten verkleinert sich die Familie durch den Tod eines Kindes. Derartige Fälle ereignen sich hauptsächlich im ersten Lebensjahr der Kinder, ferner mit Erreichen ihrer Volljährigkeit. Bemerkenswert ist jedoch, daß die Säuglingssterblichkeit im Laufe der letzten Jahrzehnte auf einen Bruchteil ihres ursprünglichen Wertes zurückgegangen ist. Während im früheren Bundesgebiet 1950 von 1 000 Lebendgeborenen 55 im ersten Lebensjahr starben, waren es 1992 im gesamten Deutschland nur noch sechs Kinder.

Etwa ab dem 16. Lebensjahr nimmt in **Deutschland** die Sterblichkeit der Kinder insbesondere bei der männlichen Bevölkerung relativ stark zu, um nach Erreichen der Volljährigkeit sprunghaft anzusteigen. Hierbei dürfte die zunehmende Verkehrsbeteiligung, insbesondere das Führen von Kraftfahrzeugen, eine entscheidende Rolle spielen. Unter 10 000 jungen Männern im Alter von 19 Jahren gab es nach den Verhältnissen des Jahres 1992 zwölf Sterbefälle; von 10 000 gleichaltrigen Mädchen starben dagegen „nur" vier (vgl. Tab. 3.11). Ein Blick auf die Statistik der Verkehrsunfälle bestätigt deren Bedeutung als Todesursache. Von den gestorbenen jungen Erwachsenen im Alter von 18 bis 21 Jahren kam die Hälfte bei einem Verkehrsunfall ums Leben.

Tab. 3.11: Sterblichkeit von Kindern, Jugendlichen und jungen Erwachsenen 1992*)

Alter von ... bis unter ... Jahren	Von 10 000 Personen des nebenstehenden Alters sterben innerhalb eines Jahres[1]			Anteil der Sterbefälle durch Verkehrsunfall in %
	insgesamt	männlich	weiblich	
unter 1	60,7	67,6	53,5	0,2
1 - 2	5,5	5,6	5,3	6,5
2 - 3	3,4	4,2	2,6	8,3
3 - 4	2,7	3,0	2,4	13,1
4 - 5	2,4	2,7	2,0	15,1
5 - 6	2,1	2,2	2,0	15,0
6 - 7	2,0	2,1	1,8	21,5
7 - 8	1,7	2,0	1,4	28,1
8 - 9	1,6	1,9	1,3	23,0
9 - 10	1,4	1,7	1,1	21,1
10 - 11	1,6	1,7	1,6	20,7
11 - 12	1,6	1,7	1,5	18,1
12 - 13	1,6	1,9	1,3	25,0
13 - 14	1,6	2,2	1,0	29,4
14 - 15	2,0	2,4	1,6	27,5
15 - 16	2,8	3,6	2,1	34,9
16 - 17	3,7	4,8	2,5	45,8
17 - 18	4,8	6,6	2,9	45,2
18 - 19	7,2	10,4	3,9	50,8
19 - 20	8,3	12,1	4,3	50,3
20 - 21	7,6	11,1	3,9	50,3
21 - 22	7,5	11,5	3,3	48,1
22 - 23	7,6	11,3	3,7	39,8
23 - 24	7,3	10,9	3,5	34,5
24 - 25	7,0	9,7	4,2	33,9

*) Ergebnis der Statistiken der natürlichen Bevölkerungsbewegung und der Straßenverkehrsunfälle. – 1) Bezogen auf die durchschnittliche Bevölkerung 1992.

Im Blickpunkt: Familien heute

4 Familienbezogene Verlaufsdaten

- Rückgang der Heiratsneigung lediger Frauen und Männer bei Anstieg des durchschnittlichen Heiratsalters

- Hoher Anteil kinderloser Frauen im früheren Bundesgebiet

- Erhebliche Unterschiede im Erwerbsverlauf zwischen Frauen und Männern

4 Familienbezogene Verlaufsdaten

In diesem Abschnitt werden ebenfalls Ergebnisse der Bevölkerungsstatistiken verwendet, jedoch werden die altersspezifischen Geburten- und Eheschließungsziffern bzw. Erwerbsquoten nicht im Querschnitt unterschiedlich alter Personengruppen in bestimmten Kalenderjahren, sondern im Verlauf vieler Kalenderjahre (1950-1992) für das jeweils erreichte Alter von Geburtsjahrgängen aneinandergereiht. Damit wird das bisherige Verhalten im Lebensverlauf dargestellt, welches für aktuelles und zukünftiges Verhalten sehr bedeutsam ist und daher auch Zuschätzungen ermöglicht. Außerdem wird unterschiedliches Verhalten im gleichen Alter sichtbar.

Soweit entsprechendes Zahlenmaterial zur Verfügung stand, werden Verlaufsdaten sowohl für das frühere Bundesgebiet als auch für die neuen Länder und Berlin-Ost kommentiert.

4.1 Erstheirat nach Geburtsjahrgängen von Männern und Frauen

Die hier verwendeten zusammengefaßten Erstheiratsziffern sind die Summe von altersspezifischen Heiratsziffern Lediger (bezogen auf die Bevölkerung entsprechenden Alters) im Alter von 15 bis 50 Jahren. Bei den jüngeren Geburtsjahrgängen (ab Geburtsjahrgang 1944) wurden die noch nicht bekannten, in der Zukunft nach 1992 liegenden altersspezifischen Ziffern anhand der Querschnittsergebnisse 1992 hinzugeschätzt. Für den jüngsten hier nachgewiesenen Geburtsjahrgang 1960 wurden somit

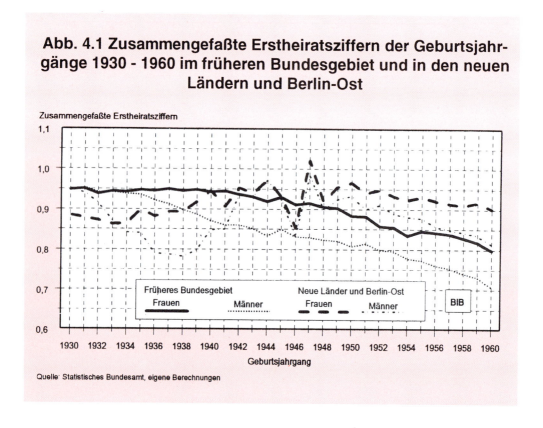

Abb. 4.1 Zusammengefaßte Erstheiratsziffern der Geburtsjahrgänge 1930 - 1960 im früheren Bundesgebiet und in den neuen Ländern und Berlin-Ost

Quelle: Statistisches Bundesamt, eigene Berechnungen

ab dem Alter von 33 Jahren die noch fehlenden Verlaufsdaten bis zur Vollendung des 50. Lebensjahres hinzugeschätzt. Ab dem Geburtsjahrgang 1955 sind die Ergebnisse als vorläufige Schätzungen einzuschätzen, die sich in Zukunft noch ändern können.

Die zusammengefaßte Erstheiratsziffer (Heiratsintensität) eines Geburtsjahrgangs gibt an, welcher Anteil des Geburtsjahrgangs überhaupt einmal eine Ehe schließt. Sie sagt nichts über die Scheidungs- oder Wiederverheiratungshäufigkeit aus. Bei einem Faktor von 1 heiraten 100 % des Geburtsjahrgangs, bei 0,8 80 %.

Im früheren Bundesgebiet sinkt die Heiratsintensität bei den Männern ausgehend von einem recht hohen Niveau ab dem Geburtsjahrgang 1935 deutlich und stetig und erreicht beim Geburtsjahrgang 1960 voraussichtlich nur knapp mehr als 70 %. Vom Geburtsjahrgang 1960 dürften somit etwa 30 % der Männer ledig bleiben.

Auch bei den Frauen im früheren Bundesgebiet sinkt die Heiratsintensität, jedoch erst ab dem Geburtsjahrgang 1942. Von den Frauen des Geburtsjahrgangs 1960 werden schätzungsweise knapp 80 % mindestens einmal heiraten, während von den Geburtsjahrgängen 1930 bis 1941 95 % der Frauen heirateten.

In der ehemaligen DDR war die Heiratsintensität der Geburtsjahrgänge 1930 bis 1942 niedriger als die der entsprechenden Geburtsjahrgänge im früheren Bundesgebiet. Im Vergleich zum Geburtsjahrgang 1930 gab es einen leichten Rückgang der Heiratsintensität bei den Frauen bis zum Geburtsjahrgang 1933, bei den Männern einen stärkeren bis zum Geburtsjahrgang 1938. Der Anstieg bis zum Gleichstand bei einer hohen Heiratsintensität von 95 % vollzog sich bei Männern und Frauen des Geburtsjahrgangs 1942.

Nach einigen Schwankungen der Heiratsintensität in der ehemaligen DDR mit einer Spitze von 100 % beim Geburtsjahrgang 1947 blieb die Heiratsintensität auf hohem Niveau, das für alle ehemaligen sozialistischen Länder charakteristisch ist, erhalten. Allerdings kam es dabei zu einem allmählichen Rückgang der Heiratsintensität Lediger, der sich bei den Männern ausgeprägter darstellt als bei den Frauen. Mit nur leicht fallender Tendenz geht bei den Frauen die Heiratsintensität bis zum Geburtsjahrgang 1960 nur auf 90 %, bei den Männern auf 82 % zurück. Beide Schätzwerte liegen höher als die vergleichbaren im früheren Bundesgebiet.

Wesentlicher Faktor für den Rückgang der Heiratsintensitäten ist das Ansteigen des durchschnittlichen Heiratsalters Lediger, eine Verhaltensänderung, die im früheren Bundesgebiet früher einsetzte und ausgeprägter ist als in der ehemaligen DDR. Der vermutlich vorübergehende, starke Rückgang der Heiratsneigung in den neuen Bundesländern in den Jahren 1990 bis 1992 wirkt sich in den Verlaufsdaten gerade der jüngeren Geburtsjahrgänge, aber auch in den Hinzuschätzungen für die Altersjahre danach aus, weshalb die Schätzwerte für die neuen Bundesländer ab dem Geburtsjahrgang 1955 als besonders unsicher einzustufen sind.

Zusammenfassend macht Abbildung 4.1 deutlich, daß sich das Heiratsverhalten Lediger verändert. Wann es zu einer Angleichung der Verhaltensweisen hinsichtlich der Heiratsbereitschaft und des Heiratsalters zwischen dem früheren Bundesgebiet und den neuen Ländern und Berlin-Ost kommt, ist ungewiß. Noch sind die Unterschiede erheblich.

4.2 Kinderzahl nach Geburtsjahrgängen von Frauen

Die zusammengefaßten Geburtenziffern der Geburtsjahrgänge von Frauen, die in den Jahren 1935 bis 1960 geboren wurden, berücksichtigen altersspezifische Geburtenziffern ab 1950 über den Altersbereich von 15 bis 49 Jahren. Dabei werden die altersspezifischen Geburtenziffern dem Geburtsjahrgang der Frauen folgend über diesen Lebensabschnitt aufsummiert; bei den jüngeren Frauen werden die altersspezifischen Geburtenziffern des Jahres 1992 für die noch fehlenden Beobachtungswerte im weiteren Lebensverlauf als Schätzwerte hinzugefügt. Jede zusammengefaßte Geburtenziffer ist daher ein Schätzwert für die endgültige durchschnittliche Geburtenzahl des jeweiligen Geburtsjahrgangs.

Abbildung 4.2 verdeutlicht, daß die durchschnittliche Geburtenzahl der Geburtsjahrgänge sowohl in den neuen Ländern und Berlin-Ost als auch im früheren Bundesgebiet tendenziell rückläufig ist. Dabei ist der Rückgang im früheren Bundesgebiet von einem zunächst für die Geburtsjahrgänge 1935 bis 1939 leicht höheren Wert nahe dem Bestandserhaltungsniveau stärker sinkend als in den neuen Bundesländern und dürfte für den Geburtsjahrgang 1960 schätzungsweise 1,58 betragen.

Abb. 4.2: Zusammengefaßte Geburtenziffern der Geburtsjahrgänge 1935 - 1960 der Frauen im früheren Bundesgebiet und in den neuen Ländern und Berlin-Ost

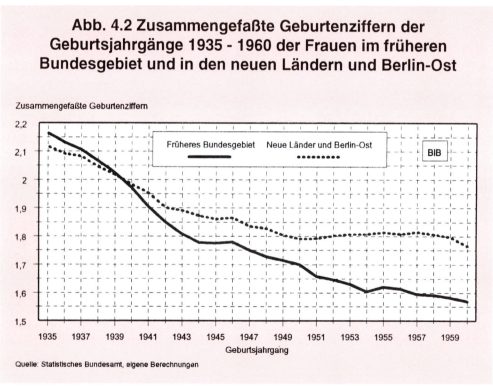

In der ehemaligen DDR war die durchschnittliche Geburtenzahl vom Frauengeburtsjahrgang 1935 bis zum Jahrgang 1950 monoton, ist jedoch weniger stark gesunken als im früheren Bundesgebiet. Vom Jahrgang 1950 bis zum Jahrgang 1958 blieb die durchschnittliche Geburtenzahl je Frauengeburtsjahrgang bei etwa 1,8 Geburten nahezu konstant. Zu dieser Stabilisierung dürfte die ausgeprägt geburtenfördernde Bevölkerungspolitik der ehemaligen DDR von Mitte der 70er Jahre bis zum Ende ihres Bestehens beigetragen haben. Für die jüngeren Geburtsjahrgänge in den neuen Ländern und Berlin-Ost wirkt sich allerdings der sehr starke Einbruch in der Geburtenhäufigkeit aus, obwohl wegen der Zuschätzung eines erheblichen Teils der Geburtenhäufigkeit Vorsicht bei der Beurteilung geboten ist. Es ist durchaus denkbar, daß zunächst aufgeschobene Geburten später noch nachgeholt werden. Damit könnte sich der Schätzwert für die durchschnittliche Geburtenzahl ab dem Geburtsjahrgang 1958 eventuell noch erhöhen.

Die altersspezifischen Geburtenziffern für Geburtsjahrgänge lassen sich auch im Verlauf für das jeweilige Alter und kumuliert bis zum jeweils erreichten Alter darstellen. Dabei werden Änderungen der Verhaltensmuster deutlich. Da sich die Verhaltensmuster in der ehemaligen DDR (früheres Alter bei der Erstgeburt und kürzere Geburtenabstände, das heißt deutliche Konzentration des Geburtengeschehens auf die 18- bis 30jährigen) erst seit 1990 (also in den letzten zwei von 42 Beobachtungsjahren) in den neuen Bundesländern mit einem Anstieg des Durchschnittsalters bei der Geburt des ersten Kindes verändert haben, wird hier auf eine Darstellung verzichtet.

Die Geburtenbiographie der Frauenjahrgänge 1930 bis 1945 ist bis zum letzten Beobachtungsjahr 1992 und zum Alter von 45 Jahren empirisch vollständig. Für die jüngeren Geburtsjahrgänge fehlen noch mehr oder minder viele Beobachtungswerte (diese wurden für die zusammengefaßte Geburtenziffer hinzugeschätzt).

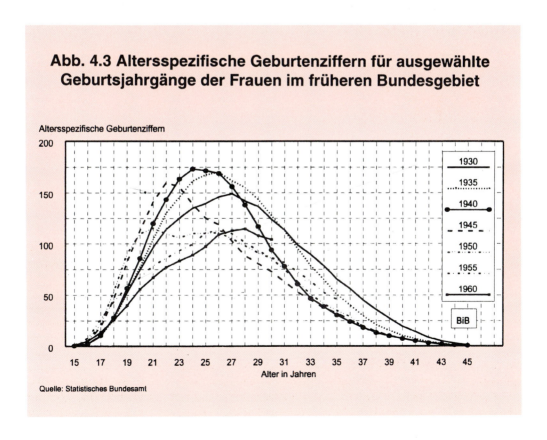

Abb. 4.3 Altersspezifische Geburtenziffern für ausgewählte Geburtsjahrgänge der Frauen im früheren Bundesgebiet

Quelle: Statistisches Bundesamt

Die Frauen des ältesten Geburtsjahrgangs 1930 hatten im Vergleich zu jüngeren Frauenjahrgängen im Alter von 32 bis 45 Jahren relativ am meisten Geburten, vermutlich dritte und weitere Kinder. Die maximale Geburtenhäufigkeit der 1930 geborenen Frauen wurde von den 27jährigen erreicht.

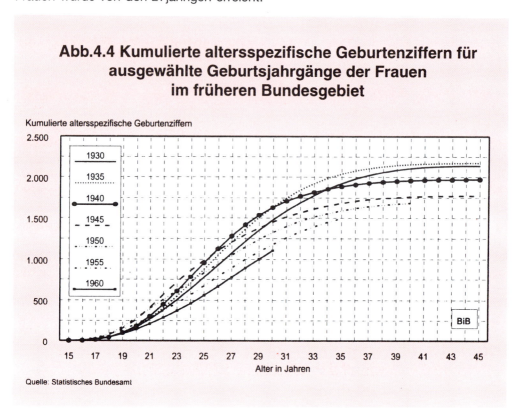

Abb. 4.4 Kumulierte altersspezifische Geburtenziffern für ausgewählte Geburtsjahrgänge der Frauen im früheren Bundesgebiet

Quelle: Statistisches Bundesamt

Die fünf Jahre jüngeren Frauen des Geburtsjahrgangs 1935 hatten ihren Geburtengipfel mit 26 Jahren, und im Altersbereich von 20 bis 30 Jahren hatten sie eine höhere Geburtenhäufigkeit als der Frauenjahrgang 1935. Dagegen war die Geburtenhäufigkeit im Altersbereich von 32 bis 45 Jahren deutlich niedriger. Auf diese Weise haben sie, wie aus Abbildung 4.4 hervorgeht, eine leicht höhere kumulierte, endgültige Kinderzahl als der Geburtsjahrgang 1930.

Die Frauen des Geburtsjahrgangs 1940 haben ihre Kinder im Schnitt noch früher geboren als die Frauen des Jahrgangs 1935. Ihre Geburtenhäufigkeit ist im Altersbereich 18 bis 26 Jahre höher mit einem Maximum bei den 24jährigen, allerdings weist eine nach dem 26. Lebensjahr ausgeprägt niedrigere Geburtenhäufigkeit wohl auf eine Reduzierung der Bereitschaft zu dritten und weiteren Kindern hin. Im Endergebnis führt dieser Verzicht auf dritte und weitere Kinder zu einer geringeren durchschnittlichen Kinderzahl.

Für den Frauenjahrgang 1945 ist eine weitere Vorverlegung der maximalen Geburtenhäufigkeit auf das 22. Lebensjahr sowie eine weitere Reduzierung der Geburtenhäufigkeiten danach festzustellen. Die endgültige durchschnittliche Geburtenziffer geht auf 1,78 zurück.

Mit dem Geburtsjahrgang 1950 beginnt eine erneute Veränderung des Verhaltens, nämlich ein Ansteigen des Alters bei der Geburt von Kindern. Man erkennt eine zweigipflige Verteilung mit zwei relativen Maxima bei 21 Jahren (altes Verhaltensmuster der frühen Geburt) und dann nochmals bei 26 Jahren (neues Verhaltensmuster). Im Zuge des Hinauszögerns der Geburt von Kindern werden aber auch Kinder von Frauen in höherem Alter geboren; die altersspezifischen Geburtenziffern der Frauen des Geburtsjahrgangs 1950 liegen im Altersbereich von 27 bis (vermutlich) 45 Jahren höher als bei den fünf Jahre älteren Frauen des Geburtsjahrgangs 1945. Es wird für den Geburtsjahrgang 1950 eine durchschnittliche Geburtenzahl von 1,7 erwartet.

Bei den Geburtsjahrgängen 1955 und 1960 hat sich das neue Verhaltensmuster des steigenden Alters bei der Geburt und das Ansteigen der Geburtenhäufigkeit bei den über 27jährigen weiter ausgeprägt. Als durchschnittliche Geburtenzahl wird für den Geburtsjahrgang 1955 1,62 und für den Geburtsjahrgang 1960 1,58 geschätzt. Doch könnte sich der Schätzwert für den Jahrgang 1960 noch erhöhen, falls durch Geburten im späteren Alter die Kurve des Jahrgangs 1960 die der Jahrgänge 1935 und 1930 überschreitet. Das Maximum der Geburtsjahrgänge 1955 und 1935 ist wieder identisch, das des Jahrgangs 1960 ein Altersjahr höher als das der 1930 geborenen Frauen. Allerdings verlaufen die Kurven der jüngeren Frauenjahrgänge deutlich flacher als die der älteren.

Zu diesem Rückgang der Geburtenhäufigkeit hat in einer ersten Phase das Sinken des Alters bei der Geburt die Abnahme der Geburten von dritten und weiteren Kindern etwas kompensiert. Danach hat das Steigen des Alters bei der Geburt auch zu einem Anstieg der Kinderlosigkeit geführt, wie Abbildung 4.5 veranschaulicht.

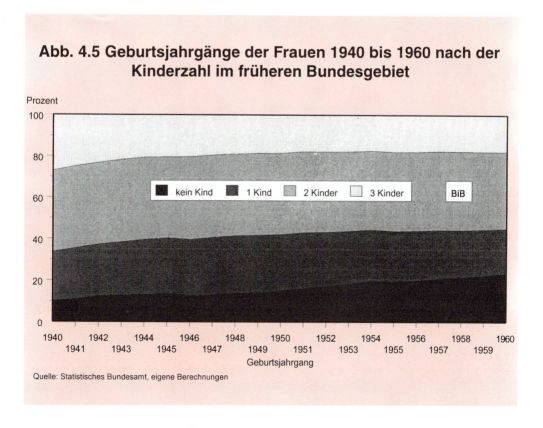

Abb. 4.5 Geburtsjahrgänge der Frauen 1940 bis 1960 nach der Kinderzahl im früheren Bundesgebiet

Quelle: Statistisches Bundesamt, eigene Berechnungen

Im Blickpunkt: Familien heute

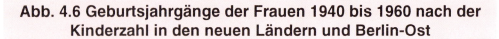

Abb. 4.6 Geburtsjahrgänge der Frauen 1940 bis 1960 nach der Kinderzahl in den neuen Ländern und Berlin-Ost

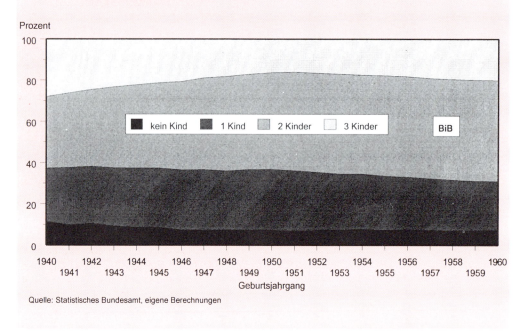

Quelle: Statistisches Bundesamt, eigene Berechnungen

Zu dieser Analyse wurden alters- und kinderzahlspezifische Geburtenziffern pro Geburtsjahrgang der Frauen verwendet und für die Jahrgänge ab 1948 teilweise ergänzend hinzugeschätzt.

Der Anteil kinderloser Frauen im früheren Bundesgebiet hat sich von 10 % beim Frauenjahrgang 1940 auf gut 20 % für den Geburtsjahrgang 1960 verdoppelt. Parallel dazu sank die Bereitschaft zur Geburt von drei und mehr Kindern von 23 % auf 19 %.

In den neuen Ländern und Berlin-Ost ist der Anteil kinderloser Frauen deutlich niedriger als im früheren Bundesgebiet (vgl. Abb. 4.6). Hierzu mag das konstante Muster früher Geburten beitragen, das sich bislang kaum verändert hat. Der Anteil kinderloser Frauen beträgt beim Jahrgang 1940 11 % und beim Jahrgang 1960 9 %. Im Ost-West-Vergleich fällt der höhere Anteil von Frauen mit zwei Kindern und der geringere mit drei und mehr Kindern in den neuen Ländern und Berlin-Ost auf.

Vergleicht man das gleiche Zahlenmaterial als zusammengefaßte rangfolgenspezifische Geburtenziffern (vgl. Abb. 4.7 und 4.8), so werden weitere Ost-West-Unterschiede deutlich. Während die Bereitschaft zum ersten Kind in den neuen Ländern und Berlin-Ost recht hoch ist und kaum sinkt, zeigt sich für die Frauenjahrgänge im früheren Bundesgebiet eine rückläufige Entwicklung auf niedrigerem Niveau. Die durchschnittliche Ziffer für zweite Kinder sinkt im früheren Bundesgebiet und steigt in den neuen Ländern und Berlin-Ost ab dem Frauenjahrgang 1952 leicht an. Dies könnte, wie auch der Anstieg der zusammengefaßten Geburtenziffer für dritte Kinder ab dem Frauenge-

Abb. 4.7 Kinderzahl der Geburtsjahrgänge 1935 - 1960 nach der Rangfolge der Geburt innerhalb der bestehenden Ehe im früheren Bundesgebiet

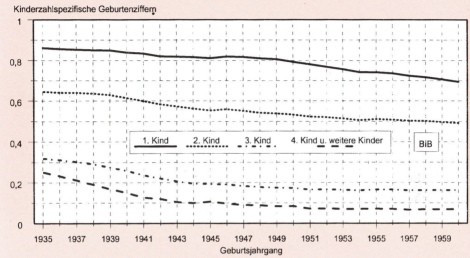

Quelle: Statistisches Bundesamt, eigene Berechnungen

Abb. 4.8 Kinderzahl der Geburtsjahrgänge 1935 - 1960 nach der Rangfolge der Geburt innerhalb der bestehenden Ehe in den neuen Ländern und Berlin-Ost

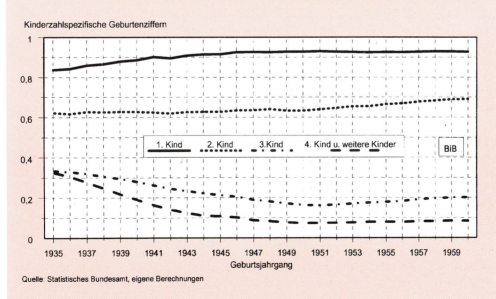

Quelle: Statistisches Bundesamt, eigene Berechnungen

burtsjahrgang 1952, auf die geburtenfördernde Bevölkerungspolitik der ehemaligen DDR zurückzuführen sein. Die Bereitschaft zu vierten und weiteren Kindern sinkt sowohl in West- wie in Ostdeutschland und verharrt seit dem Frauengeburtsjahrgang 1950 auf niedrigem Niveau.

Zusammenfassend ist für das frühere Bundesgebiet genauso wie für die neuen Länder und Berlin-Ost ein Geburtenrückgang festzustellen, der im früheren Bundesgebiet, bei der Betrachtung für Frauenjahrgänge, stärker ist. Im früheren Bundesgebiet ist die Kinderlosigkeit höher und das durchschnittliche Alter bei der Geburt noch steigend. In den neuen Bundesländern ist zwar in den vergangenen Jahren das Geburtenniveau stark gefallen, aber die alten Muster früher Geburt und niedriger Kinderlosigkeit sind noch kaum modifiziert. Aus den Verlaufsdaten kann man keine Prognose ableiten, ob und wie schnell es zu einer Anpassung der Verhaltensmuster kommt. Die bisherigen Verläufe zeigen noch stark unterschiedliche Verhaltensmuster.

4.3 Erwerbsverhalten von Männern und Frauen im früheren Bundesgebiet

Für das frühere Bundesgebiet können aus den Mikrozensusergebnissen für Geburtsjahrgangsgruppen und für Männer und Frauen, wenn auch nur ausschnittsweise, Verläufe der altersgruppenspezifischen Erwerbsquoten (Anteil der Erwerbstätigen und der Erwerbslosen an der Bevölkerung entsprechenden Alters) dargestellt werden.

Tab. 4.1: Erwerbsbeteiligung der Geburtsjahrgänge 1898/1902 - 1973/77 im früheren Bundesgebiet nach dem Alter

Prozent

Geburts-jahrgänge	Ungefähres Alter in Jahren								
	15 - 19	20 - 24	25 - 29	30 - 34	35 - 39	40 - 44	45 - 49	50 - 54	55 - 59
Männer									
1973/77	39,4	.	.	.	.	.	.	.	.
1968/72	35,5	77,7	.	.	.	.	.	.	.
1963/67	36,8	81,1	86,9	.	.	.	.	.	.
1958/62	41,2	80,2	85,6	95,6	.	.	.	.	.
1953/57	51,6	79,9	87,2	95,3	97,4	.	.	.	.
1948/52	61,5	83,2	88,3	96,0	97,5	97,3	.	.	.
1943/47	74,0	82,9	91,5	96,6	97,6	97,6	95,8	.	.
1938/42	80,7	88,7	92,9	97,9	98,2	97,9	96,5	92,9	.
1933/37	.	92,3	95,7	98,2	98,7	98,1	96,8	93,7	81,5
1928/32	.	.	96,5	98,2	98,6	98,5	97,1	93,9	82,6
1923/27	.	.	.	97,4	98,0	97,9	97,0	94,2	84,7
1918/22	.	.	.	.	97,6	97,3	96,8	94,3	87,0
1913/17	.	.	.	.	.	96,9	96,4	95,0	87,3
1908/12	.	.	.	.	.	.	96,3	94,6	90,3
1903/07	.	.	.	.	.	.	.	94,7	89,6
1898/02	.	.	.	.	.	.	.	.	89,1

Quelle: Statistisches Bundesamt

Tab. 4.1: Erwerbsbeteiligung der Geburtsjahrgänge 1898/1902 - 1973/77 im früheren Bundesgebiet nach dem Alter

Prozent

Geburts-jahrgänge	Ungefähres Alter in Jahren								
	15 - 19	20 - 24	25 - 29	30 - 34	35 - 39	40 - 44	45 - 49	50 - 54	55 - 59
Frauen									
1973/77	34,3	.	.	.	.	.	.	.	.
1968/72	30,5	72,5	.	.	.	.	.	.	.
1963/67	30,8	74,8	72,5	.	.	.	.	.	.
1958/62	36,2	72,4	68,1	67,7	.	.	.	.	.
1953/57	50,1	70,9	66,5	62,3	70,2	.	.	.	.
1948/52	61,6	68,7	60,4	59,0	62,6	72,6	.	.	.
1943/47	71,9	68,7	53,1	52,7	58,7	63,3	68,7	.	.
1938/42	76,2	71,2	49,4	47,0	51,4	57,2	59,5	60,8	.
1933/37	.	75,6	51,1	41,9	47,8	52,1	54,8	52,7	45,5
1928/32	.	.	51,7	44,8	43,3	48,5	50,4	48,9	42,3
1923/27	.	.	.	44,9	46,2	47,3	50,6	48,1	41,7
1918/22	.	.	.	.	43,7	46,9	46,7	47,4	40,6
1913/17	.	.	.	.	.	41,6	43,5	42,3	36,7
1908/12	.	.	.	.	.	.	38,9	39,6	36,4
1903/07	.	.	.	.	.	.	.	36,7	33,7
1898/02	.	.	.	.	.	.	.	.	31,7

Quelle: Statistisches Bundesamt

Die Erwerbsbeteiligung der Männer ist generell höher als die der Frauen. Ab dem 30. Lebensjahr (bei den Geburtsjahrgängen 1933/37 ab dem 20. und bei den Geburtsjahrgängen, die vor 1943 geboren wurden, ab dem 25. Lebensjahr) liegt die Erwerbsquote der Männer über 90 %. Für die Männer ist somit die Teilnahme am Erwerbsleben ein generelles Verhaltensmuster.

Allerdings sinkt von Geburtsjahrgangsgruppe zu Geburtsjahrgangsgruppe sowohl bei den Männern als auch bei den Frauen die Erwerbsbeteiligung bei den unter 30jährigen, besonders ausgeprägt bei den 15- bis 19jährigen, und bei den über 60jährigen. Die längeren und zunehmend qualifizierteren Ausbildungswege sind für diese Entwicklung bei den jüngeren Männern und Frauen maßgeblich, während es die zunehmende Inanspruchnahme von Vorruhestandsregelungen bei den über 60jährigen ist. Gegen Ende des Erwerbslebens gibt es allerdings bei den 50- bis 59jährigen Frauen deutliche Anstiege der Erwerbsquote im Gegensatz zu den Männern.

Bei diesem Unterschied ist zu bedenken, daß die überwiegende Mehrzahl der Männer auf eine ununterbrochene Erwerbsbiographie zurückblicken kann, also schon eher eine ausreichende Zahl von Erwerbsrenten-Anwartschaftsjahren gesammelt hat als Frauen. Frauen fehlen solche Rentenanwartschaften, wenn sie aus familiären Gründen ihre Erwerbstätigkeit in jüngerem und mittlerem Alter unterbrechen. Treten sie wieder in das Erwerbsleben ein, so müssen sie länger arbeiten, bis eine genügende Anzahl von Rentenanwartsjahren beisammen ist. Allerdings muß darauf hingewiesen werden, daß die Erwerbsquote der über 60jährigen Männer trotz sinkender Tendenz dreimal so hoch ist wie die gleichaltriger Frauen.

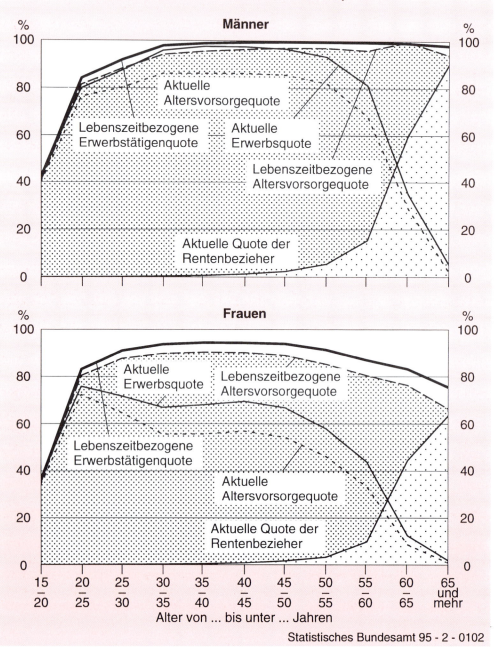

Abb. 4.9 Altersspezifische aktuelle Erwerbs-, Altersvorsorgequoten und aktuelle Quoten der Rentenbezieher sowie lebenszeitbezogene Erwerbstätigen- und Altersvorsorgequoten
Früheres Bundesgebiet
Ergebnis des Mikrozensus, Stand: April 1990

Die Frage der Unterbrechungen der Erwerbsbeteiligung (Zeiten der Arbeitslosigkeit sind hier nicht gemeint, da die Erwerbsquote Erwerbstätigkeit und Erwerbslosigkeit umfaßt) kann aus dem Mikrozensus nicht direkt geklärt werden. Die Frage der lebenszeitbezogenen Altersvorsorge läßt sich nur im Querschnitt aus dem Mikrozensus beantworten.

Die Querschnittsdaten in Abbildung 4.9 sind nicht unmittelbar mit den Verlaufsdaten in Tabelle 4.1 vergleichbar. Sie bestätigen aber tendenziell, daß Männer im Hinblick auf Rentenansprüche besser abgesichert sind als Frauen, insbesondere als die jetzt über 45jährigen Frauen. Sie zeigen des weiteren, daß Männer früher und häufiger in den Ruhestand eintreten als Frauen.

Schließlich zeigt Abbildung 4.9, wohlgemerkt im Querschnitt, daß die Erwerbsquote der über 25jährigen Frauen deutliche Unterschiede zu der gleichaltriger Männer aufweist. Nach einem Eintritt in das Erwerbsleben, das mit dem der Männer nahezu identisch ist, sinkt die Erwerbsquote der Frauen bis zu den 1990 30- bis 35jährigen, steigt dann auf 70 % bei den 1990 40- bis 45jährigen an, und fällt dann schneller als bei den Männern ab.

Aus den Verlaufsdaten in Tabelle 4.1 wurde deutlich, daß die Erwerbsquote nicht nur der über 50jährigen, sondern von Geburtsjahrgangsgruppe zu Geburtsjahrgangsgruppe der Frauen bereits ab dem 25. Lebensjahr ansteigt. Der Querschnitt ist also trügerisch. Im folgenden wird geprüft, wie sich das Erwerbsverhalten der Frauen im Lebensverlauf über die Jahre verändert hat.

Aus Abbildung 4.10 wird deutlich, daß die Frauen im Altersbereich zwischen 30 bis 60 Jahren von Geburtsjahrgangsgruppe zu Geburtsjahrgangsgruppe ihre Erwerbsbeteiligung erhöht haben. Wie bei den Männern sinkt die Erwerbsbeteiligung bei den 15- bis 19jährigen und bei den über 60jährigen. Bei den 20- bis 25jährigen sind nur geringfügige Veränderungen erfolgt, und das Niveau der Erwerbsbeteiligung liegt über 70 %. Die danach einsetzenden Rückgänge der Erwerbsbeteiligung werden bei den jüngeren Frauengeburtsjahrgängen zunehmend geringer.

Damit wird die zweigipflige Verteilung des Erwerbsverlaufs immer schwächer ausgeprägt. Dies deutet darauf hin, daß die Erwerbsbiographie zunehmend stärker von ununterbrochener Erwerbsbeteiligung und weniger vom sogenannten Drei-Phasen-Modell geprägt ist. Dies gilt insbesondere für die Geburtsjahrgangsgruppe der Frauen 1958/62, die auch im Alter von 30 bis 35 Jahren eine Erwerbsbeteiligung von kaum unter 70 % aufweist.

Beachtlich ist auch der steile Wiederanstieg der Erwerbsbeteiligung bei den Frauen der Jahrgänge 1948/52 auf über 70 %. Es bleibt auch abzuwarten, wie sich die weitere Entwicklung beim Frauenjahrgang 1938/42 darstellt.

Zusammenfassend läßt sich feststellen, daß die Unterschiede im Erwerbsverlauf zwischen Männern und Frauen nach wie vor erheblich sind, gleichwohl sind jedoch die Tendenzen zu einer Angleichung zu einem ununterbrochenen Erwerbsleben unverkennbar.

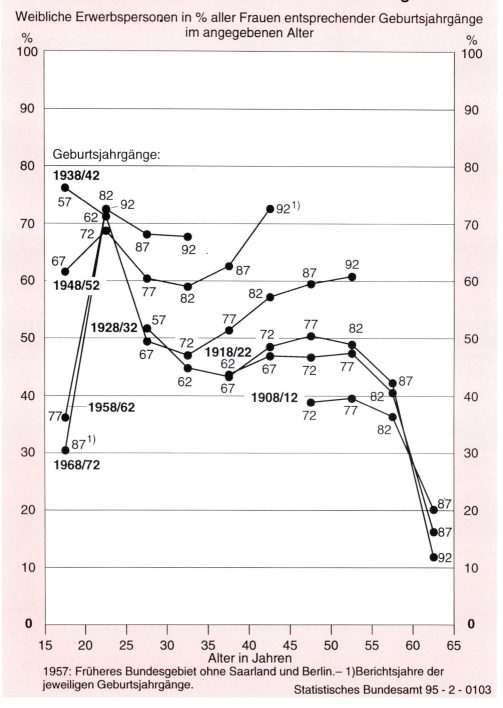

5 Haushalte und Familien in der Europäischen Union

- Durchschnittliche Haushaltsgröße in Irland mit 3,34 Personen am höchsten, mit 2,23 in Dänemark am niedrigsten

- Ehepaare mit Kindern in Südeuropa sowie in Irland am stärksten vertreten

- In Irland leben die kinderreichsten Ehepaare

5 Haushalte und Familien in der Europäischen Union

In den meisten Ländern der Europäischen Union bilden die in der Regel im zehnjährigen Rhythmus durchzuführenden Volkszählungen die wichtigste Datenquelle für die Haushalts- und Familienstatistiken. Um der Forderung nach internationaler Vergleichbarkeit der grundlegenden demographischen, sozialen und beruflichen Daten gerecht zu werden, hat das Statistische Amt der Europäischen Gemeinschaften (Eurostat) bei der letzten Volkszählungsrunde 1990/91 die Mitgliedstaaten der Europäischen Union (EU) veranlaßt, die Zählungen möglichst zeitgleich durchzuführen und ihre Ergebnisse aufgrund abgestimmter Systematiken und Definitionen sowie harmonisierter Tabellen untereinander vergleichbar zu machen.

Die meisten EU-Länder (Belgien, Griechenland, Großbritannien und Nordirland, Irland, Luxemburg, Portugal und Spanien[1]) haben die als Vollerhebung angelegte Volkszählung im März/April 1991 vorgenommen, in Frankreich fand sie bereits im März 1990 statt, in Italien im Oktober 1991.

In den übrigen EU-Ländern wurden zur Erfüllung des Gemeinschaftsprogramms ersatzweise andere Erhebungsmethoden angewandt: In Dänemark wurden die vorhandenen Verwaltungsregister zum Januar 1991 ausgewertet, in den Niederlanden wurde eine Kombination verschiedener Datenquellen (Einwohnerregister, Arbeitskräfteerhebung, Wohnungszählung) zur Jahresmitte 1991 vorgenommen, und in der Bundesrepublik Deutschland diente der Mikrozensus vom April 1991 als Datengrundlage.

5.1 Haushalte

In den meisten EU-Ländern (Belgien, Deutschland, Griechenland, Großbritannien und Nordirland, Irland, Luxemburg, Niederlande und Spanien) wird der Privathaushalt als Wohn- und Wirtschaftsgemeinschaft definiert; in Dänemark, Frankreich, Italien und Portugal genügt für die Abgrenzung des Haushalts das Kriterium des Zusammenwohnens, wobei in Italien und Portugal die verwandtschaftlichen und sonstigen Beziehungen der Haushaltsmitglieder eine Rolle spielen.

5.1.1 Bevölkerung in Haushalten

– Anteil der in Mehrpersonenhaushalten lebenden Bevölkerung in Spanien und Portugal am höchsten –

Das Gewicht der verschiedenen Lebensformen der Bevölkerung wird sichtbar, wenn man sie aus der Perspektive der einzelnen Personen betrachtet und hierbei die in Haushalten lebende Bevölkerung nach Haushaltsformen gliedert. Es zeigt sich, daß heute (1991) in der Europäischen Union im Durchschnitt 90 % der Bevölkerung in einem Mehrpersonenhaushalt, also in Gemeinschaft mit anderen, leben und jeder zehnte Einwohner einen Einpersonenhaushalt bildet. In den südlich gelegenen Mitgliedsländern der Europäischen Union ist der Anteil der einem Mehrpersonenhaushalt angehörenden Bevölkerung am höchsten, so leben in Spanien und Portugal rund 96 % der Bevölkerung in Mehrpersonenhaushalten, in Griechenland sind es knapp 95 %; auch in Irland

---

1) Die Daten zur Haushalts- und Familienstatistik stammen aus der sozio-demographischen Erhebung.

liegt dieser Anteil mit 94 % deutlich über dem EU-Durchschnitt. Demgegenüber ist der Anteil der in einem Mehrpersonenhaushalt lebenden Bevölkerung in Dänemark und Deutschland mit jeweils rund 85 % im EU-Vergleich am geringsten (vgl. Abb. 5.1).

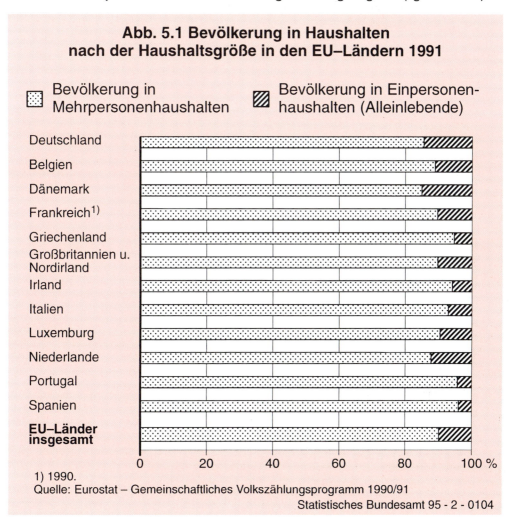

Aus der Verteilung der Bevölkerung auf die einzelnen Haushaltstypen geht weiterhin hervor, daß der Anteil der in einem Familienhaushalt (Ehepaare mit Kindern oder Alleinerziehende) zusammenlebenden Bevölkerung in Irland (79 %) am höchsten ist, auch in Italien (72 %), Griechenland (72 %) und Portugal (71 %) ist dieser Anteil an der Bevölkerung noch sehr hoch. Demgegenüber lebt in Dänemark gerade noch die Hälfte der Bevölkerung in Familienhaushalten zusammen. Andererseits ist bemerkenswert, daß in Dänemark (24 %), Großbritannien und Nordirland (23 %) sowie Deutschland (21 %) mehr als ein Fünftel der Bevölkerung in einer Paargemeinschaft ohne Kinder lebt[2] (vgl. Tab. 5.1).

---

2) In Deutschland werden die nichtehelichen Lebensgemeinschaften nicht bei den Ehepaaren nachgewiesen.

Tab. 5.1: Bevölkerung in Haushalten in der EU 1991 nach Haushaltstyp

Land	Bevölkerung in Haushalten insgesamt	In Mehrpersonenhaushalten mit ...						In Einpersonenhaushalten
		zusammen	Ehepaaren ohne Kinder[1]	Ehepaaren mit Kind(ern)[1]	Alleinerziehenden[1]	2 oder mehr Familien	nichtverwandten Personen	
	1 000	% von Spalte „insgesamt"						
Bundesrepublik Deutschland	80 152	85,2	20,6	49,9	7,0	3,8	3,9	14,8
Belgien	9 851	88,6	18,8	55,7	9,8	1,7	2,5	11,4
Dänemark[2][3]	5 062	84,6	23,9	44,0	6,2	6,3	4,1	15,4
Frankreich[3][4]	55 397	89,4	19,9	59,0	7,3	1,4	1,8	10,6
Griechenland	9 533	94,5	18,6	66,3	5,5	.	4,2	5,5
Großbritannien und Nordirland[3]	55 605	89,5	22,5	52,2	9,8	2,0	3,0	10,6
Irland[3]	3 433	93,9	8,8	68,7	10,1	1,3	5,2	6,1
Italien[3]	56 322	92,7	14,3	64,1	8,3	3,4	2,5	7,3
Luxemburg	378	90,2	16,9	57,1	8,2	3,2	4,8	9,8
Niederlande	14 797	87,5	18,9	54,9	7,1	-	6,6	12,5
Portugal[3]	9 804	95,6	15,1	64,6	6,6	7,5	1,8	4,4
Spanien	38 620	95,9	.	.	.	.	.	4,1
EU-Länder insgesamt	338 955	89,9	.	.	.	.	.	10,1

1) Einschl. Haushalte mit weiteren Personen. – 2) Ohne Haushalte mit weiteren Personen. – 3) Ehepaare einschl. nichtehelicher Lebensgemeinschaften. – 4) 1990.

Quelle: Eurostat – Gemeinschaftliches Volkszählungsprogramm 1990/1991

5.1.2 Haushaltsstrukturen

– *Durchschnittliche Haushaltsgröße in Irland am höchsten, in Dänemark am niedrigsten* –

Aus der groben Unterscheidung der Haushalte nach Ein- und Mehrpersonenhaushalten geht hervor, daß heutzutage (1991) in den nördlich gelegenen Mitgliedsländern der Europäischen Union die Einpersonenhaushalte stärker vertreten sind als in den südlich gelegenen, umgekehrt kommen hier die Mehrpersonenhaushalte häufiger vor. Gut ein Viertel der Haushalte insgesamt (26 %) im EU-Bereich zählt zu den Einpersonenhaushalten, dieser europäische Durchschnittswert ist auch in Luxemburg (26 %), Großbritannien und Nordirland (26 %) sowie in Frankreich (27 %) anzutreffen. Am höchsten ist der Anteil der Einpersonenhaushalte in Dänemark und in Deutschland mit jeweils rund 34 % sowie in den Niederlanden mit 30 %. Demgegenüber sind die Anteile der Mehrpersonenhaushalte an allen Haushalten in Portugal und Spanien mit über 86 % bzw. fast 87 % am höchsten, dicht gefolgt von Griechenland, wo es knapp 84 % sind; im EU-Durchschnitt beträgt der Anteil der Mehrpersonenhaushalte 74 % (vgl. Tab. 5.2).

Die unterschiedliche Verteilung der Ein- und Mehrpersonenhaushalte wird auch an der durchschnittlichen Haushaltsgröße deutlich, die insbesondere im Süden der Europäischen Union am höchsten ist. Nur Irland stellt eine bemerkenswerte Ausnahme unter den nördlichen Ländern dar, hier leben im Durchschnitt in 100 Haushalten 334 Personen zusammen, was der höchste Wert innerhalb der Europäischen Union ist. Dies geht wesentlich auf die durchschnittlich höhere Kinderzahl der irländischen Familien zurück[3]. Die durchschnittliche Haushaltsgröße liegt in Spanien (3,26), in Portugal (3,12) und Griechenland (2,97) erheblich über dem EU-Durchschnitt von 2,58 Personen je Haushalt. In Dänemark und Deutschland leben durchschnittlich die wenigsten Personen in einem Haushalt (2,23 bzw. 2,27 je Haushalt) zusammen, was vor allem durch den wesentlich höheren Anteil an Einpersonenhaushalten in diesen Ländern bedingt ist (vgl. Tab. 5.2).

Tab. 5.2: Haushalte in der EU 1991 nach der Haushaltsgröße

Land	Haushalte insgesamt	Davon		Personen je Haushalt
		Einpersonenhaushalte	Mehrpersonenhaushalte	
	1 000	% von Spalte „insgesamt"		Anzahl
Bundesrepublik Deutschland....	35 246	33,6	66,4	2,27
Belgien	3 953	28,4	71,6	2,49
Dänemark	2 274	34,4	65,6	2,23
Frankreich[1]	21 542	27,1	72,9	2,57
Griechenland	3 205	16,3	83,7	2,97
Großbritannien und Nordirland	22 422	26,2	73,8	2,48
Irland	1 029	20,2	79,8	3,34
Italien	19 909	20,6	79,4	2,83
Luxemburg	145	25,5	74,5	2,61
Niederlande	6 162	30,0	70,0	2,40
Portugal	3 146	13,9	86,1	3,12
Spanien	11 836	13,4	86,6	3,26
EU-Länder insgesamt	130 869	26,2	73,8	2,58

1) 1990.

Quelle: Eurostat – Gemeinschaftliches Volkszählungsprogramm 1990/1991

– Familienhaushalte sind die häufigste Form des Zusammenlebens in den EU-Ländern –

Die Aufgliederung der Haushalte nach Haushaltstypen ermöglicht einen Einblick in die wesentlichen Formen des Zusammenlebens. In den meisten Ländern der Europäischen Union leben in der Mehrzahl der Haushalte Eltern mit ihren Kindern zusammen, wobei noch weitere, nicht zur Familie gehörende Personen vorkommen können. Faßt man Ehepaare mit Kindern oder Alleinerziehende zusammen (Familienhaushalt), dann ist heute (1991) diese Haushaltsform in Irland (59 % aller Haushalte) und im Süden der Europäischen Union, so in Portugal (58 %), Italien (55 %) und Griechenland (55 %), noch sehr häufig, in Dänemark (32 %) dagegen weniger stark verbreitet. Es zeigt sich demnach, daß die Verbreitung der Familienhaushalte in der Europäischen Union – mit Ausnahme von Irland – ein erkennbares Süd-Nord-Gefälle aufweist (vgl. Tab. 5.3).

Größere Unterschiede zwischen den EU-Ländern sind bei der Verteilung der Haushalte von Ehepaaren mit Kindern festzustellen. Diese traditionelle Form der Eltern-Kind-Gemeinschaft kommt in Dänemark (26 % der Haushalte) am seltensten vor, in den Mittelmeerländern sowie in Irland machen Haushalte von Ehepaaren mit Kindern noch etwa die Hälfte aller Haushalte aus. Der Anteil der Haushalte Alleinerziehender an allen

---

3) Siehe dazu Abschnitt 5.3.2.

Haushalten schwankt im EU-Vergleich zwischen rund 6 % (Dänemark, Niederlande, Deutschland und Griechenland) und knapp 11 % (Irland).

Auch die Häufigkeit der Haushalte von Ehepaaren ohne Kinder streut zwischen den einzelnen EU-Ländern erheblich. Diese Haushaltsform besteht aus Ehepaaren, bei denen zum Zeitpunkt der Erhebung keine Kinder im elterlichen Haushalt leben. Der Anteil dieser Haushalte ist in Irland mit knapp 14 % der Haushalte insgesamt am niedrigsten, in Großbritannien und Nordirland mit über 27 % am höchsten.

Eine geringe Rolle spielen im EU-Bereich die Haushalte, in denen zwei und mehr Familien leben, sowie auch Haushalte mit nichtverwandten Personen.

Tab. 5.3: Haushalte in der EU 1991 nach Haushaltstyp

Land	Haushalte insgesamt	Mehrpersonenhaushalte mit ...					Einpersonenhaushalte
		Ehepaaren ohne Kinder[1]	Ehepaaren mit Kind(ern)[1]	Alleinerziehenden[1]	2 oder mehr Familien	nichtverwandten Personen	
	1 000	% von Spalte „insgesamt"					
Bundesrepublik Deutschland	35 246	23,3	30,5	6,3	2,2	4,0	33,6
Belgien	3 953	22,9	35,7	9,2	0,8	3,0	28,4
Dänemark[2][3]	2 274	26,6	26,3	5,8	3,2	3,8	34,4
Frankreich[3][4]	21 542	24,9	38,1	7,2	0,6	2,1	27,1
Griechenland	3 205	23,7	49,1	6,0	.	4,9	16,3
Großbritannien und Nordirland[3]	22 422	27,4	33,2	9,0	0,9	3,3	26,2
Irland[3]	1 029	13,7	47,9	10,7	0,7	6,9	20,2
Italien[3]	19 909	19,4	46,7	8,5	1,7	3,1	20,6
Luxemburg	145	21,4	38,6	7,6	1,4	5,5	25,5
Niederlande	6 162	22,5	33,5	6,3	.	7,7	30,0
Portugal[3]	3 146	22,2	50,4	7,2	3,9	2,4	13,9
Spanien	11 836	.	.	.	.	.	13,4
EU-Länder insgesamt	130 869	.	.	.	.	.	26,2

1) Einschl. Haushalte mit weiteren Personen. – 2) Ohne Haushalte mit weiteren Personen. – 3) Bei Ehepaaren einschl. nichtehelicher Lebensgemeinschaften. – 4) 1990.

Quelle: Eurostat – Gemeinschaftliches Volkszählungsprogramm 1990/1991

5.1.3 Alleinlebende

- Alleinlebende in Dänemark und Deutschland am häufigsten, in Spanien und Portugal am seltensten vertreten -

Weitere Informationen über die in einem Haushalt alleinlebenden Personen (Einpersonenhaushalte) lassen sich durch den Bezug auf die **Bevölkerung in Haushalten** gewinnen. Wie bereits dargestellt, lebt im Durchschnitt etwa jeder zehnte Einwohner in der Europäischen Union allein in einem Haushalt. Die relativ meisten Alleinlebenden – bezogen auf die Haushaltsmitglieder insgesamt – gibt es in Dänemark und Deutschland, wo etwa jeder siebte Einwohner (rund 15 %) in einem Einpersonenhaushalt lebt. Dagegen ist die Lebensform „Alleinleben" in den südlichen EU-Ländern sehr selten anzutreffen, in Spanien und Portugal beträgt der Anteil der Alleinlebenden an der Bevölkerung gerade über 4 %, in Griechenland und Irland liegt er bei rund 6 %. Dies liegt auch daran, daß aufgrund der allgemeinen Wohlstandsentwicklung die Tendenz zur singulären Haushaltsführung im Norden der Europäischen Union (mit Ausnahme von Irland) ausgeprägter ist als im Süden (vgl. Tab. 5.4).

Tab. 5.4: Alleinlebende in der EU 1991

Land	Insgesamt		Davon			
			Männer		Frauen	
	1 000	%[1]	1 000	%[2]	1 000	%[2]
Bundesrepublik Deutschland	11 857	14,8	4 376	36,9	7 481	63,1
Belgien	1 124	11,4	466	41,5	658	58,5
Dänemark	782	15,4	330	42,2	452	57,8
Frankreich[3]	5 845	10,6	2 171	37,1	3 674	62,9
Griechenland	521	5,5	186	35,7	335	64,3
Großbritannien und Nordirland	5 882	10,6	2 239	38,1	3 643	61,9
Irland	208	6,1	98	47,4	109	52,6
Italien	4 100	7,3	1 256	30,6	2 844	69,4
Luxemburg	37	9,8	14	39,1	22	60,9
Niederlande	1 846	12,5	771	41,8	1 075	58,2
Portugal	436	4,4	131	30,0	305	70,0
Spanien	1 585	4,1	.	.	.	.
EU-Länder insgesamt	34 223	10,1	.	.	.	.

1) Anteil der Alleinlebenden (Einpersonenhaushalte) an der Bevölkerung in Privathaushalten. – 2) Anteil an Spalte „insgesamt". – 3) 1990.

Quelle: Eurostat – Gemeinschaftliches Volkszählungsprogramm 1990/1991

Die Mehrzahl der Alleinlebenden in der Europäischen Union sind Frauen, wobei es zwischen den einzelnen Mitgliedsländern bemerkenswerte Unterschiede gibt. Die höchsten Anteile an weiblichen Alleinlebenden finden sich in Portugal (70 % der Alleinlebenden insgesamt) und in Italien (69 %), den geringsten Anteil trifft man mit 53 % in Irland an. Die Ursache für dieses Phänomen liegt vor allem darin, daß Frauen aufgrund ihrer höheren Lebenserwartung und wegen ihres jüngeren Heiratsalters meistens ihren männlichen Partner überleben; deshalb sind hauptsächlich sie im Alter vom Schicksal des Alleinlebens betroffen[4].

- Starke Zunahme der Alleinlebenden in den EU-Ländern -

Die langfristige Entwicklung der Zahl der Einpersonenhaushalte kann allerdings nur in bezug zur Zahl der Haushalte insgesamt, das heißt nicht in Relation zu der in Haushalten lebenden Bevölkerung aufgezeigt werden. Bei dieser Betrachtungsweise wird deutlich, daß der Anteil der Einpersonenhaushalte an den Haushalten insgesamt in allen EU-Ländern stark zugenommen hat. Die größte relative Zunahme dieser Haushaltsform ist in den Niederlanden festzustellen, wo der Anteil der Einpersonenhaushalte von 17 %

---

4) Vgl. Eurostat (Hrsg.): Frauen in der Europäischen Gemeinschaft, Schnellberichte: Bevölkerung und soziale Bedingungen, 10/1993; S. 2.

(1971) auf 30 % (1991) angewachsen ist; auch in Dänemark sowie in Belgien, Deutschland und Luxemburg hat sich ihr Anteil seit 1971 um 11 bzw. 9 Prozentpunkte stark vergrößert. Vergleichsweise gering ist die relative Zunahme der in einem Haushalt alleinlebenden Personen in den südlich gelegenen Ländern der Europäischen Union, wo ihr Anteil an allen Haushalten beispielsweise von 10 % auf 14 % (Portugal), von 11 % auf 16 % (Griechenland) und von 7 % auf 13 % (Spanien) gestiegen ist (vgl. Abb. 5.2).

Abb. 5.2 Anteil der Einpersonenhaushalte an den Haushalten insgesamt in den EU-Ländern

1) Für 1971: Angaben für früheres Bundesgebiet.– 2) 1991: Angaben für 1990.
Quelle: Eurostat

5.2 Paargemeinschaften und Alleinerziehende

Die Formen des Zusammenlebens ohne und mit Kindern im Bereich der Europäischen Union werden im folgenden aus der Sicht der Gemeinschaften, das heißt aus dem Blickwinkel der Ehepaare und Alleinerziehenden dargestellt, wobei in einer Reihe von Ländern (Dänemark, Frankreich, Großbritannien und Nordirland, Irland, Italien, Portugal und Spanien) die nichtehelichen Lebensgemeinschaften den Ehepaaren zugerechnet werden.

- Ehepaare mit Kindern in Südeuropa und Irland am stärksten verbreitet -

Aus der Aufgliederung der Ehepaare ohne und mit Kindern sowie der Alleinerziehenden ergibt sich, daß der Anteil der Ehepaare ohne Kinder an diesen Gemeinschaften in Dänemark (41 %), Deutschland (39 %) sowie Großbritannien und Nordirland (39 %) am höchsten, in Irland (19 %) und Spanien (22 %) am niedrigsten ist. Dementsprechend findet man in Spanien und Irland auch die meisten Ehepaare mit Kindern, der Anteil der traditionellen Kernfamilien an den Gemeinschaften ohne und mit Kindern liegt in Spanien bei 68 % und in Irland bei 66 %. Vergleichsweise niedrig ist ihr Anteil in Großbritannien und Nordirland mit 47 %. Dies belegt, daß vor allem im Süden der Europäischen Union die Lebensform "Ehepaar mit Kindern" dominiert (vgl. Abb. 5.3).

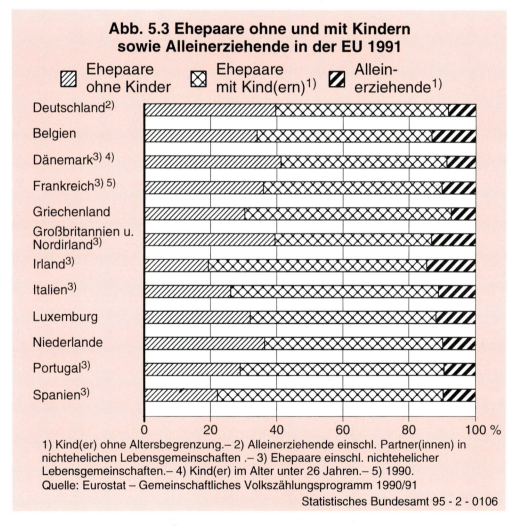

Es fällt auf, daß der Anteil der Alleinerziehenden an allen Gemeinschaften ohne und mit Kindern in Irland (15 %), in Belgien sowie in Großbritannen und Nordirland (jeweils 13,5 %) von allen EU-Ländern am höchsten ist. Demgegenüber ist ihr Anteil in Griechenland, Deutschland und Dänemark (8 % bis 9 %) relativ gering (vgl. Tab. A 5.1 im Anhang).

5.3 Familien

5.3.1 Familienstrukturen

- Anteil der Alleinerziehenden in Dänemark sowie Großbritannien und Nordirland am höchsten -

Die Gliederung der Eltern-Kind-Gemeinschaften (hier: Familien) nach Elternpaaren und alleinerziehenden Müttern oder Vätern zeigt in den einzelnen Mitgliedsländern der Europäischen Union beträchtliche Unterschiede auf. In Dänemark sowie in Großbritannien und Nordirland besteht heute (1991) über ein Fünftel (22 %) der Familien aus Alleinerziehenden, diese Länder haben von allen EU-Ländern die höchsten Anteile an Ein-Eltern-Familien. Ein Grund dafür liegt in der Zunahme der nichtehelichen Geburten in diesen Ländern, so wird in Dänemark knapp die Hälfte der Kinder nichtehelich geboren, in Großbritannien und Nordirland ist es knapp ein Drittel[5]. Andererseits ist der Anteil der Alleinerziehenden mit knapp 11 % der Familien in Griechenland von allen EU-Ländern am geringsten. Dementsprechend ist der Anteil der Ehepaare mit Kindern an allen Familien in Griechenland (89 %) sowie in Spanien und Portugal mit jeweils rund 87 % im EU-Vergleich am höchsten. Dies bedeutet, daß in den südlichen Mitgliedstaaten der Europäischen Union das (zusammenlebende) Ehepaar mit Kindern den Normalfall des familialen Zusammenlebens darstellt (vgl. Tab. 5.5).

Tab. 5.5: Ehepaare mit Kindern und Alleinerziehende in der EU 1991

Land	Familien mit Kind(ern)[1] insgesamt	Davon			
		Ehepaare		Alleinerziehende[2]	
	1 000	1 000	%[3]	1 000	%[3]
Bundesrepublik Deutschland	13 639	11 098	81,4	2 540	18,6
Belgien	1 812	1 428	78,8	384	21,2
Dänemark[4][5]	768	599	78,0	169	22,0
Frankreich[4][6]	9 898	8 296	83,8	1 602	16,2
Griechenland	1 766	1 573	89,1	193	10,9
Großbritannien und Nordirland[4]	9 709	7 549	77,8	2 160	22,2
Irland[4]	613	499	81,4	113	18,4
Italien[4]	12 095	10 460	86,5	1 636	13,5
Luxemburg	70	57	82,1	12	17,9
Niederlande	2 450	2 062	84,2	388	15,8
Portugal[4]	1 937	1 682	86,8	254	13,1
Spanien[4]	7 578	6 605	87,2	973	12,8
EU-Länder insgesamt	62 334	51 909	83,3	10 425	16,7

1) Ledige Kinder ohne Altersbegrenzung. – 2) Bei Deutschland einschl. Alleinerziehender, die Partner(in) in einer nichtehelichen Lebensgemeinschaft sind. – 3) Anteil an Spalte „insgesamt". – 4) Paare einschl. nichtehelicher Lebensgemeinschaften. – 5) Mit Kindern im Alter unter 26 Jahren. – 6) 1990.

Quelle: Eurostat – Gemeinschaftliches Volkszählungsprogramm 1990/1991.

---

5) Vgl. Eurostat (Hrsg.): Frauen in der Europäischen Gemeinschaft, a.a.O., S. 5.

5.3.2 Familien und Zahl der Kinder

- In Irland leben die kinderreichsten Ehepaare -

Weitere Hinweise auf die unterschiedlichen Familienstrukturen in den EU-Ländern ergeben sich aus der Aufgliederung der Ehepaare mit Kindern nach der Zahl der im elterlichen Haushalt lebenden Kinder (ohne Altersbegrenzung). Nach dem EU-Durchschnitt haben rund 40 % der Ehepaare ein Kind und 41 % zwei Kinder im Haushalt, knapp 14 % von ihnen leben mit drei und 5 % mit vier und mehr Kindern zusammen. Die Ein-Kind-Familie kommt in Deutschland (47 % aller Ehepaare mit Kindern), Portugal und Luxemburg (jeweils 44 %) am häufigsten vor, dagegen ist die Zwei-Kinder-Familie in Griechenland (48 %), in den Niederlanden (46 %) und in Dänemark (45 %) am stärksten verbreitet. Auffallend ist aber der überdurchschnittlich hohe Anteil der Ehepaare mit drei und mehr Kindern in Irland, wo knapp 46 % der Ehepaare mindestens drei Kinder haben; auch in Spanien ist dieser Anteil mit 26 % noch hoch. Im EU-Durchschnitt leben bei rund 18 % der Ehepaare mit Kindern drei und mehr Kinder mit ihren Eltern zusammen (vgl. Tab. 5.6). Der Kinderreichtum in Irland beruht auf der hier sehr hohen durchschnittlichen Kinderzahl je Frau[6], die 1992 mit 2,11 Kindern je Frau klar über dem EU-Durchschnittswert von 1,48 Kindern je Frau lag (zum Vergleich: die durchschnittliche Kinderzahl je Frau betrug 1992 in Italien 1,26 und in Griechenland 1,41)[7].

Tab. 5.6: Ehepaare mit Kindern in der EU 1991 nach Zahl der Kinder

Land	Ehepaare mit Kind(ern) insgesamt	Davon mit ... Kind(ern)[1]			
		1	2	3	4 und mehr
	1 000	% von Spalte „insgesamt"			
Bundesrepublik Deutschland............	11 098	46,8	40,1	10,1	3,0
Belgien	1 428	42,9	38,4	13,4	5,3
Dänemark[2)3)]............	599	41,4	45,1	11,2	2,3
Frankreich[2)4)]............	8 296	39,7	38,2	15,7	6,5
Griechenland............	1 573	37,8	47,5	11,6	3,1
Großbritannien und Nordirland[2]............	7 549	38,8	42,4	14,0	4,8
Irland[2]............	499	23,6	30,5	23,2	22,6
Italien[2]............	10 460	41,2	43,3	12,6	2,9
Luxemburg............	57	43,9	40,4	12,3	3,5
Niederlande............	2 062	34,5	45,7	15,0	4,8
Portugal[2]............	1 682	43,8	38,9	11,1	6,2
Spanien[2]............	6 605	33,0	41,1	17,4	8,6
EU-Länder insgesamt.	51 909	40,4	41,2	13,5	4,9

1) Ledige Kinder ohne Altersbegrenzung. – 2) Einschl. nichtehelicher Lebensgemeinschaften. – 3) Mit Kindern im Alter bis unter 26 Jahren. – 4) 1990.

Quelle: Eurostat – Gemeinschaftliches Volkszählungsprogramm 1990/1991

---

6) Die durchschnittliche Kinderzahl je Frau drückt aus, wieviele Kinder eine Frau – ausgehend von den gegenwärtigen Geburtenverhältnissen – im Durchschnitt in ihrem Leben zur Welt bringt.
7) Vgl. Eurostat (Hrsg.): Frauen in der Europäischen Gemeinschaft, a.a.O., S. 4.

- In Deutschland und Luxemburg haben die meisten Alleinerziehenden ein Kind -

Auch die Aufgliederung der Alleinerziehenden nach der Zahl der Kinder belegt die festgestellten Unterschiede der Familienstrukturen zwischen den EU-Ländern. In Deutschland und Luxemburg ist die Familienform „Alleinerziehende mit einem Kind" mit 72 % bzw. 69 % der Alleinerziehenden insgesamt am häufigsten verbreitet - bei einem EU-Durchschnitt von 64 %. Umgekehrt hat jeder zweite Alleinerziehende in Irland zwei und mehr Kinder zu betreuen. In Spanien und Portugal ist der Anteil der Alleinerziehenden mit mindestens zwei Kindern mit über 40 % der Alleinerziehenden noch überdurchschnittlich hoch; der entsprechende EU-Durchschnitt liegt bei 36 % (vgl. Tab. 5.7).

Tab. 5.7: Alleinerziehende in der EU 1991 nach Zahl der Kinder

Land	Alleinerziehende insgesamt	davon mit ... Kind(ern)[1]			Dar. Frauen
		1	2	3 und mehr	
	1 000	% von Spalte „insgesamt"			
Bundesrepublik Deutschland[2]	2 540	71,5	22,4	6,0	84,5
Belgien	384	64,9	25,5	9,6	78,4
Dänemark[3]	169	67,5	27,2	5,3	84,0
Frankreich[4]	1 602	63,2	25,2	11,5	85,5
Griechenland	193	61,9	29,9	8,2	80,3
Großbritannien und Nordirland	2 160	59,8	28,0	12,2	86,3
Irland	113	50,0	26,3	23,7	83,2
Italien	1 636	65,2	26,5	8,2	83,7
Luxemburg	12	69,2	23,1	7,7	76,9
Niederlande	388	63,4	28,4	8,2	76,3
Portugal	254	59,1	26,8	14,2	86,2
Spanien	973	56,7	27,3	15,9	86,0
EU-Länder insgesamt	10 425	64,1	25,8	10,1	84,5

1) Ledige Kinder ohne Altersbegrenzung. – 2) Einschl. Alleinerziehender, die Partner in einer nichtehelichen Lebensgemeinschaft sind. – 3) Mit Kindern im Alter bis unter 26 Jahren. – 4) 1990.

Quelle: Eurostat – Gemeinschaftliches Volkszählungsprogramm 1990/1991.

Bemerkenswert ist ferner, daß in Belgien, Luxemburg und in den Niederlanden der Anteil der alleinerziehenden Männer knapp ein Viertel aller Alleinerziehenden ausmacht. In Portugal, Großbritannien und Nordirland sowie Frankreich ist der Anteil der alleinerziehenden Frauen mit rund 86 % am höchsten, dementsprechend fällt in diesen Ländern der Anteil der alleinerziehenden Männer niedriger aus.

6 Familiendemographische Trends in Europa

- Rückläufige Verheiratetenanteile durch Hinausschieben der Erstheirat, das Eingehen nichtehelicher Lebensgemeinschaften und den Rückgang der Heiratsneigung Lediger

- Tendenzielle Stabilisierung des Geburten-, Heirats- und Scheidungsniveaus in den 80er Jahren

6 Familiendemographische Trends in Europa

Zu den europäischen Ländern in diesem Abschnitt werden die Mitgliedsländer der erweiterten Europäischen Union (EU 15) gezählt. Für Deutschland werden wegen der noch vorhandenen demographischen Unterschiede die Ergebnisse für das frühere Bundesgebiet und die neuen Länder und Berlin-Ost getrennt nachgewiesen.

6.1 Bevölkerung nach dem Familienstand

In den Abbildungen 6.1 bis 6.16 werden, soweit verfügbar, pro Land die Familienstandsquoten nach Altersgruppen um 1960 und um 1990 dargestellt.

In den meisten Ländern mit Ausnahme von Griechenland, Irland, Portugal und Spanien sind die Ledigenanteile bei der jüngeren Bevölkerung von um 1960 bis um 1990 gestiegen, in Italien, in Belgien, Großbritannien und Nordirland sowie in Österreich bis zu den 30- bis 34jährigen, im früheren Bundesgebiet, der ehemaligen DDR, Frankreich, Luxemburg und den Niederlanden bis zu den 35- bis 39jährigen und in Dänemark, Finnland und Schweden bis zu den 40- bis 44jährigen. Hierin schlägt sich ein Hinausschieben der ersten Eheschließung, das Eingehen von nichtehelichen Lebensgemeinschaften, ein Anstieg des Alters bei der Erstheirat und ein Rückgang der Heiratsneigung Lediger nieder.

Entsprechend verlagert sich der Anteil Verheirateter zu der etwas älteren Bevölkerung mit einer Tendenz zur Abnahme des Verheiratungsgrades. Zu dieser Abnahme trägt auch der Anstieg der Geschiedenenquote bei. Gleichzeitig wird in jüngerem Alter (nach kürzerer Ehedauer) geschieden, da die höchste Geschiedenenquote in einen jüngeren Altersbereich fällt. Ausnahmen sind Griechenland, Portugal und Spanien, wo der Geschiedenenanteil gering und nahezu unverändert ist. In Griechenland, Irland, Portugal und Spanien sind dagegen die Verheiratetenquoten gestiegen, in Italien, mit Ausnahme der unter 30jährigen, ebenfalls.

Der Verwitwetenanteil, der in keiner der Abbildungen mitaufgeführt wurde, steigt mit zunehmendem Alter an. Dieser Anstieg hat sich wegen der sinkenden Alterssterblichkeit im Vergleich von 1960 und 1990 verlangsamt, also in ein höheres Lebensalter verschoben.

6.2 Geburtenhäufigkeit

Die Entwicklung der Geburtenhäufigkeit wird zunächst anhand der zusammengefaßten Geburtenziffern und des Durchschnittsalters bei der Geburt des ersten Kindes im Querschnitt in den Kalenderjahren 1970 bis (soweit verfügbar) 1992 dargestellt.

Das höchste Geburtenniveau unter den Ländern der erweiterten Europäischen Union (EU 15) hat bei stark rückläufiger Tendenz Irland. Das niedrigste Geburtenniveau hatte von 1970 bis 1972 Finnland, von 1972 bis 1985 das frühere Bundesgebiet, von 1986 bis 1991 Italien und 1992 Spanien (vgl. Abb. 6.17).

In den 80er Jahren hat sich die Entwicklung der zusammengefaßten Geburtenziffern in Frankreich und Großbritannien und Nordirland stabilisiert bei 1,8 bzw. 1,9 Geburten je Frau. In Belgien, Dänemark, dem früheren Bundesgebiet, Finnland, Luxemburg, den Niederlanden und Schweden kam es im gleichen Zeitraum zu einem mehr oder minder ausgeprägten Anstieg des Geburtenniveaus. Anfang der 90er Jahre flacht dieser Anstieg wieder überall ab.

Die südeuropäischen Länder haben durchgängig einen Geburtenrückgang zu verzeichnen, der in Griechenland und Spanien erst 1975 begann. Der Hauptrückgang der Geburtenhäufigkeit in den anderen Ländern setzte Mitte der 60er Jahre ein und kam dann Anfang/Mitte der 80er Jahre zum Stillstand.

Von wenigen Ausnahmen abgesehen, steigt das Durchschnittsalter bei der Geburt des ersten Kindes. Es fiel in den 70er Jahren in Italien, Portugal, Irland, Luxemburg und Griechenland (vgl. Abb. 6.18).

Das höchste Durchschnittsalter bei der Geburt des ersten Kindes haben seit Mitte der 80er Jahre die Niederländerinnen, das niedrigste die Frauen in den neuen Ländern und Berlin-Ost. Bemerkenswert ist der Anstieg des Durchschnittsalter der ostdeutschen Frauen bei der Geburt des ersten Kindes seit 1990.

Die Geburtenentwicklung im Längsschnitt von Geburtsjahrgängen von Frauen (teilweise bei den jüngeren Geburtsjahrgängen hinzugeschätzt) zeigt ebenfalls überwiegend einen Rückgang der durchschnittlichen Geburtenzahlen (vgl. Abb. 6.20). Eine stabile Entwicklung gibt es in Belgien, Dänemark, den neuen Ländern und Berlin-Ost, Finnland, den Niederlanden und Schweden bei 1,8 bis 1,9 und auf niedrigerem Niveau um 1,6 in Luxemburg und (ab Geburtsjahrgang 1954) im früheren Bundesgebiet.

Bemerkenswerte Unterschiede gibt es in den Mitgliedsländern der erweiterten Europäischen Union (EU 15) hinsichtlich der Nichtehelichenquote. Die einzige Gemeinsamkeit ist die steigende Tendenz.

Die höchsten Nichtehelichenquoten werden in den skandinavischen Ländern verzeichnet, wo auch nichteheliche Lebensgemeinschaften sehr verbreitet sind. Aber auch Großbritannien und Nordirland, Frankreich, Österreich und die neuen Länder und Berlin-Ost haben eine recht hohe Nichtehelichenquote. Die niedrigsten Nichtehelichenquoten findet man in Belgien, Griechenland, Irland, Italien, Spanien, Luxemburg und dem früheren Bundesgebiet. Dabei muß der steile Anstieg der Nichtehelichenquote in Irland auffallen.

6.3 Heirats- und Scheidungsverhalten

Die zusammengefaßten Erstheiratsziffern für Kalenderjahre können - im Gegensatz zu solchen für Geburtsjahrgänge - auch Werte über 1 annehmen. Das ist dann der Fall, wenn sowohl das Heiratsalter sinkt als auch die Heiratsintensität sehr hoch ist.

Anfang der 70er Jahre war die Erstheiratsintensität in den meisten Ländern (Ausnahme: Schweden) noch recht oder sehr hoch, das heißt nahe oder über 1. In Portugal und Griechenland gab es Anfang der 70er Jahre sogar einen Heiratsboom (vgl. Abb. 6.21).

Nach wie vor bleibt die Entwicklung in Portugal und Griechenland eher durch eine recht hohe Heiratsbereitschaft gekennzeichnet, während in den übrigen Ländern ein

Rückgang der Heiratsintensität zu konstatieren ist. Allerdings kommt es in der zweiten Hälfte der 80er Jahre in Belgien, Dänemark, dem früheren Bundesgebiet, Irland, den Niederlanden, Luxemburg und Österreich zu einer Stabilisierung und teilweise zu leichten Anstiegen der Erstheiratshäufigkeit. Insgesamt ist die Heiratsintensität aber mit Werten zwischen 0,6 und 0,8 recht niedrig.

Das Durchschnittsalter der Frauen bei der Erstheirat fiel in den 70er Jahren in Belgien, dem früheren Bundesgebiet, Griechenland, Irland und Spanien (vgl. Abb. 6.22). Danach steigt es, wie in allen übrigen Ländern an. Besonders hoch ist es in Dänemark und Schweden. Dabei gab es in Schweden 1989 einen kräftigen Ausschlag nach oben, weil es in diesem Jahr geänderte Vorschriften über das Erbrecht zugunsten von Verheirateten gab. Entsprechend gab es im gleichen Jahr einen kleinen Einbruch bei der Erstheiratsintensität (vgl. Abb. 6.21).

Wir haben es hier mit typischen Veränderungen bei Querschnittsdaten zu tun, die – anders als Verlaufsdaten – empfindlich auf einmalige Einflüsse reagieren.

Die Scheidungshäufigkeit zeigt zunächst in den 70er Jahren fast überall eine steigende Tendenz. Lediglich in Italien ist das Scheidungsniveau nicht nur sehr niedrig, sondern auch leicht rückläufig in den 70er Jahren (vgl. Abb. 6.23).

Am höchsten ist das Scheidungsniveau in Dänemark, Schweden, in Großbritannien und Nordirland und ab Ende der 80er Jahre auch in Finnland. In den 80er Jahren kommt es aber – ähnlich wie beim Geburtenniveau – zu einer Stagnation der Scheidungsentwicklung in Belgien, im früheren Bundesgebiet, Frankreich, Griechenland, Großbritannien und Nordirland, und ab Ende der 80er Jahre sogar zu Rückgängen in Dänemark, Finnland und den Niederlanden.

Zusammenfassend läßt sich sagen, daß tendenziell in den späten 80er Jahren sowohl beim Geburtenniveau, als auch bei Scheidungs- und Heiratsverhalten deutliche Anzeichen einer Stabilisierung unverkennbar sind.

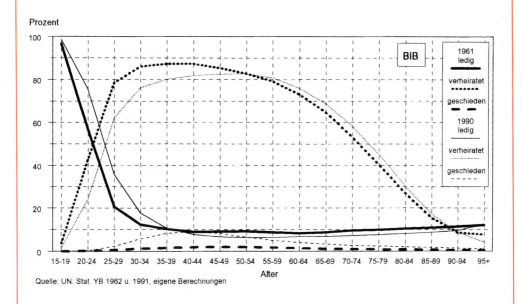

Abb. 6.1: Wohnbevölkerung nach Altersgruppen und Familienstand in Belgien 1961 und 1990

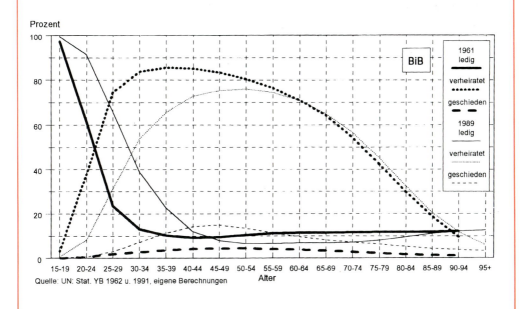

Abb. 6.2: Wohnbevölkerung nach Altersgruppen und Familienstand in Dänemark 1961 und 1989

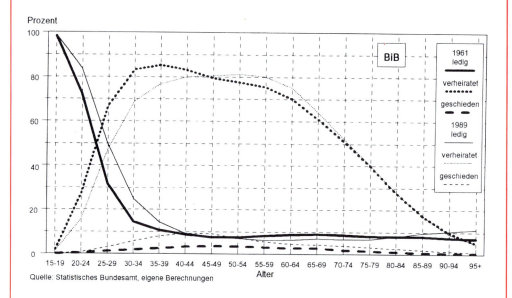

Abb. 6.3: Wohnbevölkerung nach Altersgruppen und Familienstand im früheren Bundesgebiet 1961 und 1989

Quelle: Statistisches Bundesamt, eigene Berechnungen

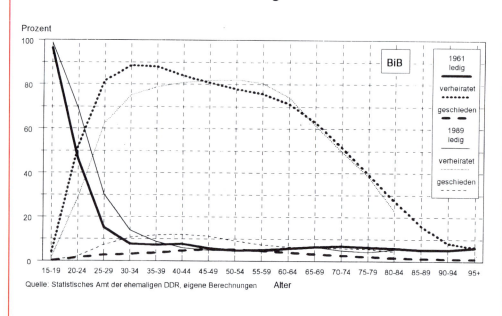

Abb. 6.4 Wohnbevölkerung nach Altersgruppen und Familienstand in der ehemaligen DDR 1961 und 1989

Quelle: Statistisches Amt der ehemaligen DDR, eigene Berechnungen

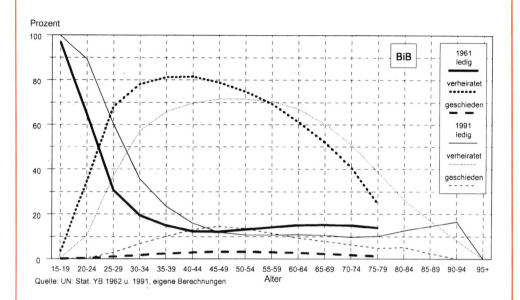

Abb. 6.5 Wohnbevölkerung nach Altersgruppen und Familienstand in Finnland 1961 und 1991

Quelle: UN: Stat. YB 1962 u. 1991, eigene Berechnungen

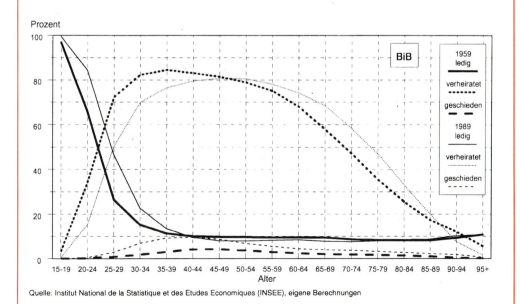

Abb. 6.6 Wohnbevölkerung nach Altersgruppen und Familienstand in Frankreich 1959 und 1989

Quelle: Institut National de la Statistique et des Etudes Economiques (INSEE), eigene Berechnungen

Abb. 6.7 Wohnbevölkerung nach Altersgruppen und Familienstand in Griechenland 1961 und 1989

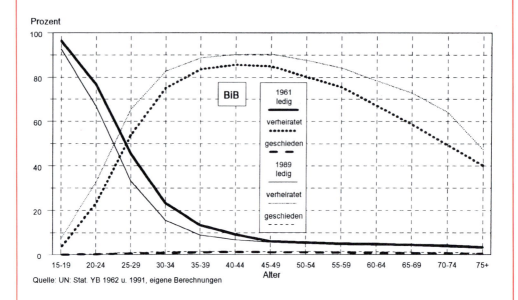

Abb. 6.8 Wohnbevölkerung nach Altersgruppen und Familienstand in Großbritannien und Nordirland 1960 und 1989

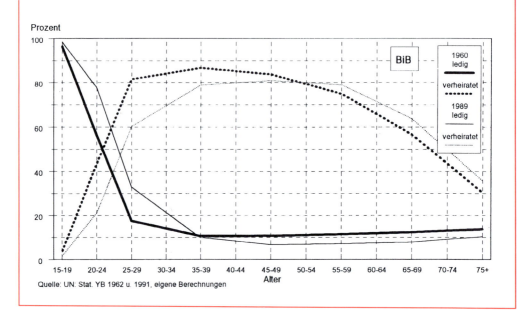

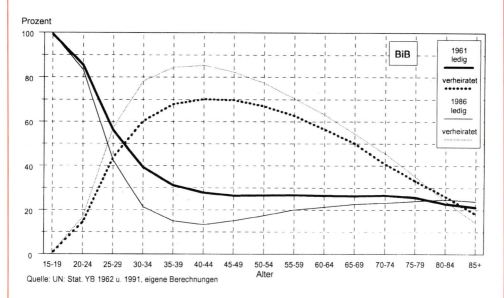

Abb. 6.9 Wohnbevölkerung nach Altersgruppen und Familienstand in Irland 1961 und 1986

Quelle: UN: Stat. YB 1962 u. 1991, eigene Berechnungen

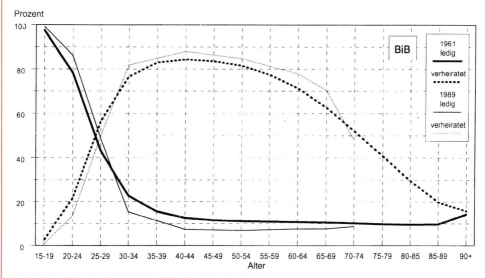

Abb. 6.10 Wohnbevölkerung nach Altersgruppen und Familienstand in Italien 1961 und 1989

Quelle: Istituto di Ricerche sulla Populazione (IRP), eigene Berechnungen

Abb. 6.11 Wohnbevölkerung nach Altersgruppen und Familienstand in Luxemburg 1961 und 1990

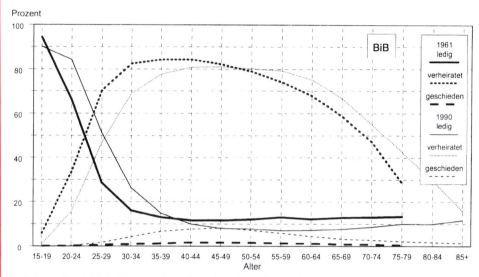

Quelle: Service Central de la Statistique et des Etudes Economiques (STATEC), eigene Berechnungen

Abb. 6.12 Wohnbevölkerung nach Altersgruppen und Familienstand in den Niederlanden 1960 und 1990

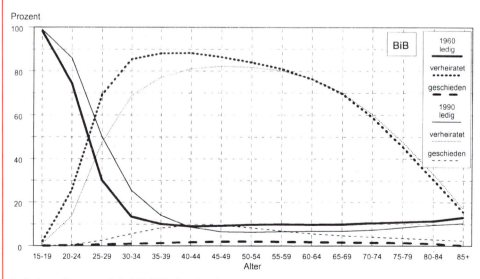

Quelle: Centraal Bureau voor de Statistiek (CBS), eigene Berechnungen

Abb. 6.13 Wohnbevölkerung nach Altersgruppen und Familienstand in Österreich 1961 und 1991

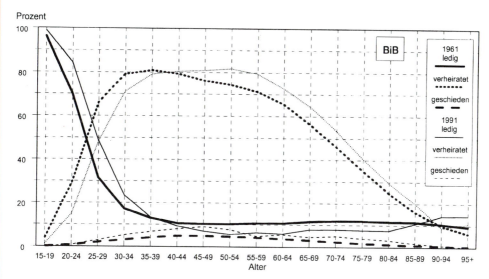

Quelle: Österreichisches Statistisches Zentralamt, eigene Berechnungen

Abb. 6.14 Wohnbevölkerung nach Altersgruppen und Familienstand in Portugal 1960 und 1990

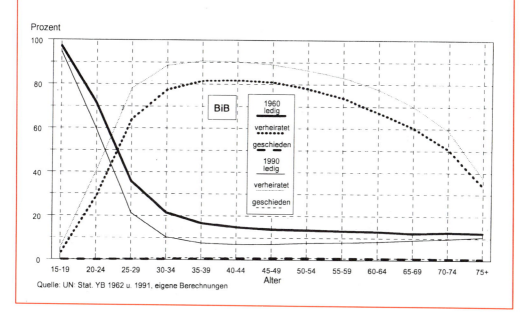

Quelle: UN: Stat. YB 1962 u. 1991, eigene Berechnungen

Abb. 6.15 Wohnbevölkerung nach Altersgruppen und Familienstand in Schweden 1960 und 1990

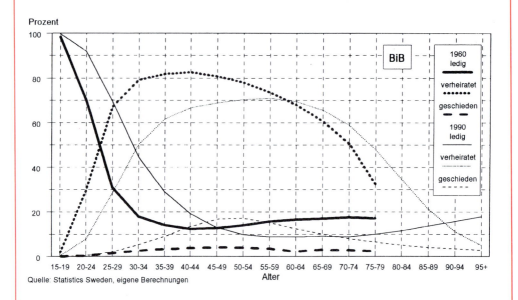

Quelle: Statistics Sweden, eigene Berechnungen

Abb. 6.16 Wohnbevölkerung nach Altersgruppen und Familienstand in Spanien 1960 und 1990

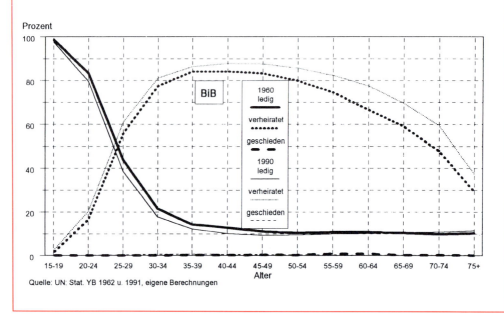

Quelle: UN: Stat. YB 1962 u. 1991, eigene Berechnungen

Abb. 6.17 Zusammengefaßte Geburtenziffern in den Mitgliedsländern der erweiterten Europäischen Union (EU 15) in den Jahren 1970 bis 1992

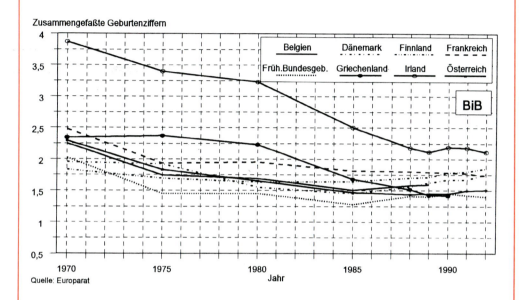

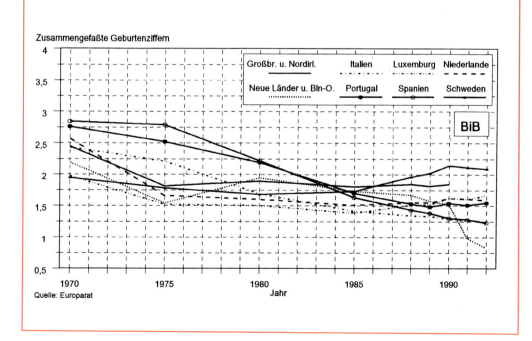

Im Blickpunkt: Familien heute

Abb. 6.18 Durchschnittsalter bei der Geburt des ersten Kindes in den Mitgliedsländern der erweiterten Europäischen Union (EU 15) 1970 bis 1992

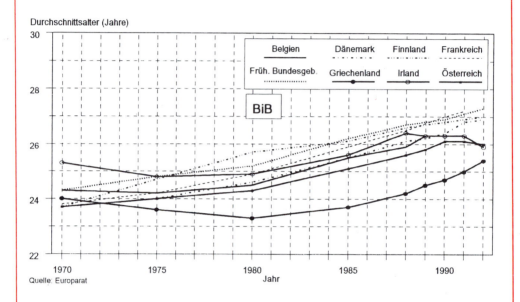

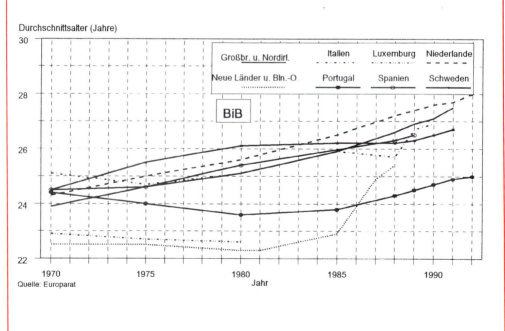

Quelle: Europarat

Abb. 6.19 Zusammengefaßte Geburtenziffern nach Geburtsjahrgängen der Frauen in den Mitgliedsländern der erweiterten Europäischen Union (EU 15)

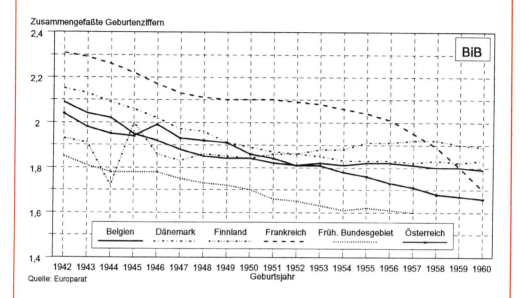

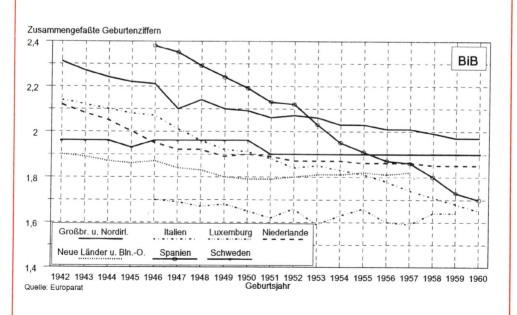

Abb. 6.20 Anteil nichtehelich geborener Kinder an den Lebendgeborenen in den Mitgliedsländern der erweiterten Europäischen Union (EU 15) (Nichtehelichenquote) 1970 bis 1992

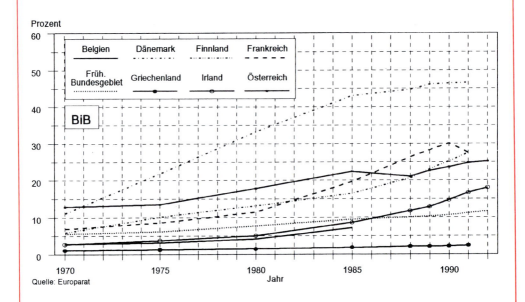

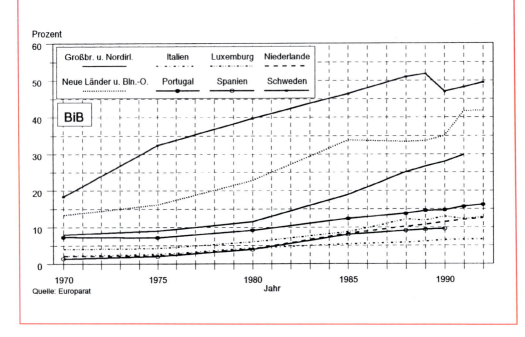

Abb. 6.21 Zusammengefaßte Erstheiratsziffern der Frauen in den Mitgliedsländern der erweiterten Europäischen Union (EU 15) 1970 bis 1992

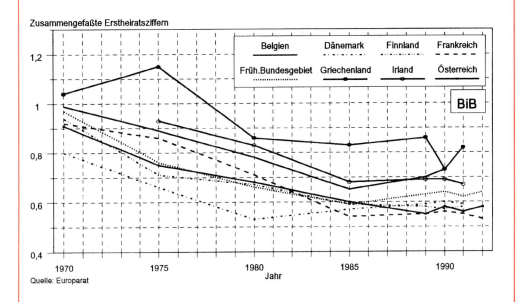

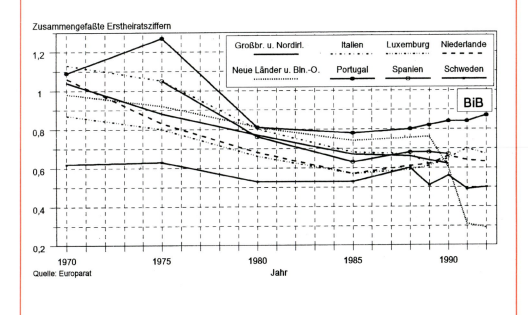

Abb. 6.22 Durchschnittsalter der Frauen bei der Erstheirat in den Mitgliedsländern der erweiterten Europäischen Union (EU 15) 1970 bis 1992

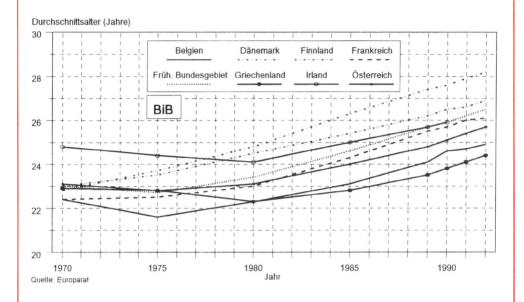

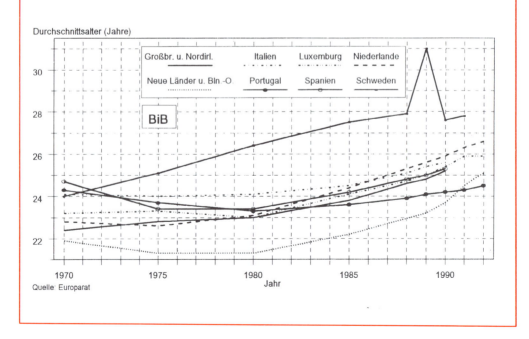

Abb. 6.23 Zusammengefaßte Scheidungsziffern in den Mitgliedsländern der erweiterten Europäischen Union (EU 15) 1970 bis 1992

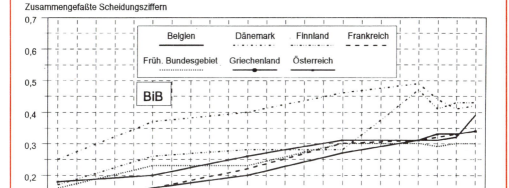

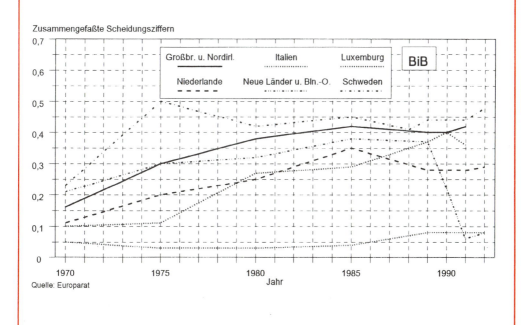

7 Bevölkerungsvorausschätzungen für Europa

- Die Bevölkerung in den Mitgliedsländern der erweiterten Europäischen Union altert in den nächsten Jahrzehnten zunehmend

- Die Bevölkerungszahlen werden voraussichtlich in der Mehrzahl der Länder der erweiterten Europäischen Union bis zum Jahr 2025 sinken

7 Bevölkerungsvorausschätzungen für Europa

In diesem Abschnitt wird die untere Variante der Bevölkerungsvorausschätzungen der Vereinten Nationen (Stand 1992; Annahmen: konstantes Geburtenniveau, steigende Lebenserwartung, länderspezifische Zu- bzw. Abwanderung) verwendet, weil keine deutlichen Anzeichen für einen Geburtenanstieg, wie er teilweise für die mittlere Variante angenommen wird, erkennbar sind.

Zunächst wird die Entwicklung der Gesamtbevölkerung in absoluten Zahlen und als prozentualer Vergleich zu 1990 erläutert (vgl. Tab. 7.1). Die größte Gesamtbevölkerung hat das vereinigte Deutschland, die kleinste Luxemburg.

Mit Ausnahme von Frankreich, Luxemburg, den Niederlanden und Schweden nehmen die Gesamtbevölkerungszahlen bis 2025 ab. Allerdings setzt der Rückgang der Bevölkerungszahlen nur in Irland (wegen der angenommenen Abwanderung) bereits 1990 ein. In Belgien und Italien beginnt die Bevölkerung ab 2005, in Dänemark und Portugal ab 2010, in Finnland, Deutschland, Griechenland und Spanien ab 2015 und in Großbritannien und den Niederlanden sowie in Österreich ab 2025 zu sinken.

Während die Zunahmen der Bevölkerung eher bescheiden sind, ist der Rückgang in Italien am stärksten, gefolgt von Belgien und Irland.

Wesentlicher als die Veränderungen der Gesamtbevölkerungszahlen sind die Verschiebungen in der Altersstruktur der Bevölkerung. Hier ist infolge des Geburtenrückgangs eine Abnahme des Anteils der unter 15jährigen und ein Ansteigen des Anteils der über 65jährigen zu verzeichnen (vgl. Tab. 7.2).

1990 hat Irland den höchsten Anteil an Kindern, Deutschland den niedrigsten. Den höchsten Seniorenanteil hat 1990 Schweden, den niedrigsten Irland.

In allen Ländern der erweiterten Europäischen Union (EU 15) sinkt der Kinderanteil an der Bevölkerung und steigt der Seniorenanteil im Zeitraum von 1990 bis 2025. Insbesondere nach 2010 steigt der Seniorenanteil besonders stark an. Hierzu tragen neben dem niedrigen Geburtenniveau der vergangenen Jahrzehnte auch das Sinken der Alterssterblichkeit und das Ausscheiden der durch die Weltkriege dezimierten derzeitigen Seniorenjahrgänge bei. Insbesondere mit Eintritt der geburtenstarken Jahrgänge aus den 50er und 60er Jahren in das Ruhestandsalter steigt die Anzahl der Senioren und der Seniorenanteil nach 2010.

Die Bevölkerung in den Mitgliedsländern der erweiterten Europäischen Union (EU 15) altert also in den nächsten Jahrzehnten zunehmend. Im Jahr 2025 wird in allen diesen Ländern der Seniorenanteil größer sein als der Kinderanteil.

Tab. 7.1: Bevölkerungsvorausschätzungen (untere Variante) für die Mitgliedsländer der erweiterten Europäischen Union (EU 15) 1990 bis 2025

Land	Einheit	Jahr						
		1990	1995	2000	2005	2010	2020	2025
Belgien	1 000	9 967	10 006	9 991	9 899	9 759	9 399	9 178
	1990=100	100,00	100,39	100,24	99,32	97,91	94,30	92,08
Dänemark	1 000	5 140	5 182	5 199	5 170	5 112	4 936	4 816
	1990=100	100,00	100,82	101,15	100,58	99,46	96,03	93,70
Finnland	1 000	4 982	5 028	5 046	5 034	5 002	4 885	4 788
	1990=100	100,00	100,92	101,28	101,04	100,40	98,05	96,11
Frankreich	1 000	56 718	57 601	58 337	58 690	58 715	58 042	57 394
	1990=100	100,00	101,56	102,85	103,48	103,52	102,33	101,19
Bundesrepublik Deutschland	1 000	79 479	80 712	81 025	80 590	79 795	77 279	75 520
	1990=100	100,00	101,55	101,95	101,40	100,40	97,23	95,02
Griechenland	1 000	10 123	10 246	10 300	10 264	10 157	9 756	9 514
	1990=100	100,00	101,22	101,75	101,39	100,34	96,37	93,98
Großbritannien und Nordirland	1 000	57 411	57 882	58 198	58 247	58 107	57 562	57 013
	1990=100	100,00	100,82	101,37	101,46	101,21	100,26	99,31
Irland	1 000	3 503	3 457	3 401	3 363	3 365	3 309	3 237
	1990=100	100,00	98,69	97,09	96,00	96,06	94,46	92,41
Italien	1 000	57 663	57 844	57 863	57 428	56 516	53 674	51 982
	1990=100	100,00	100,31	100,35	99,59	98,01	93,08	90,15
Luxemburg	1 000t	373	385	396	404	405	404	401
	1990=100	100,00	103,22	106,17	108,31	108,58	108,31	107,51
Niederlande	1 000	14 943	15 426	15 817	16 080	16 207	16 231	16 172
	1990=100	100,00	103,23	105,85	107,61	108,46	108,62	108,22
Österreich	1 000	7 712	7 831	7 890	7 896	7 879	7 790	7 693
	1990=100	100,00	101,54	102,31	102,39	102,17	101,01	99,75
Portugal	1 000	9 868	9 872	9 890	9 880	9 836	9 599	9 429
	1990=100	100,00	100,04	100,22	100,12	99,68	97,27	95,55
Spanien	1 000	38 959	39 231	39 471	39 528	39 315	38 170	37 359
	1990=100	100,00	100,70	101,31	101,46	100,91	97,97	95,89
Schweden	1 000	8 566	8 738	8 863	8 914	8 928	8 908	8 848
	1990=100	100,00	102,01	103,47	104,06	104,23	103,99	103,29

Quelle: UN: World Population Prospects 1992

Tab. 7.2: Vorausschätzung (untere Variante) der Altersstruktur der Bevölkerung in den Mitgliedsländern der erweiterten Europäischen Union (EU 15) 1990 bis 2025
Prozent*)

Land	Alter	Jahr							
		1990	1995	2000	2005	2010	2015	2020	2025
Belgien	0 - 14	18,1	17,8	17,0	15,9	14,6	13,6	13,1	12,7
	65 +	14,9	15,7	16,6	17,0	17,3	19,0	20,9	23,5
Dänemark	0 - 14	17,2	16,9	17,4	16,9	15,4	13,9	13,1	12,8
	65 +	15,6	15,5	15,3	15,7	17,3	19,9	21,6	23,2
Finnland	0 - 14	19,3	18,7	17,5	16,4	15,3	14,7	14,2	13,9
	65 +	13,3	14,1	14,7	15,4	16,3	19,5	22,1	24,0
Frankreich	0 - 14	20,3	19,6	18,8	17,6	16,5	15,6	14,7	14,1
	65 +	14,0	14,9	15,8	16,1	16,4	18,3	20,4	22,4
Bundesrepublik Deutschland	0 - 14	16,7	16,8	16,1	14,8	13,7	13,0	12,7	12,5
	65 +	14,6	14,9	15,7	17,8	19,4	19,5	20,8	22,7
Griechenland	0 - 14	19,3	17,3	15,4	15,0	14,6	14,0	13,1	12,3
	65 +	13,8	15,5	17,5	19,2	19,6	20,8	22,0	23,6
Großbritannien und Nordirland	0 - 14	19,0	19,4	19,0	18,0	16,8	15,9	15,4	15,0
	65 +	15,7	15,6	15,6	15,7	16,2	17,9	19,0	20,6
Irland	0 - 14	27,3	24,4	21,6	19,9	19,2	18,4	17,4	16,2
	65 +	11,4	11,6	12,0	12,5	13,4	15,5	17,6	19,7
Italien	0 - 14	17,3	15,3	14,7	14,3	13,7	12,6	11,5	10,8
	65 +	14,1	15,6	17,1	18,3	19,5	20,9	22,3	24,2
Luxemburg	0 - 14	17,3	17,3	16,7	15,5	14,4	13,6	13,1	12,8
	65 +	13,4	14,1	14,8	15,4	16,1	17,5	19,5	22,0
Niederlande	0 - 14	18,3	18,2	18,2	17,4	15,9	14,4	13,4	13,0
	65 +	12,7	13,1	13,6	14,1	15,0	17,3	19,5	21,6
Österreich	0 - 14	17,4	17,2	16,3	15,2	14,1	13,4	13,0	12,6
	65 +	15,1	15,5	15,7	16,3	17,6	18,8	19,9	22,0
Portugal	0 - 14	20,9	18,4	17,0	16,4	15,8	14,9	13,9	13,1
	65 +	13,1	14,2	15,2	15,9	16,2	17,1	18,4	20,3
Spanien	0 - 14	19,7	16,9	15,8	15,6	15,0	14,0	12,8	11,7
	65 +	13,4	14,7	16,0	16,4	17,0	18,2	19,6	21,9
Schweden	0 - 14	17,8	18,4	19,0	18,3	17,0	15,6	14,8	14,5
	65 +	17,8	17,4	16,9	16,7	18,0	20,2	21,5	22,5

*) Anteil an der Bevölkerung insgesamt.

Quelle: UN: World Population Prospects 1992

Tab. A 3.4: Ehescheidungen nach der Ehedauer*)

Ehedauer[1]	Ehescheidungen			Ehedauerspezifische Scheidungsziffer[2]		
	Deutschland	Früheres Bundesgebiet	Neue Länder und Berlin-Ost	Deutschland	Früheres Bundesgebiet	Neue Länder und Berlin-Ost
0 Jahre	158					
1 Jahr	2 274					
2 Jahre	7 171					
3 Jahre	9 435					
4 Jahre	10 065					
0 bis 4 Jahre	29 103					
5 Jahre	9 367					
6 Jahre	8 490					
7 Jahre	7 696					
8 Jahre	7 084					
9 Jahre	6 286					
5 bis 9 Jahre	38 923					
10 bis 14 Jahre	23 376					

8 Anhang

Tab. A1.7: Ehepaare, Alleinerziehende und nichteheliche Lebensgemeinschaften 1992 nach Zahl der Kinder*)

Eltern-Kind-Gemeinschaft	Insgesamt	Davon mit ... Kind(er)	
		1	2
	1 000	% von "Insgesamt"	
Früheres Bundesgebiet			
Ehepaare mit Kind(ern)	8 822	46,7	39,2
dar. mit Kind(ern) unter 18 Jahren	6 192	47,4	39,2
			22,1
			22,9
			21,8
			23,6
			36,2
			36,9
			43,7

Tab. A1.8: Ehepaare, Alleinerziehende und nichteheliche Lebensgemeinschaften 1992 nach dem Alter der Frau und Zahl der Kinder*)

Eltern-Kind-Gemeinschaft	Insgesamt	Alter der Frau von ... bis unter ... Jahren			
		unter 25	25 - 35	35 - 55	55 und mehr
	1 000	%			
Deutschland					
...epaare mit Kind(ern)	11 032				
...von mit:					
... Kind	5 164				
... Kindern	4 428				
... und mehr Kindern	1 440				
...einerziehende Frauen[1]	2 191				
...von mit:					
... Kind	1 551				
... Kindern	506				
... und mehr Kindern	135				

Tab. A1.6: Nichteheliche Lebensgemeinschaften 1992 nach Alter und Familienstand der Partner*)

Deutschland
1 000

Alter der Partner von ... bis unter ... Jahren	Insgesamt	Beide Partner ledig	Mann ledig/ Frau nicht ledig	Mann nicht ledig/ Frau ledig	Beide Partner nicht ledig	
					zusammen	dar. beide Partner verh.getrennt- lebend bzw. geschieden

mit Kind(ern)[1]

Tab. A 3.1: Heiratsziffern der Le...

Früheres Bundesgebiet

Alter von ... bis unter ... Jahren	Eheschließende Ledige je 1 000 Le...			
	1950[1]	1961	1970	1980
	Männer			
unter 18	0	0	0	0
18 - 19	3	4	9	5
	33	20		
	56	35		
	145	50		
	147	69		
	172	86		
	189	99		
	181	107		
	185	109		
	178	107		
	153	100		
	143	88		
	123	79		
	109	70		
	94	61		
	77	57		

8 Anhang

Tab. A 1.1: Bevölkerung in Privathaushalten nach Haushaltstyp*)

Haushaltstyp	1972		1982		1992	
	1 000	%[1]	1 000	%[1]	1 000	%[1]
Früheres Bundesgebiet						
Einpersonenhaushalte	6 014	9,8	7 926	12,9	10 171	15,6
Mehrpersonenhaushalte	55 142	90,2	53 468	87,1	54 855	84,4
Insgesamt	61 155	100	61 394	100	65 026	100
Mehrpersonenhaushalte mit						
Ehepaaren ohne Kinder[2]	10 584	17,3	11 422	18,6	13 573	20,9
Ehepaaren/Alleinerziehenden mit Kindern[2]	39 768	65,0	38 123	62,1	36 934	56,8
Großeltern und Eltern/Alleinerziehenden mit Kindern bzw. Enkeln[2]	4 024	6,6	2 465	4,0	1 629	2,5
nicht geradlinig Verwandten[3]	430	0,7	329	0,5	349	0,5
nicht verwandten Personen	337	0,6	1 130	1,8	2 371	3,6
Neue Länder und Berlin-Ost[4]						
Einpersonenhaushalte	1 663	9,9	1 729	10,5	1 873	11,9
Mehrpersonenhaushalte	15 213	90,1	14 752	89,5	13 833	88,1
Insgesamt	16 876	100	16 481	100	15 706	100

*) Ergebnis des Mikrozensus. – Bevölkerung in Privathaushalten. – 1) Anteil an der Bevölkerung in Privathaushalten insgesamt. – 2) Einschl. nicht geradlinig verwandter und/oder nicht verwandter Personen. – 3) Einschl. weiterer nicht verwandter Personen. – 4) Ergebnis der Volkszählung am 1.1.1971 bzw. am 31.12.1981 in der ehem. DDR.

Tab. A 1.2: Bevölkerung im Alter über 18 Jahren 1992 nach Lebensformen*)

Alter von ... bis unter ... Jahren	Insgesamt	Davon					
		Alleinlebende	Alleinerziehende[1]	mit einem Partner[2]		ledige Kinder bei Eltern(teil)	sonstige Personen[4]
				verheiratet zusammenlebend	in nichtehelicher Lebensgemeinschaft zusammenlebend[3]		
	1 000	% von Spalte „Insgesamt"					
Früheres Bundesgebiet							
Männer							
18 - 25	3 074	11,9	/	7,2	5,1	73,6	2,0
25 - 35	5 310	20,8	0,4	47,0	9,2	20,7	2,0
35 - 55	9 006	12,5	1,4	77,9	3,9	3,0	1,3
55 und mehr	7 355	13,1	1,4	81,3	2,0	0,3	1,9
Zusammen	24 745	14,4	1,0	63,5	4,6	14,7	1,7
Frauen							
18 - 25	2 969	13,4	1,8	17,6	9,6	55,8	1,7
25 - 35	5 132	14,6	5,3	62,1	8,7	8,1	1,2
35 - 55	8 916	8,9	7,2	78,8	3,1	1,0	0,9
55 und mehr	10 237	40,1	4,3	48,5	1,3	0,2	5,5
Zusammen	27 253	22,2	5,2	57,6	4,2	8,0	2,8
Insgesamt							
18 - 25	6 043	12,7	0,9	12,3	7,3	64,9	1,9
25 - 35	10 441	17,8	2,8	54,4	8,9	14,5	1,6
35 - 55	17 922	10,7	4,3	78,4	3,5	2,0	1,1
55 und mehr	17 592	28,8	3,1	62,2	1,6	0,2	4,0
Insgesamt	51 998	18,5	3,2	60,4	4,4	11,2	2,3
Neue Länder und Berlin-Ost							
Männer							
18 - 25	669	10,9	/	9,3	9,7	67,9	1,8
25 - 35	1 189	13,4	0,5	60,0	10,9	13,8	1,5
35 - 55	2 180	8,3	1,2	82,3	4,7	2,4	1,1
55 und mehr	1 615	11,2	0,9	83,8	2,5	/	1,4
Zusammen	5 652	10,5	0,8	69,4	6,0	11,9	1,4
Frauen							
18 - 25	626	8,4	5,8	21,0	17,0	46,9	0,9
25 - 35	1 212	4,5	10,7	71,9	9,5	3,1	/
35 - 55	2 197	6,4	8,2	80,3	3,7	0,8	0,6
55 und mehr	2 406	41,7	3,8	48,0	1,5	0,2	4,8
Zusammen	6 440	19,4	6,8	60,9	5,3	5,5	2,2
Insgesamt							
18 - 25	1 295	9,7	3,0	15,0	13,2	57,7	1,4
25 - 35	2 401	8,9	5,6	66,0	10,2	8,4	0,9
35 - 55	4 376	7,3	4,7	81,3	4,2	1,6	0,9
55 und mehr	4 021	29,4	2,7	62,4	1,9	0,2	3,5
Insgesamt	12 092	15,2	4,0	64,9	5,6	8,5	1,8

*) Ergebnis des Mikrozensus. – Bevölkerung am Familienwohnsitz. – 1) Ohne Lebenspartner (Schätzung). – 2) Verschiedengeschlechtlicher Partner. – 3) Schätzung aus Ergebnissen des Mikrozensus. – 4) Dazu zählen alle Personen, die mit verwandten oder nicht verwandten Personen eine Haushaltsgemeinschaft bilden.

Tab. A 1.3: Alleinlebende Frauen 1992 nach Alter und Familienstand*)

Alter von ... bis unter ... Jahren	Insgesamt	Davon			
		ledig	verheiratet getrenntlebend	geschieden	verwitwet
	1 000	% von Spalte „Insgesamt"			
Früheres Bundesgebiet					
unter 25	504	97,6	1,5	/	/
25 - 35	819	88,6	4,5	6,4	/
35 - 55	827	42,2	8,5	36,0	13,3
55 - 75	2 251	17,1	2,6	12,5	67,9
75 und mehr	1 894	8,4	0,7	3,8	87,2
Zusammen	6 296	33,5	2,9	11,2	52,3
Neue Länder und Berlin-Ost					
unter 25	58	96,3	/	/	-
25 - 35	57	88,5	/	9,2	/
35 - 55	142	27,9	2,7	51,5	17,7
55 - 75	585	15,6	0,7	18,5	65,2
75 und mehr	419	5,9	0,4	7,3	86,4
Zusammen	1 260	20,8	0,9	17,3	61,0
Deutschland					
unter 25	562	97,5	1,6	/	/
25 - 35	877	88,6	4,3	6,6	/
35 - 55	969	40,1	7,6	38,3	14,0
55 - 75	2 836	16,8	2,2	13,7	67,3
75 und mehr	2 313	7,9	0,6	4,4	87,0
Insgesamt	7 557	31,4	2,6	12,2	53,8

*) Ergebnis des Mikrozensus. – Bevölkerung in Privathaushalten.

Tab. A 1.4: Alleinlebende Männer 1992 nach Alter und Familienstand*)

Alter von ... bis unter ... Jahren	Insgesamt	Davon			
		ledig	verheiratet getrenntlebend	geschieden	verwitwet
	1000	% von Spalte „Insgesamt"			
Früheres Bundesgebiet					
unter 25	473	97,8	1,5	/	/
25 - 35	1 221	88,2	5,8	5,8	/
35 - 55	1 190	53,9	15,0	28,9	2,3
55 - 75	670	27,2	12,1	24,6	36,1
75 und mehr	321	8,3	3,1	5,6	83,0
Zusammen	3 875	61,7	8,9	15,5	13,9
Neue Länder und Berlin-Ost					
unter 25	78	97,6	/	/	-
25 - 35	165	76,5	4,5	18,8	/
35 - 55	188	40,1	5,9	49,9	4,2
55 - 75	108	14,7	/	30,6	51,3
75 und mehr	74	/	/	/	93,5
Zusammen	613	48,3	3,9	26,2	21,6
Deutschland					
unter 25	551	97,8	1,5	/	/
25 - 35	1 386	86,8	5,6	7,4	/
35 - 55	1 377	52,0	13,7	31,7	2,6
55 - 75	779	25,4	10,9	25,4	38,2
75 und mehr	394	7,4	2,7	5,1	84,9
Insgesamt	4 487	59,9	8,3	16,9	14,9

*) Ergebnis des Mikrozensus. – Bevölkerung in Privathaushalten.

A 1.5: Paargemeinschaften 1992 nach dem Alter des Mannes*)

Alter des Mannes von ... bis unter ... Jahren	Paargemein-schaften insgesamt	Davon					
		Ehepaare			Nichteheliche Lebensgemeinschaften[1]		
		zusammen	ohne Kinder	mit Kind(ern)[2]	zusammen	ohne Kinder	mit Kind(ern)[2]
	1 000		%[3]		1 000	%[4]	
Früheres Bundesgebiet							
unter 25	368	210	46,8	53,2	158	92,6	7,5
25 - 30	1 265	961	34,9	65,1	304	87,3	12,7
30 - 35	1 703	1 519	21,4	78,6	183	79,0	21,0
35 - 40	1 726	1 611	14,3	85,7	114	69,0	31,0
40 - 45	1 798	1 704	15,3	84,7	95	59,5	40,4
45 - 50	1 658	1 587	24,0	76,0	71	66,9	33,1
50 - 55	2 210	2 137	39,0	61,0	73	74,4	25,6
55 - 60	1 778	1 731	55,4	44,6	47	81,6	18,4
60 und mehr	4 360	4 259	81,8	18,2	101	92,0	8,1
Zusammen	16 867	15 720	44,0	56,0	1 147	80,7	19,3
Neue Länder und Berlin-Ost							
unter 25	129	64	29,5	70,5	65	59,4	40,6
25 - 30	371	290	12,8	87,2	81	37,1	62,9
30 - 35	480	431	4,9	95,1	48	22,3	77,5
35 - 40	505	467	4,4	95,6	38	17,1	82,9
40 - 45	459	433	10,4	89,5	26	25,5	74,1
45 - 50	374	357	32,1	68,0	17	49,1	50,9
50 - 55	554	533	56,8	43,3	22	64,5	35,5
55 - 60	453	439	74,1	25,9	13	78,4	21,6
60 und mehr	932	904	90,3	9,7	28	91,3	8,7
Zusammen	4 256	3 917	43,4	56,6	338	44,6	55,4
Deutschland							
unter 25	498	274	42,7	57,2	223	82,9	17,1
25 - 30	1 636	1 251	29,8	70,2	385	76,8	23,2
30 - 35	2 182	1 951	17,8	82,2	231	67,2	32,8
35 - 40	2 230	2 078	12,1	87,9	152	56,0	44,0
40 - 45	2 257	2 136	14,3	85,7	121	52,2	47,9
45 - 50	2 031	1 944	25,5	74,5	88	63,5	36,5
50 - 55	2 765	2 670	42,5	57,3	95	72,1	27,9
55 - 60	2 231	2 170	59,1	40,8	61	80,7	19,3
60 und mehr	5 292	5 163	83,3	16,7	129	91,8	8,2
Insgesamt	21 122	19 637	43,9	56,1	1 485	72,4	27,6

*) Ergebnis des Mikrozensus. – Bevölkerung in Privathaushalten. – 1) Schätzung aus Ergebnissen des Mikrozensus. – 2) Kind(er) ohne Altersbegrenzung. – 3) Anteil an Ehepaaren zusammen. – 4) Anteil an nichtehelichen Lebensgemeinschaften zusammen.

Tab. A 1.6: Nichteheliche Lebensgemeinschaften 1992 nach Alter und Familienstand der Partner*)

Deutschland
1 000

Alter der Partner von ... bis unter ... Jahren		Insgesamt	Beide Partner ledig	Mann ledig/ Frau nicht ledig	Mann nicht ledig/ Frau ledig	Beide Partner nicht ledig	
						zusammen	dar. beide Partner verh. getrenntlebend bzw. geschieden
Mann	Frau			ohne Kinder			
unter 25	unter 25	155	152	/	/	/	/
	25 und mehr	31	26	/	/	/	/
	Zusammen	185	178	5	/	/	/
25 - 35	unter 25	159	146	/	11	/	/
	25 - 35	271	245	10	10	6	6
	35 und mehr	21	10	7	/	/	/
	Zusammen	451	400	19	21	11	10
35 - 45	unter 35	77	51	/	17	6	5
	35 - 45	52	25	7	6	14	12
	45 und mehr	20	/	7	/	8	7
	Zusammen	148	80	17	24	27	24
45 und mehr	unter 45	54	13	/	19	20	17
	45 und mehr	237	22	35	12	168	60
	Zusammen	291	35	38	31	188	77
Insgesamt	unter 25	325	304	/	16	/	/
	25 - 35	380	319	15	31	14	13
	35 - 45	108	43	14	17	34	30
	45 und mehr	264	27	47	13	177	67
	Insgesamt	1 076	693	79	77	227	112

*) Schätzung aus Ergebnissen des Mikrozensus.

Tab. A 1.6: Nichteheliche Lebensgemeinschaften 1992 nach Alter und Familienstand der Partner*)

Deutschland
1 000

Alter der Partner von ... bis unter ... Jahren		Insgesamt	Beide Partner ledig	Mann ledig/ Frau nicht ledig	Mann nicht ledig/ Frau ledig	Beide Partner nicht ledig	
						zusammen	dar. beide Partner verh. getrenntlebend bzw. geschieden

mit Kind(ern)[1]

Mann	Frau						
unter 25	unter 25	27	25	/	/	/	/
	25 und mehr..	11	6	/	/	/	/
	Zusammen	38	31	7	/	/	/
25 - 35	unter 25	33	27	/	/	/	/
	25 - 35	113	61	24	9	18	17
	35 und mehr..	20	/	11	/	/	/
	Zusammen	166	92	36	14	24	22
35 - 45	unter 35	54	17	/	15	16	15
	35 - 45	61	12	13	5	31	27
	45 und mehr..	10	/	/	/	/	/
	Zusammen	125	30	22	20	52	45
45 und mehr	unter 45	42	/	/	9	24	20
	45 und mehr..	39	/	6	/	28	14
	Zusammen	81	7	11	11	52	33
Insgesamt	unter 25	66	54	/	8	/	/
	25 - 35	181	84	33	25	39	36
	35 - 45	111	19	27	10	56	47
	45 und mehr	51	/	12	/	33	18
	Insgesamt.	409	160	75	46	129	102

*) Schätzung aus Ergebnissen des Mikrozensus. – 1) Kind(er) ohne Altersbegrenzung.

Tab. A 1.7: Ehepaare, Alleinerziehende und nichteheliche Lebensgemeinschaften 1992 nach Zahl der Kinder*)

Eltern-Kind-Gemeinschaft	Insgesamt	Davon mit ... Kind(ern)[1]		
		1	2	3 und mehr
	1 000	% von „Insgesamt"		
Früheres Bundesgebiet				
Ehepaare mit Kind(ern)	8 822	46,7	39,2	14,1
dar. mit Kind(ern) unter 18 Jahren	6 192	47,4	39,2	13,3
Alleinerziehende mit Kind(ern)[2]	1 682	72,2	22,1	5,8
dar. mit Kind(ern) unter 18 Jahren	836	71,3	22,9	5,8
Nichteheliche Lebensgemeinschaften mit Kind(ern)[3]	222	70,3	21,8	7,9
dar. mit Kind(ern) unter 18 Jahren	180	67,3	23,6	9,2
Gemeinschaften zusammen	10 726	51,2	36,2	12,6
dar. mit Kind(ern) unter 18 Jahren	7 207	50,7	36,9	12,4
Neue Länder und Berlin-Ost				
Ehepaare mit Kind(ern)	2 210	47,3	43,7	9,0
dar. mit Kind(ern) unter 18 Jahren	1 732	46,7	44,5	8,8
Alleinerziehende mit Kind(ern)[2]	494	72,9	22,7	4,4
dar. mit Kind(ern) unter 18 Jahren	315	73,1	22,8	4,0
Nichteheliche Lebensgemeinschaften mit Kind(ern)[3]	188	62,9	28,0	9,1
dar. mit Kind(ern) unter 18 Jahren	177	61,6	29,0	9,4
Gemeinschaften zusammen	2 892	52,7	39,1	8,2
dar. mit Kind(ern) unter 18 Jahren	2 225	51,6	40,1	8,2
Deutschland				
Ehepaare mit Kind(ern)	11 032	46,8	40,1	13,0
dar. mit Kind(ern) unter 18 Jahren	7 924	47,3	40,4	12,4
Alleinerziehende mit Kind(ern)[2]	2 176	72,3	22,2	5,5
dar. mit Kind(ern) unter 18 Jahren	1 151	71,8	22,9	5,3
Nichteheliche Lebensgemeinschaften mit Kind(ern)[3]	409	66,9	24,7	8,5
dar. mit Kind(ern) unter 18 Jahren	357	64,5	26,2	9,3
Gemeinschaften insgesamt	13 618	51,5	36,8	11,7
dar. mit Kind(ern) unter 18 Jahren	9 432	50,9	37,7	11,4

*) Ergebnis des Mikrozensus. – Bevölkerung am Familienwohnsitz. – 1) Im Haushalt der Eltern(teile) lebende ledige Kinder. – 2) Ohne Lebenspartner (Schätzung). – 3) Schätzung aus Ergebnissen des Mikrozensus.

Tab. A 1.8: Ehepaare, Alleinerziehende und nichteheliche Lebensgemeinschaften 1992 nach dem Alter der Frau und Zahl der Kinder*)

Eltern-Kind-Gemeinschaft	Insgesamt	Alter der Frau von ... bis unter ... Jahren			
		unter 25	25 - 35	35 - 55	55 und mehr
	1 000	%			
Früheres Bundesgebiet					
Ehepaare mit Kind(ern)	8 822	100	100	100	100
davon mit:					
1 Kind	4 119	71,6	40,9	42,3	76,1
2 Kindern	3 462	23,9	44,5	41,5	19,1
3 und mehr Kindern	1 242	4,6	14,6	16,2	4,8
Alleinerziehende Frauen[1]	1 598	100	100	100	100
davon mit:					
1 Kind	1 139	86,3	66,9	63,3	85,0
2 Kindern	360	12,3	25,4	28,4	12,3
3 und mehr Kindern	100	/	7,7	8,2	2,7
Nichteheliche Lebensgemeinschaften mit Kind(ern)[2]	222	100	100	100	100
davon mit:					
1 Kind	156	87,4	70,5	65,6	80,0
2 Kindern	48	/	21,4	24,8	/
3 und mehr Kindern	18	/	8,1	9,5	/
Neue Länder und Berlin-Ost					
Ehepaare mit Kind(ern)	2 210	100	100	100	100
davon mit:					
1 Kind	1 045	76,7	34,5	49,3	85,7
2 Kindern	967	21,2	54,8	41,6	11,9
3 und mehr Kindern	198	/	10,7	9,1	/
Alleinerziehende Frauen[1]	593	100	100	100	100
davon mit:					
1 Kind	412	90,6	62,4	61,0	88,9
2 Kindern	146	8,8	29,6	31,7	9,5
3 und mehr Kindern	35	/	8,1	7,2	/
Nichteheliche Lebensgemeinschaften mit Kind(ern)[2]	188	100	100	100	100
davon mit:					
1 Kind	118	88,6	57,2	47,8	/
2 Kindern	53	/	32,1	38,3	/
3 und mehr Kindern	17	/	10,6	13,9	/

*) Ergebnis des Mikrozensus. – Bevölkerung am Familienwohnsitz. – Im Haushalt der Eltern(teile) lebende ledige Kinder ohne Altersbegrenzung. – 1) Einschl. alleinerziehender Frauen, die Lebenspartnerin in einer nichtehelichen Lebensgemeinschaft sind. – 2) Schätzung aus Ergebnissen des Mikrozensus.

Tab. A 1.8: Ehepaare, Alleinerziehende und nichteheliche Lebensgemeinschaften 1992 nach dem Alter der Frau und Zahl der Kinder*)

Eltern-Kind-Gemeinschaft	Insgesamt	Alter der Frau von ... bis unter ... Jahren			
		unter 25	25 - 35	35 - 55	55 und mehr
	1 000	%			
	Deutschland				
Ehepaare mit Kind(ern)	11 032	100	100	100	100
davon mit:					
1 Kind	5 164	72,8	39,3	43,6	77,2
2 Kindern	4 428	23,2	47,1	41,5	18,2
3 und mehr Kindern	1 440	3,9	13,6	14,9	4,5
Alleinerziehende Frauen[1]	2 191	100	100	100	100
davon mit:					
1 Kind	1 551	88,4	65,2	62,8	85,7
2 Kindern	506	10,5	27,0	29,2	11,8
3 und mehr Kindern	135	/	7,8	8,0	2,5
Nichteheliche Lebensgemeinschaften mit Kind(ern)[2]	409	100	100	100	100
davon mit:					
1 Kind	274	88,4	63,9	59,9	81,0
2 Kindern	101	10,6	26,8	29,1	/
3 und mehr Kindern	35	/	9,3	11,1	/

*) Ergebnis des Mikrozensus. – Bevölkerung am Familienwohnsitz. – Im Haushalt der Eltern(teile) lebende ledige Kinder ohne Altersbegrenzung. – 1) Einschl. alleinerziehender Frauen, die Lebenspartnerin in einer nichtehelichen Lebensgemeinschaft sind. – 2) Schätzung aus Ergebnissen des Mikrozensus.

Tab. A 1.9: Durchschnittliche Kinderzahl von Ehepaaren, Alleinerziehenden und nichtehelichen Lebensgemeinschaften 1992 nach dem Alter der Frau*)

1 000

Eltern-Kind-Gemeinschaft	Insgesamt	Alter der Frau von ... bis unter ... Jahren			
		unter 25	25 - 35	35 - 55	55 und mehr
Früheres Bundesgebiet					
Ehepaare mit Kind(ern)	8 822	298	2 482	5 044	998
Kinder	15 167	214	1 014	2 132	760
Durchschnittl. Kinderzahl (Anzahl)	1,72	1,34	1,78	1,80	1,30
Nachrichtlich:					
Durchschnittl. Kinderzahl der Ehepaare mit und ohne Kinder (Anzahl)	0,97	0,75	1,39	1,29	0,26
Alleinerziehende Frauen[1]	1 598	70	349	728	452
Kinder	2 191	/	27	60	12
Durchschnittl. Kinderzahl (Anzahl)	1,37	1,16	1,43	1,48	1,19
Nichteheliche Lebensgemeinschaften mit Kind(ern)[2]	222	20	90	101	11
Kinder	321	/	7	10	/
Durchschnittl. Kinderzahl (Anzahl)	1,45	1,17	1,43	1,53	1,30
Nachrichtlich:					
Durchschnittl. Kinderzahl der nichtehelichen Lebensgemeinschaften mit und ohne Kinder (Anzahl)	0,28	0,08	0,29	0,55	0,10
Neue Länder und Berlin-Ost					
Ehepaare mit Kind(ern)	2 210	97	816	1 160	137
Kinder	3 624	122	1 458	1 882	162
Durchschnittl. Kinderzahl (Anzahl)	1,64	1,25	1,79	1,62	1,18
Nachrichtlich:					
Durchschnittl. Kinderzahl der Ehepaare mit und ohne Kinder (Anzahl)	0,92	0,93	1,67	1,07	0,14
Alleinerziehende Frauen[1]	593	72	205	221	94
Kinder	819	80	305	329	106
Durchschnittl. Kinderzahl (Anzahl)	1,38	1,10	1,48	1,49	1,13
Nichteheliche Lebensgemeinschaften mit Kind(ern)[2]	188	46	91	48	/
Kinder	281	53	143	83	/
Durchschnittl. Kinderzahl (Anzahl)	1,50	1,13	1,58	1,73	/
Nachrichtlich:					
Durchschnittl. Kinderzahl der nichtehelichen Lebensgemeinschaften mit und ohne Kinder (Anzahl)	0,83	0,50	1,24	1,01	/

*) Ergebnis des Mikrozensus. – Bevölkerung am Familienwohnsitz. – Im Haushalt der Eltern(teile) lebende ledige Kinder ohne Altersbegrenzung. – 1) Einschl. alleinerziehender Frauen, die Lebenspartner in einer nichtehelichen Lebensgemeinschaft sind. – 2) Schätzung aus Ergebnissen des Mikrozensus.

Tab. A 1.9: Durchschnittliche Kinderzahl von Ehepaaren, Alleinerziehenden und nichtehelichen Lebensgemeinschaften 1992 nach dem Alter der Frau*)

1 000

Eltern-Kind-Gemeinschaft	Insgesamt	Alter der Frau von ... bis unter ... Jahren			
		unter 25	25 - 35	35 - 55	55 und mehr
		Deutschland			
Ehepaare mit Kind(ern)	11 032	395	3 298	6 204	1 136
Kinder	18 790	520	5 871	10 939	1 460
Durchschnittl. Kinderzahl (Anzahl)	1,70	1,32	1,78	1,76	1,29
Nachrichtlich:					
Durchschnittl. Kinderzahl der Ehepaare mit und ohne Kinder (Anzahl).........................	0,96	0,79	1,45	1,24	0,24
Alleinerziehende Frauen[1]...............	2 191	143	554	949	545
Kinder	3 007	161	802	1 405	641
Durchschnittl. Kinderzahl (Anzahl)	1,37	1,13	1,45	1,48	1,18
Nichteheliche Lebensgemeinschaften mit Kind(ern)[2]	409	66	181	149	13
Kinder	602	76	273	237	16
Durchschnittl. Kinderzahl (Anzahl)	1,47	1,15	1,51	1,59	1,29
Nachrichtlich:					
Durchschnittl. Kinderzahl der nichtehelichen Lebensgemeinschaften mit und ohne Kinder (Anzahl).........................	0,41	0,19	0,49	0,65	0,10

*) Ergebnis des Mikrozensus. – Bevölkerung am Familienwohnsitz. – Im Haushalt der Eltern(teile) lebende ledige Kinder ohne Altersbegrenzung. – 1) Einschl. alleinerziehender Frauen, die Lebenspartner in einer nichtehelichen Lebensgemeinschaft sind. – 2) Schätzung aus Ergebnissen des Mikrozensus.

Tab. A 1.10: Minderjährige Kinder von Ehepaaren und Alleinerziehenden 1992 nach dem Familienstand der Bezugsperson*)

Kinder von ...	Früheres Bundesgebiet			Neue Länder und Berlin-Ost			Deutschland		
	insgesamt		Anteil an allen Kindern[2]	insgesamt		Anteil an allen Kindern[2]	insgesamt		Anteil an allen Kindern[2]
	1 000		%	1 000		%	1 000		%
Ehepaaren	10 523	88,3	69,4	2 848	80,6	78,6	13 370	86,5	71,2
Alleinerziehenden[1]	1 399	11,7	54,0	683	19,4	73,1	2 082	13,5	59,1
Männern	179	1,5	44,8	79	2,2	68,5	258	1,7	50,1
dar. geschieden	72	0,6	51,9	32	0,9	73,9	104	0,7	57,0
Frauen	1 221	10,2	55,7	604	17,1	73,8	1 825	11,8	60,6
davon:									
ledig	308	2,6	86,7	238	6,7	93,1	545	3,5	89,3
verheiratet getrenntlebend ...	216	1,8	77,0	30	0,9	88,1	247	1,6	78,2
verwitwet	132	1,1	18,5	37	1,0	26,5	169	1,1	19,8
geschieden	565	4,7	66,9	300	8,5	76,7	864	5,6	70,0
Insgesamt........................	11 922	100	67,1	3 531	100	77,5	15 453	100	69,2

*) Ergebnis des Mikrozensus. – Bevölkerung am Familienwohnsitz. – Im Haushalt der Eltern(teile) lebende ledige Kinder unter 18 Jahren. – 1) Einschl. der Kinder, die in nichtehelichen Lebensgemeinschaften leben. – 2) Anteil der minderjährigen Kinder an allen Kindern der in der Vorspalte genannten Personengruppen.

Tab. A 2.1: Alleinerziehende 1992 nach Beteiligung am Erwerbsleben und wöchentlicher Arbeitszeit sowie Alter*)

Alleinerziehende	Insgesamt	Erwerbs-quote[1]	Erwerbs-tätigen-quote[2]	Anteil der Erwerbstätigen[3] mit einer Arbeitszeit von ... Stunden			Erwerbs-losen-quote[4]	Nicht-erwerbs-personen-quote[5]
				bis 20	21 bis 35	36 und mehr		
	1 000	%						
Früheres Bundesgebiet								
Insgesamt								
Männer	305	72,0	66,5	2,7	3,0	94,3	7,6	28,0
Frauen	1 599	61,5	54,9	21,4	18,6	60,0	10,8	38,5
und zwar:								
Alleinerziehende unter 35 Jahren								
Männer	42	85,8	79,0	/	/	92,4	/	14,0
Frauen	420	69,4	58,0	25,5	19,6	54,9	16,5	30,6
Alleinerziehende von 35 bis unter 55 Jahren								
Männer	155	93,2	86,6	/	/	95,5	7,1	6,8
Frauen	728	82,5	75,6	18,6	18,2	63,2	8,3	17,5
Neue Länder und Berlin-Ost								
Insgesamt								
Männer	89	83,0	72,7	/	/	97,7	12,4	16,9
Frauen	593	82,5	63,1	1,7	7,8	90,5	23,6	17,5
und zwar:								
Alleinerziehende unter 35 Jahren								
Männer	33	97,6	88,4	/	/	96,9	/	/
Frauen	278	95,5	71,1	/	8,2	90,4	25,6	4,5
Alleinerziehende von 35 bis unter 55 Jahren								
Männer	40	98,5	83,5	/	/	98,9	15,2	/
Frauen	221	97,8	77,3	/	7,0	91,0	21,0	/

*) Ergebnis des Mikrozensus. – Bevölkerung am Familienwohnsitz. – 1) Erwerbspersonen (Erwerbstätige und Erwerbslose) je 100 der in der Vorspalte genannten Personen. – 2) Erwerbstätige je 100 der in der Vorspalte genannten Personen. – 3) Bezogen auf alle Erwerbstätigen der jeweiligen Zeile. – 4) Erwerbslose je 100 Erwerbspersonen der jeweiligen Zeile. – 5) Nichterwerbspersonen je 100 der in der Vorspalte genannten Personen.

Tab. A 2.2: Erwerbslosigkeit von Ehepartnern 1992*)

Gegenstand der Nachweisung	Insgesamt	Davon Ehepartner ...		
		erwerbslos	erwerbstätig	Nichterwerbsperson
	1 000	% von Spalte „Insgesamt"		
Früheres Bundesgebiet				
Ehemann erwerbslos	405	18,6	37,2	44,2
Ehefrau erwerbslos	493	15,3	73,9	10,8
Neue Länder und Berlin-Ost				
Ehemann erwerbslos	247	34,5	54,8	10,7
Ehefrau erwerbslos	650	13,1	78,5	8,3

*) Ergebnis des Mikrozensus. – Bevölkerung am Familienwohnsitz.

Tab. A 2.3: Ehepaare 1992 nach monatlichem Haushaltsnettoeinkommen und Zahl der Einkommensbezieher*)
Prozent

Ehepaare Zahl der Einkommens- bezieher	Monatliches Haushaltsnettoeinkommen von ... bis unter ... DM						
	unter 1 800	1 800 - 2 500	2 500 - 3 000	3 000 - 3 500	3 500 - 4 000	4 000 - 5 000	5 000 und mehr
Früheres Bundesgebiet							
Ehepaare ohne Kinder							
Ehefrau hat ...							
kein eigenes Einkommen	14,9	33,3	16,6	10,9	6,4	8,2	9,8
eigenes Einkommen	5,2	12,8	13,6	13,9	13,0	19,1	22,5
Ehepaare mit Kind(ern)							
Ehefrau hat kein eigenes Einkommen und ...							
kein Kind hat eigenes Einkommen	3,6	18,4	20,4	16,7	10,4	13,5	16,9
ein Kind hat eigenes Einkommen	0,8	4,2	8,8	12,6	14,8	26,8	31,9
zwei u. mehr Kinder haben eigenes Einkommen	/	/	/	4,6	6,2	19,7	66,7
Ehefrau hat eigenes Einkommen und ...							
kein Kind hat eigenes Einkommen	1,5	4,1	9,2	14,4	15,9	23,6	31,3
ein Kind hat eigenes Einkommen	0,9	1,5	2,8	5,6	9,0	24,7	55,1
zwei u. mehr Kinder haben eigenes Einkommen	3,6	2,6	/	2,0	3,6	11,2	75,2
Insgesamt	4,7	12,6	12,4	12,8	11,7	18,4	27,2
Neue Länder und Berlin-Ost							
Ehepaare ohne Kinder							
Ehefrau hat ...							
kein eigenes Einkommen	70,6	18,4	/	/	/	/	/
eigenes Einkommen	29,1	40,8	13,5	8,0	4,0	3,3	1,3
Ehepaare mit Kind(ern)							
Ehefrau hat kein eigenes Einkommen und ...							
kein Kind hat eigenes Einkommen	36,8	35,8	/	/	/	/	/
ein Kind hat eigenes Einkommen	/	/	/	/	/	/	/
zwei u. mehr Kinder haben eigenes Einkommen	/	/	/	/	/	/	/
Ehefrau hat eigenes Einkommen und ...							
kein Kind hat eigenes Einkommen	9,0	25,8	21,6	19,5	11,0	9,1	4,0
ein Kind hat eigenes Einkommen	2,4	12,3	18,0	20,9	17,6	19,3	8,5
zwei u. mehr Kinder haben eigenes Einkommen	/	5,3	8,1	13,2	17,5	30,1	22,7
Insgesamt	17,5	29,5	16,8	14,2	9,0	8,7	4,3

*) Ergebnis des Mikrozensus. – Bevölkerung am Familienwohnsitz. – Ohne Selbständige in der Landwirtschaft, mithelfende Familienangehörige und sonstige Fälle ohne Angabe des Einkommens.

Tab. A 2.4: Ehepaare mit Kindern 1992 nach monatlichem Haushaltsnettoeinkommen und Alter des jüngsten Kindes*)

Monatliches Haushalts-nettoeinkommen von ... bis unter ... DM	Insgesamt	Dar. mit jüngstem Kind im Alter von ... bis unter... Jahren		
		unter 3	3 - 6	6 - 15
	1 000	%		
Früheres Bundesgebiet				
unter 1 000	21	0,3	0,5	/	0,3
1 000 - 1 800	138	1,8	3,1	2,5	1,8
1 800 - 2 500	579	7,6	13,8	10,7	7,1
2 500 - 3 000	820	10,7	18,3	15,3	10,5
3 000 - 3 500	967	12,6	18,5	16,7	13,1
3 500 - 4 000	941	12,3	14,2	13,9	13,7
4 000 - 5 000	1 572	20,5	16,6	18,8	22,3
5 000 - 6 000	1 054	13,8	7,3	10,2	13,1
6 000 - 7 500	831	10,9	4,3	6,7	9,4
7 500 und mehr	729	9,5	3,3	4,8	8,9
Insgesamt	7 652	100	100	100	100
dar. Ehefrau ist unter 35 Jahre alt				
unter 1 000	11	0,5	0,5	/	/
1 000 - 1 800	77	3,1	3,3	3,0	2,7
1 800 - 2 500	336	13,5	14,9	12,6	10,9
2 500 - 3 000	456	18,3	19,6	18,0	15,7
3 000 - 3 500	471	18,9	19,6	18,8	17,4
3 500 - 4 000	380	15,2	14,5	15,3	17,1
4 000 - 5 000	441	17,7	15,8	17,9	21,9
5 000 - 6 000	173	6,9	6,2	7,6	7,8
6 000 - 7 500	89	3,6	3,3	4,0	3,8
7 500 und mehr	61	2,4	2,3	2,6	2,4
Zusammen	2 496	100	100	100	100
Neue Länder und Berlin-Ost				
unter 1 000	8	0,4	/	/	/
1 000 - 1 800	145	6,9	14,0	8,9	6,8
1 800 - 2 500	439	21,1	31,8	26,1	21,2
2 500 - 3 000	410	19,7	22,3	22,3	20,5
3 000 - 3 500	401	19,2	15,1	19,5	20,7
3 500 - 4 000	271	13,0	7,2	11,0	13,2
4 000 - 5 000	271	13,0	6,2	8,2	11,9
5 000 - 6 000	91	4,4	/	2,2	3,4
6 000 - 7 500	33	1,6	/	/	1,3
7 500 und mehr	15	0,7	/	/	0,7
Insgesamt	2 082	100	100	100	100
dar. Ehefrau ist unter 35 Jahre alt				
unter 1 000	5	0,6	/	/	/
1 000 - 1 800	86	9,9	14,3	9,0	7,6
1 800 - 2 500	242	27,9	32,3	27,1	25,3
2 500 - 3 000	200	23,1	22,4	22,6	24,1
3 000 - 3 500	165	19,0	15,4	19,6	21,1
3 500 - 4 000	83	9,6	7,1	10,8	10,3
4 000 - 5 000	61	7,1	5,4	7,5	7,9
5 000 - 6 000	16	1,9	/	2,1	1,9
6 000 - 7 500	6	0,7	/	/	/
7 500 und mehr	/	/	/	/	/
Zusammen	867	100	100	100	100

*) Ergebnis des Mikrozensus. – Bevölkerung am Familienwohnsitz. – Ohne Selbständige in der Landwirtschaft, mithelfende Familienangehörige und sonstige Fälle ohne Angabe des Einkommens.

Tab. A 2.5: Alleinerziehende Frauen 1992 nach monatlichem Haushaltsnettoeinkommen und Alter des jüngsten Kindes*)

Monatliches Haushalts-nettoeinkommen von ... bis unter ... DM	Insgesamt	Dar. mit jüngstem Kind im Alter von ... bis unter ... Jahren		
		unter 3	3 - 6	6 - 15
	1 000	%		
Früheres Bundesgebiet				
unter 1 000	74	5,3	16,9	11,0	6,3
1 000 - 1 800	251	17,8	29,7	33,3	24,0
1 800 - 2 500	278	19,7	16,2	20,9	27,4
2 500 - 3 000	177	12,6	8,7	9,9	12,1
3 000 - 3 500	162	11,5	8,6	5,8	8,7
3 500 - 4 000	125	8,9	5,4	4,4	6,1
4 000 - 5 000	169	12,0	6,3	7,6	8,1
5 000 - 6 000	81	5,7	3,4	/	3,5
6 000 - 7 500	57	4,1	/	/	2,2
7 500 und mehr	36	2,6	/	/	1,6
Insgesamt	1 410	100	100	100	100
Neue Länder und Berlin-Ost				
unter 1 000	53	9,5	16,0	13,1	11,0
1 000 - 1 800	174	31,0	29,2	30,7	37,7
1 800 - 2 500	158	28,0	25,0	26,2	24,7
2 500 - 3 000	72	12,7	9,9	12,6	9,7
3 000 - 3 500	44	7,8	8,1	8,0	6,8
3 500 - 4 000	26	4,7	5,2	/	3,9
4 000 - 5 000	24	4,3	/	/	4,1
5 000 - 6 000	7	1,3	/	/	/
6 000 - 7 500	/	/	/	/	/
7 500 und mehr	/	/	/	-	/
Insgesamt	562	100	100	100	100

*) Ergebnis des Mikrozensus. – Bevölkerung am Familienwohnsitz. – Ohne Selbständige in der Landwirtschaft, mithelfende Familienangehörige und sonstige Fälle ohne Angabe des Einkommens.

Tab. A 2.6: Erwerbslosigkeit bei Ehepaaren 1992 nach monatlichem Haushaltsnettoeinkommen*)

Ehepaare	Ehepaare insgesamt	Davon mit einem monatlichen Haushaltsnettoeinkommen von ... bis unter ... DM						
		unter 1 800	1 800 - 2 500	2 500 - 3 000	3 000 - 3 500	3 500 - 4 000	4 000 - 5 000	5 000 und mehr
	1 000	% von Spalte „insgesamt"						
Früheres Bundesgebiet								
Ehepaare ohne Kinder								
Mann erwerbslos/Frau								
erwerbslos....................	25	40,3	22,1	/	/	/	/	/
erwerbstätig	60	14,2	28,4	15,7	15,7	10,2	10,0	/
Nichterwerbsperson......	59	40,0	26,8	12,1	/	/	/	/
Zusammen	144	35,2	26,7	12,7	9,3	6,8	6,1	/
Mann erwerbstätig/Frau erwerbslos....................	104	/	19,2	18,5	16,6	13,6	14,6	7,4
Mann Nichterwerbsperson/Frau erwerbslos	34	18,2	30,7	17,6	15,2	/	/	/
Ehepaare mit Kind(ern)								
Mann erwerbslos/Frau								
erwerbslos....................	42	38,6	29,9	/	/	/	/	/
erwerbstätig	75	6,8	20,2	16,6	14,5	12,6	17,0	/
Nichterwerbsperson......	100	39,2	21,2	10,0	8,4	7,5	8,4	/
Zusammen	216	29,8	22,5	12,2	9,8	8,5	10,6	6,0
Mann erwerbstätig/Frau erwerbslos....................	225	2,3	12,9	16,4	18,9	13,6	18,1	17,8
Mann Nichterwerbsperson/Frau erwerbslos	13	/	/	/	/	/	/	/
Ehepaare mit Erwerbslosen insgesamt	735	18,3	20,1	14,7	13,7	10,3	12,5	10,3
Nachrichtlich:								
Ehepaare ohne Erwerbslose	13 022	4,0	12,2	12,3	12,7	11,8	18,8	28,2
davon Ehepaare ohne Kinder	5 825	7,4	18,6	14,5	13,0	11,1	16,1	19,2
dar. Mann erwerbstätig/Frau Nichterwerbsperson........................	952	3,0	22,1	18,0	14,3	9,8	13,5	18,9
Ehepaare mit Kind(ern)	7 198	1,2	6,9	10,5	12,5	12,4	20,9	35,5
dar. Mann erwerbstätig/Frau Nichterwerbsperson........................	3 064	1,1	12,2	16,4	15,2	11,7	17,5	25,8

*) Ergebnis des Mikrozensus. – Bevölkerung am Familienwohnsitz. – Ohne Haushalte mit Selbständigen in der Landwirtschaft, mithelfenden Familienangehörigen und sonstige Fälle ohne Angaben des Einkommens.

Tab. A 2.6: Erwerbslosigkeit bei Ehepaaren 1992 nach monatlichem Haushaltsnettoeinkommen*)

Ehepaare	Ehepaare insgesamt	Davon mit einem monatlichen Haushaltsnettoeinkommen von ... bis unter ... DM					
		unter 1 800	1 800 - 2 500	2 500 - 3 000	3 000 - 3 500	3 500 - 4 000	4 000 - 5 000	5 000 und mehr
	1 000	% von Spalte „insgesamt"						

Neue Länder und Berlin-Ost
Ehepaare ohne Kinder

Ehepaare	insgesamt	unter 1 800	1 800-2 500	2 500-3 000	3 000-3 500	3 500-4 000	4 000-5 000	5 000 und mehr
Mann erwerbslos/Frau erwerbslos	27	52,0	27,7	/	/	/	–	/
erwerbstätig	40	26,8	41,6	16,3	/	/	/	/
Nichterwerbsperson	18	51,7	33,7	/	/	/	–	–
Zusammen	85	40,1	35,5	11,4	/	/	/	/
Mann erwerbstätig/Frau erwerbslos	111	23,9	45,1	17,2	5,9	/	/	/
Mann Nichterwerbsperson/Frau erwerbslos	33	53,9	33,2	/	/	/	/	–

Ehepaare mit Kind(ern)

Ehepaare	insgesamt	unter 1 800	1 800-2 500	2 500-3 000	3 000-3 500	3 500-4 000	4 000-5 000	5 000 und mehr
Mann erwerbslos/Frau erwerbslos	53	43,6	27,4	/	/	/	/	/
erwerbstätig	87	15,3	31,3	22,8	14,4	6,3	6,4	/
Nichterwerbsperson	8	/	/	/	/	/	/	/
Zusammen	148	29,7	30,1	17,3	11,2	5,1	5,0	/
Mann erwerbstätig/Frau erwerbslos	367	12,5	35,3	22,3	13,1	8,0	5,8	1,8
Mann Nichterwerbsperson/Frau erwerbslos	18	/	29,1	/	/	/	/	/
Ehepaare mit Erwerbslosen insgesamt	762	23,6	35,5	18,6	10,3	5,7	4,4	1,3
Nachrichtlich:								
Ehepaare ohne Erwerbslose	2 966	15,9	28,0	16,4	15,2	9,9	9,8	4,9
davon Ehepaare ohne Kinder	1 417	29,0	40,2	13,2	8,3	4,2	3,5	1,4
dar. Mann erwerbstätig/Frau Nichterwerbsperson	112	16,5	41,9	17,9	11,9	/	/	/
Ehepaare mit Kind(ern)	1 549	3,7	16,8	19,3	21,5	15,0	15,6	8,1
dar. Mann erwerbstätig/Frau Nichterwerbsperson	75	14,5	24,7	19,3	17,7	10,2	8,1	/

*) Ergebnis des Mikrozensus. – Bevölkerung am Familienwohnsitz. – Ohne Haushalte mit Selbständigen in der Landwirtschaft, mithelfenden Familienangehörigen und sonstige Fälle ohne Angaben des Einkommens.

Tab. A 2.7: Beruflicher Ausbildungsabschluß von Ehemännern im Alter von 35 bis unter 55 Jahren 1991*)

Höchster beruflicher Ausbildungsabschluß	Früheres Bundesgebiet		Neue Länder und Berlin-Ost	
	1 000	%	1 000	%
Ohne beruflichen Abschluß	735	11,6	50	2,8
Mit beruflichem Abschluß	5 621	88,4	1 688	97,2
Berufsfachschule/Lehr-/ Anlernausbildung	3 621	57,0	971	55,9
Fachschule	903	14,2	421	24,2
Hochschule, Fachhochschule	1 098	17,3	295	17,0
Insgesamt	6 356	100	1 737	100

*) Ergebnis des Mikrozensus. – Bevölkerung am Familienwohnsitz. – Nur Berücksichtigung von Fällen mit Angabe zur Frage nach dem beruflichen Ausbildungsabschluß.

Tab. A 2.8: Bei ihren Eltern bzw. bei einem Elternteil lebende Kinder 1991 im Alter von 18 bis unter 28 Jahren nach Schulbesuch sowie höchstem allgemeinbildenden Schulabschluß der Eltern*)

Kinder — Höchster allgemeinbildender Schulabschluß der Eltern/des alleinerziehenden Elternteils[1]	Insgesamt	Darunter besuchten eine, waren ...				
		Gymnasiale Oberstufe	Berufliche Schule	Fachhoch- schule	Hochschule	Auszu- bildende
	1 000	% von Spalte „Insgesamt"				
Früheres Bundesgebiet						
bei ihren Eltern lebende Kinder[2]						
Kinder zusammen	4 208	9,1	2,7	5,0	11,3	16,5
darunter mit Schulabschluß des Vaters:						
Volks-/Hauptschule	2 647	5,6	2,6	4,3	5,7	17,9
Realschule/Mittlere Reife	544	13,5	3,0	7,2	16,4	17,0
Hochschul-/Fachhochschulreife	600	21,0	2,7	6,7	32,6	10,8
darunter mit Schulabschluß der Mutter:						
Volks-/Hauptschule	2 749	6,1	2,6	4,4	6,7	17,8
Realschule/Mittlere Reife	724	15,8	2,9	7,7	21,7	14,4
Hochschul-/Fachhochschulreife	258	24,5	2,5	6,2	35,8	8,9
nur beim Vater lebende Kinder						
Kinder zusammen	158	5,9	3,6	3,8	9,5	14,5
darunter mit Schulabschluß des Vaters:						
Volks-/Hauptschule	96	/	/	/	/	15,4
Realschule/Mittlere Reife	23	/	/	/	/	/
Hochschul-/Fachhochschulreife	24	/	/	/	26,8	/
nur bei der Mutter lebende Kinder						
Kinder zusammen	627	8,2	3,0	4,1	10,3	15,4
darunter mit Schulabschluß der Mutter:						
Volks-/Hauptschule	388	4,5	2,9	2,9	5,4	16,6
Realschule/Mittlere Reife	110	16,2	/	6,1	16,6	16,5
Hochschul-/Fachhochschulreife	48	20,8	/	/	35,3	/

*) Ergebnis des Mikrozensus. – Bevölkerung am Familienwohnsitz. – 1) Soweit Angaben zum allgemeinbildenden Schulabschluß vorliegen. – 2) Verheiratet zusammenlebende Eltern.

Tab. A 2.8: Bei ihren Eltern bzw. bei einem Elternteil lebende Kinder im Alter von 18 bis unter 28 Jahren 1991 nach Schulbesuch sowie höchstem allgemeinbildenden Schulabschluß der Eltern*)

Kinder — Höchster allgemeinbildender Schulabschluß der Eltern/des alleinerziehenden Elternteils[1]	Insgesamt	Darunter besuchten eine, waren ...				
		Gymnasiale Oberstufe	Berufliche Schule	Fachhochschule	Hochschule	Auszubildende
	1 000	% von Spalte „Insgesamt"				
Neue Länder und Berlin-Ost						
bei ihren Eltern lebende Kinder[2]						
Kinder zusammen	717	3,5	1,6	4,1	9,9	13,2
darunter mit Schulabschluß des Vaters:						
Volks-/Hauptschule	290	/	/	2,4	4,3	10,1
Realschule/Mittlere Reife	46	/	/	/	11,9	12,2
Hochschul-/Fachhochschulreife[3]	347	5,5	1,9	5,5	14,4	15,8
darunter mit Schulabschluß der Mutter:						
Volks-/Hauptschule	280	/	/	2,8	5,3	9,1
Realschule/Mittlere Reife	51	/	/	/	13,6	12,3
Hochschul-/Fachhochschulreife[3]	352	5,1	2,0	4,8	13,1	16,4
nur beim Vater lebende Kinder						
Kinder zusammen	26	/	/	/	/	/
darunter mit Schulabschluß des Vaters:						
Volks-/Hauptschule	12	/	–	/	/	/
Realschule/Mittlere Reife	/	–	–	–	/	–
Hochschul-/Fachhochschulreife[3]	10	/	/	/	/	/
nur bei der Mutter lebende Kinder						
Kinder zusammen	148	/	/	/	6,1	10,4
darunter mit Schulabschluß der Mutter:						
Volks-/Hauptschule	60	/	/	/	/	/
Realschule/Mittlere Reife	11	/	–	/	/	/
Hochschul-/Fachhochschulreife[3]	67	/	/	/	8,6	14,7

*) Ergebnis des Mikrozensus. – Bevölkerung am Familienwohnsitz. – 1) Soweit Angaben zum allgemeinbildenden Schulabschluß vorliegen. – 2) Verheiratet zusammenlebende Eltern. – 3) Einschl. Abschluß der allgemeinbildenden polytechnischen Oberschule.

Tab. A 3.1: Heiratsziffern der Ledigen*)
Früheres Bundesgebiet

Alter von ... bis unter ... Jahren	Eheschließende Ledige je 1 000 Ledige gleichen Alters						
	1950[1)]	1961	1970	1980	1989	1990	1992
	Männer						
unter 18	0	0	0	0	0	0	0
18 - 19	3	4	9	5	2	2	2
19 - 20	13	17	33	20	5	5	6
20 - 21	29	41	56	35	12	12	13
21 - 22	95	120	145	50	21	21	19
22 - 23	106	122	147	69	31	31	27
23 - 24	132	165	172	86	44	42	36
24 - 25	158	195	189	99	59	58	46
25 - 26	176	212	181	107	74	70	56
26 - 27	200	221	185	109	87	84	69
27 - 28	225	224	178	107	95	93	78
28 - 29	234	213	153	100	96	95	83
29 - 30	243	202	143	88	99	98	89
30 - 31	230	187	123	79	96	93	86
31 - 32	240	175	109	70	86	85	79
32 - 33	233	161	94	61	80	78	73
33 - 34	228	148	77	57	71	70	66
34 - 35	218	133	68	44	63	63	61
35 - 40	177	100	47	34	44	45	45
40 - 45	104	60	28	18	23	23	24
45 - 50	53	31	17	9	12	12	14
50 - 55	24	17	11	5	7	7	8
55 - 60	11	10	6	3	3	4	5
60 - 65	0	6	5	3	3	3	3
65 - 70	0	3	3	2	2	3	3
70 und mehr	0	0	0	0	0	0	0

*) Ergebnis der Statistik der natürlichen Bevölkerungsbewegung. – 1) Früheres Bundesgebiet ohne Berlin (West).

Tab. A 3.1: Heiratsziffern der Ledigen*)
Früheres Bundesgebiet

Alter von ... bis unter ... Jahren	Eheschließende Ledige je 1 000 Ledige gleichen Alters						
	1950[1)	1961	1970	1980	1989	1990	1992
Frauen							
unter 16	0	0	1	0	0	0	0
16 - 17	4	9	17	4	1	1	1
17 - 18	15	30	50	11	3	3	3
18 - 19	42	71	112	53	17	18	20
19 - 20	75	115	166	73	26	27	26
20 - 21	103	160	206	102	40	39	37
21 - 22	145	226	286	121	55	55	48
22 - 23	165	243	269	132	74	72	60
23 - 24	183	254	258	134	92	88	75
24 - 25	194	254	248	134	107	106	89
25 - 26	192	238	217	126	120	118	100
26 - 27	193	213	204	114	123	121	107
27 - 28	190	187	173	102	121	122	110
28 - 29	175	156	141	90	111	113	107
29 - 30	161	129	128	82	106	108	105
30 - 31	130	107	105	75	98	96	94
31 - 32	122	91	92	67	84	85	81
32 - 33	107	75	76	53	73	72	71
33 - 34	93	66	65	49	64	64	65
34 - 35	83	55	57	38	55	56	56
35 - 40	54	39	38	26	36	36	40
40 - 45	24	23	20	15	17	18	19
45 - 50	13	12	13	10	9	10	12
50 - 55	6	6	8	6	6	6	7
55 - 60	3	3	4	4	3	3	4
60 - 65	0	2	2	2	2	2	2
65 - 70	0	1	1	1	1	1	1
70 und mehr	0	0	0	0	0	0	0

*) Ergebnis der Statistik der natürlichen Bevölkerungsbewegung. – 1) Früheres Bundesgebiet ohne Berlin (West).

Tab. A 3.1: Heiratsziffern der Ledigen*)
Neue Länder und Berlin-Ost

Alter von ... bis unter ... Jahren	Eheschließende Ledige je 1 000 Ledige gleichen Alters					
	1970	1980	1989	1990	1991	1992
Männer						
unter 18	-	-	-	-	-	-
18 - 19	24	15	4	5	1	1
19 - 20	58	48	17	15	7	4
20 - 21	106	89	39	35	16	13
21 - 22	190	138	66	61	24	21
22 - 23	241	176	94	87	33	29
23 - 24	234	191	116	101	41	36
24 - 25	247	198	128	112	45	40
25 - 26	267	229	134	110	48	42
26 - 27	262	119	126	106	47	44
27 - 28	220	123	117	97	45	43
28 - 29	189	116	110	90	45	42
29 - 30	151	105	153	99	42	39
30 - 31	143	96	62	47	36	34
31 - 32	111	88	58	48	30	31
32 - 33	89	64	53	43	26	29
33 - 34	68	61	55	40	25	23
34 - 35	59	52	50	40	22	19
35 - 40	44	33	36	28	17	16
40 - 45	29	18	24	15	11	11
45 - 50	13	10	14	12	8	8
50 - 55	10	5	9	7	6	6
55 - 60	7	5	5	5	4	5
60 - 65	-	-	.	3	3	6
65 - 70	-	-	.	3	3	3
70 und mehr	-	-	.	0	0	0

*) Ergebnis der Statistik der natürlichen Bevölkerungsbewegung.

Tab. A 3.1: Heiratsziffern der Ledigen*)
Neue Länder und Berlin-Ost

Alter von ... bis unter ... Jahren	Eheschließende Ledige je 1 000 Ledige gleichen Alters					
	1970	1980	1989	1990	1991	1992
Frauen						
unter 16	-	-	.	-	-	-
16 - 17	-	-	.	0	0	0
17 - 18	-	-	.	0	1	1
18 - 19	175	111	38	38	13	10
19 - 20	241	189	82	73	30	21
20 - 21	332	253	129	114	46	41
21 - 22	357	276	162	137	56	49
22 - 23	327	254	180	148	62	54
23 - 24	318	217	188	151	66	60
24 - 25	228	181	177	142	65	62
25 - 26	221	157	162	126	62	61
26 - 27	187	103	142	113	59	55
27 - 28	150	96	127	95	52	51
28 - 29	123	86	112	85	46	48
29 - 30	99	75	120	78	41	41
30 - 31	86	60	72	57	36	38
31 - 32	69	48	61	49	31	35
32 - 33	64	42	58	49	27	29
33 - 34	50	50	52	41	25	26
34 - 35	47	31	46	38	23	21
35 - 40	32	22	34	28	17	17
40 - 45	16	13	22	17	10	11
45 - 50	10	8	14	12	7	8
50 - 55	7	4	7	7	5	5
55 - 60	3	3	3	4	3	4
60 - 65	-	-	.	1	2	3
65 - 70	-	-	.	1	2	2
70 und mehr	-	-	.	0	0	0

*) Ergebnis der Statistik der natürlichen Bevölkerungsbewegung.

Tab. A 3.2: Durchschnittliches Heiratsalter nach dem bisherigen Familienstand der Eheschließenden*)

Jahr	Durchschnittliches Heiratsalter in Jahren							
	Männer				Frauen			
	insgesamt	Familienstand vor der Eheschließung			insgesamt	Familienstand vor der Eheschließung		
		ledig	verwitwet	geschieden		ledig	verwitwet	geschieden
Früheres Bundesgebiet[1]								
1950	31,0	28,1	48,7	39,5	27,4	25,4	36,3	34,8
1955	29,8	27,0	52,5	40,7	26,2	24,4	41,7	36,5
1960	28,5	25,9	54,7	40,7	25,2	23,7	45,6	36,7
1965	28,5	26,0	56,1	39,3	25,4	23,7	47,1	35,4
1970	28,3	25,6	57,1	38,4	24,9	23,0	48,1	35,0
1975	28,4	25,3	57,8	37,9	25,1	22,7	49,6	34,6
1976	28,8	25,6	57,9	37,8	25,4	22,9	49,4	34,5
1977	28,8	25,7	57,3	37,6	25,5	22,9	49,5	34,4
1978	28,9	25,9	57,7	38,4	25,5	23,1	49,4	35,0
1979	29,0	26,0	57,8	38,8	25,7	23,2	49,8	35,2
1980	29,0	26,1	57,4	38,5	25,8	23,4	49,5	35,1
1981	29,3	26,3	57,7	38,6	26,1	23,6	49,3	35,3
1982	29,7	26,6	57,9	38,9	26,4	23,8	49,7	35,4
1983	30,4	26,9	58,0	39,6	27,2	24,1	49,6	35,8
1984	30,0	27,0	56,8	39,4	26,7	24,4	48,4	36,0
1985	30,3	27,2	57,5	39,7	27,1	24,6	48,9	36,3
1986	30,5	27,5	57,2	40,0	27,4	24,9	48,2	36,5
1987	30,8	27,7	57,3	40,3	27,7	25,2	48,5	36,7
1988	31,0	28,0	57,7	40,7	27,9	25,5	48,8	37,1
1989	31,2	28,2	57,2	40,9	28,2	25,7	48,0	37,3
1990	31,4	28,4	57,2	41,0	28,4	25,9	47,9	37,5
1991	31,7	28,7	57,5	41,6	28,8	26,2	45,2	37,9
Neue Länder und Berlin-Ost[2]								
1950	.	.	.	.	.	.	.	.
1955	29,5	24,6	54,1	40,5	26,4	23,2	43,8	36,3
1960	27,6	23,9	55,5	38,7	25,0	22,5	47,5	35,5
1965	28,1	24,2	57,1	36,5	25,5	22,9	48,7	33,6
1970	27,5	24,0	56,9	35,8	24,5	21,9	49,1	33,6
1975	27,0	23,7	56,6	36,0	24,3	21,8	48,8	33,2
1976	27,0	23,7	56,5	36,0	24,4	21,9	47,8	33,0
1977	27,0	23,8	55,9	35,7	24,4	21,9	48,1	32,9
1978	27,0	23,8	55,5	36,0	24,3	21,8	47,6	33,2
1979	26,9	23,8	55,6	36,0	24,3	21,8	47,3	33,3
1980	27,0	23,9	55,2	36,2	24,3	21,8	47,5	33,3
1981	27,4	24,0	55,7	36,4	24,7	21,9	47,6	33,5
1982	27,7	24,2	55,2	36,6	25,0	22,1	47,3	33,6
1983	27,9	24,4	55,5	36,8	25,2	22,3	47,1	33,9
1984	28,1	24,6	54,7	36,9	25,4	22,5	47,1	33,8
1985	28,4	24,8	54,9	37,3	25,7	22,7	47,3	34,1
1986	28,6	25,1	54,5	37,3	25,9	23,0	46,9	34,1
1987	28,9	25,3	55,1	37,3	26,2	23,2	46,2	33,9
1988	29,3	25,5	55,1	37,8	26,7	23,4	46,3	34,4
1989	29,7	25,8	55,3	38,1	27,0	23,7	45,4	34,5
1990	30,0	25,8	55,8	38,9	27,3	23,7	45,8	35,7
1991	32,1	26,6	58,3	41,2	29,3	24,5	47,8	38,3
Deutschland								
1991	31,8	28,5	57,6	41,5	28,9	26,1	45,6	38,0

*) Ergebnis der Statistik der natürlichen Bevölkerungsbewegung. – 1) Bis einschl. 1955 ohne das Saarland. – 2) 1975 bis 1989 rückwirkend an Berechnungsmethode für das frühere Bundesgebiet angepaßt.

Tab. A 3.3: Ehescheidungen nach durchschnittlicher Ehedauer*)

Gebiet	1950	1961	1965	1970	1975	1980
Durchschnittliche Ehedauer in Jahren[1])						
Früheres Bundesgebiet	10,4	9,3	9,0	9,2	9,7	11,1
Neue Länder und Berlin-Ost	.	8,7	8,0	9,0	9,1	8,9

Gebiet	1985	1988	1989	1990	1991	1992
Durchschnittliche Ehedauer in Jahren[1])						
Früheres Bundesgebiet	11,9	12,1	12,1	12,0	11,9	11,7
Neue Länder und Berlin-Ost	9,2	9,2	9,3	.	9,5	8,7

*) Ergebnis der Statistik der natürlichen Bevölkerungsbewegung. – 1) Zum Zeitpunkt der Ehescheidung.

Tab. A 3.4: Ehescheidungen nach der Ehedauer*)

Ehedauer[1]	Ehescheidungen			Ehedauerspezifische Scheidungsziffer[2]		
	Deutschland	Früheres Bundesgebiet	Neue Länder und Berlin-Ost	Deutschland	Früheres Bundesgebiet	Neue Länder und Berlin-Ost
1991						
0 Jahre	158	149	9	3,5	3,7	1,8
1 Jahr	2 274	1 949	325	44,0	47,0	31,9
2 Jahre	7 171	6 193	978	135,4	155,4	74,7
3 Jahre	9 435	8 537	898	176,4	214,6	65,5
4 Jahre	10 065	9 259	806	192,1	242,0	57,0
0 bis 4 Jahre	29 103	26 087	3 016	551,4	662,7	230,9
5 Jahre	9 367	8 656	711	183,9	232,6	51,8
6 Jahre	8 490	7 950	540	171,1	218,0	41,1
7 Jahre	7 696	7 239	457	154,5	198,8	34,1
8 Jahre	7 084	6 725	359	143,0	181,8	28,6
9 Jahre	6 286	5 914	372	129,1	163,4	29,8
5 bis 9 Jahre	38 923	36 484	2 439	781,6	994,6	185,4
10 bis 14 Jahre	23 376	21 952	1 424	478,6	624,3	104,2
15 bis 19 Jahre	16 670	15 729	941	316,9	407,4	67,5
20 bis 25 Jahre	15 751	15 112	639	272,4	333,4	51,1
0 bis 25 Jahre	123 823	115 364	8 459	2 401,1	3 022,5	639,0
26 Jahre und länger	12 494	11 977	517	.	.	.
Insgesamt	136 317	127 341	8 976	.	.	.
1992						
0 Jahre	130	123	7	2,9	3,0	1,5
1 Jahr	1 905	1 799	106	41,9	44,6	21,0
2 Jahre	6 860	5 830	1 030	132,9	140,7	101,1
3 Jahre	9 863	8 593	1 270	186,2	215,6	97,0
4 Jahre	10 353	9 200	1 153	193,6	231,3	84,1
0 bis 4 Jahre	29 111	25 545	3 566	557,5	635,2	304,7
5 Jahre	9 958	9 013	945	190,1	235,6	66,9
6 Jahre	8 878	8 103	775	174,3	217,8	56,5
7 Jahre	7 781	7 224	557	156,8	198,1	42,4
8 Jahre	7 080	6 564	516	142,2	180,3	38,5
9 Jahre	6 298	5 850	448	127,1	185,1	35,7
5 bis 9 Jahre	39 995	36 754	3 241	790,5	989,9	240,0
10 bis 14 Jahre	23 282	21 736	1 546	479,8	616,0	116,8
15 bis 19 Jahre	15 989	14 985	1 004	308,8	399,4	70,5
20 bis 25 Jahre	14 588	13 997	591	256,6	317,1	46,3
0 bis 25 Jahre	122 965	113 017	9 948	2 393,2	2 957,4	778,1
26 Jahre und länger	12 045	11 681	364	.	.	.
Insgesamt	135 010	124 698	10 312	.	.	.

*) Ergebnis der Statistik der natürlichen Bevölkerungsbewegung. – 1) Differenz zwischen Eheschließungsjahr und Jahr der Ehescheidung. – 2) Geschiedene Ehen eines Eheschließungsjahrgangs je 10 000 geschlossener Ehen des gleichen Jahrgangs.

Tab. A 5.1: Ehepaare ohne und mit Kindern sowie Alleinerziehende in der EU 1991

Prozent

Land	Gemeinschaften insgesamt	Ehepaare ohne Kinder	Ehepaare mit Kind(ern)[1]	Alleinerziehende
Bundesrepublik Deutschland[2]	100	39,4	52,1	8,5
Belgien	100	33,8	52,7	13,5
Dänemark[3][4]	100	41,0	50,0	9,0
Frankreich[3][5]	100	35,7	53,9	10,4
Griechenland	100	30,1	62,2	7,6
Großbritannien und Nordirland[3]	100	39,2	47,2	13,5
Irland[3]	100	19,2	65,9	15,0
Italien[3]	100	25,9	62,6	11,4
Luxemburg	100	31,8	56,0	12,2
Niederlande	100	36,1	53,7	10,1
Portugal[3]	100	28,8	61,5	9,7
Spanien[3]	100	21,9	68,1	10,0

1) Ledige Kinder ohne Altersbegrenzung. – 2) Alleinerziehende einschl. Partner(innen) in einer nichtehelichen Lebensgemeinschaft. – 3) Ehepaare einschl. nichtehelicher Lebensgemeinschaften. – 4) Mit Kindern im Alter unter 26 Jahren. – 5) 1990.

Quelle: Eurostat – Gemeinschaftliches Volkszählungsprogramm 1990/1991

Quellenverzeichnis

Bertram, H. (Hrsg.): Die Familie in Westdeutschland (DJI: Familien-Survey 1), Opladen 1991

Council of Europe (Hrsg.): Recent demographic developments in Europe, 1994, Strasbourg 1994

Eurostat (Hrsg.): Frauen in der Europäischen Gemeinschaft, Schnellberichte: Bevölkerung und soziale Bedingungen, 10/1993

Niemeyer, F.: Nichteheliche Lebensgemeinschaften und Ehepaare - Formen der Partnerschaft gestern und heute, in: Wirtschaft und Statistik, 7/1994, S. 504 ff.

Schwarz, K.: Frauenerwerbstätigkeit im Lebenslauf gestern und heute, in: Zeitschrift für Bevölkerungswissenschaft, 4/93-94

Statistisches Bundesamt (Hrsg.): Familien heute, Ausgabe 1990, Stuttgart 1990

United Nations (Hrsg.): World Population Prospects, The 1992 Revision, New York 1993

United Nations (Hrsg.): Statistical Yearbook, New York (verschiedene Jahrgänge)

Fotos

Bildagentur Schuster GmbH, Oberursel:

Titelseite/Liaison, Seite 7/PSI, Seite 26/Liaison, Seite 62/Alexandre, Seite 93/T. Claus, Seite 113/AFD, Seite 127/Voigt, Seite 139/Liaison, Seite 159/Liaison.

Bavaria Bildagentur, Gauting bei München:

Seite 47.